アスパラガスの作業便利帳

株づくりと長期多収のポイント

元木 悟

農文協

まえがき

十八世紀後半にヨーロッパから日本に伝わったアスパラガスは、初めは観賞用として、明治に入ってからは缶詰加工用のホワイトアスパラガスとして、栽培されてきました。そして、緑黄色野菜が健康食品として注目されるようになった一九七〇年頃から、グリーンアスパラガスの生産が増え、瞬く間に家庭の食卓に広まっていきました。現在では、新品目のムラサキアスパラガスも加わって、北海道から九州・四国まで日本全国でアスパラガスが栽培されています。

アスパラガスは、熱帯から亜寒帯まで、世界中で広く栽培されていますが、栽培面積当たりの収量は日本がダントツの一位です。とはいえ、アスパラガスは野菜では珍しいユリ科の永年性作物で、生理生態的特性が他の野菜品目と違うため、異なった栽培法がとられ、初心者が栽培を始めるには難しい部分が多いのも実状です。本書では、そうした点を踏まえ、ベテランの方はもとより、新しく取り組んでいる方、これからやってみようという方にもわかりやすく、品種、作型、個々の栽培技術について詳しく解説し、新鮮でおいしく、安全で安心して食べられるアスパラガスをつくるにはどうしたらよいかをまとめてみました。アスパラガスを栽培するにあたって、この本を大いに役立てていただき、栽培の技術向上と経営の安定の一助となれば望外の喜びです。

本書の執筆にあたっては、多くの方々にご支援いただき、多くのアスパラガス研究者の業績も参考にさせていただきました。

とりわけ、長野県野菜花き試験場の前任者の上杉壽和氏（現長野県農政部農業技術課）、JA中野市営農センターの清水敬自氏をはじめ、寒地における栽培技術を北海道立花・野菜技術センター技術普及部の岸田幸也氏、寒冷地における栽培技術と病害虫関係を福島県農業試験場の園田高広博士、西南暖地における栽培技術を広島県立農業技術センターの甲村浩之博士、伏せ込み促成栽培の栽培技術を群馬県園芸試験場中山間支場の小泉丈晴氏にチェックしていただきました。この場をお借りして、厚く御礼申し上げます。さらに、執筆の機会を与えて下さった農文協編集部にも感謝いたします。

なお、アスパラガス研究者が中心となって、アスパラガスに関する幅広い分野の情報を提供するホームページを開設しています(http://aspara.ac.affrc.go.jp/JINDEX.htm)。興味のある方は是非一度訪れてみてください。

二〇〇三年四月

元木　悟

目次

V 萌芽から立茎までの生育と管理

Ⅵ 株養成へバトンタッチ
──立茎の判断と方法

Ⅷ 作型別管理と作業のポイント

イラスト＝トミタ・イチロー

と 各 部 位 の 呼 び 方　　（八鍬利郎 原図，一部変更）

準 的 な 生 活 環）

アスパラガスの各部位の名称

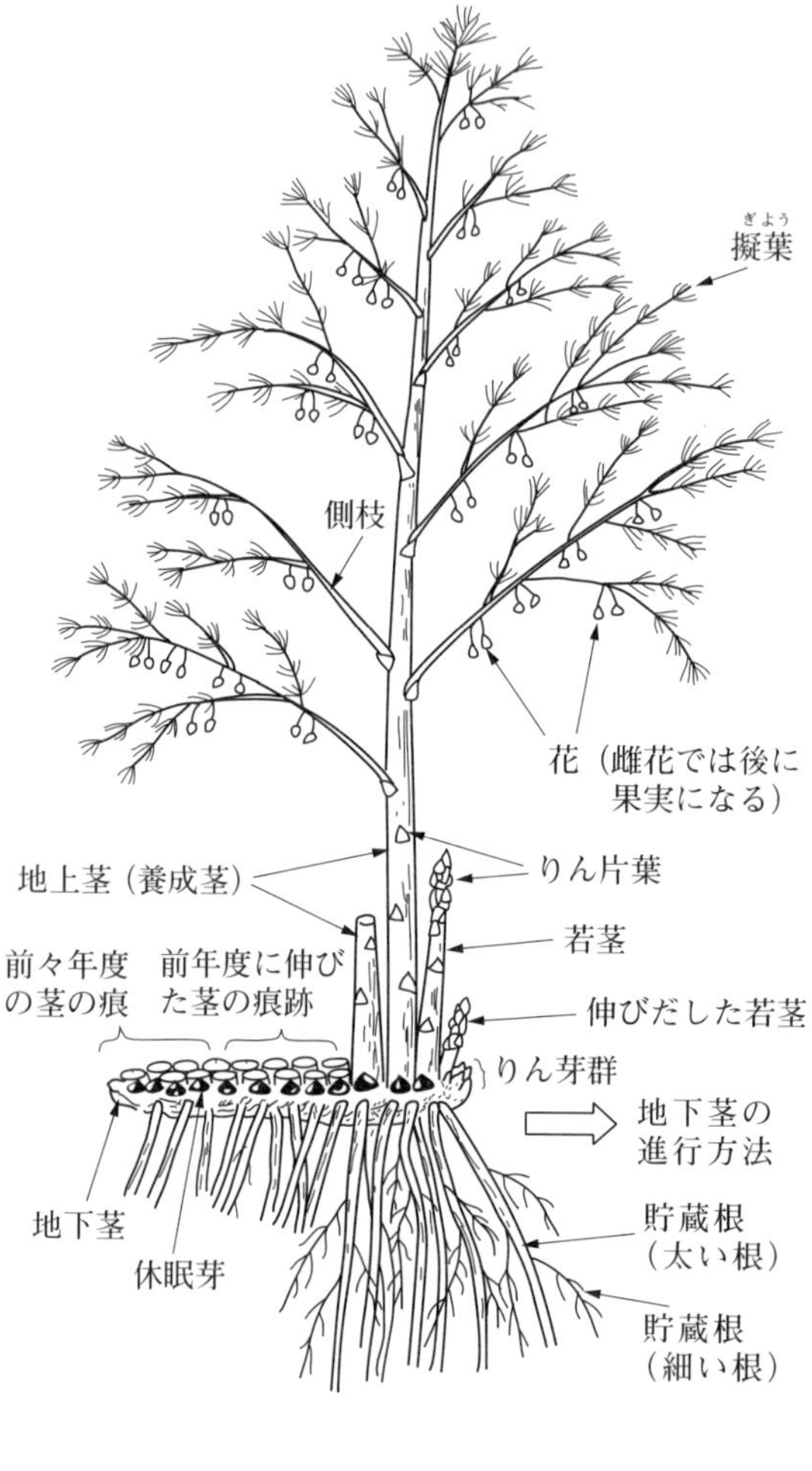

アスパラガスの若茎

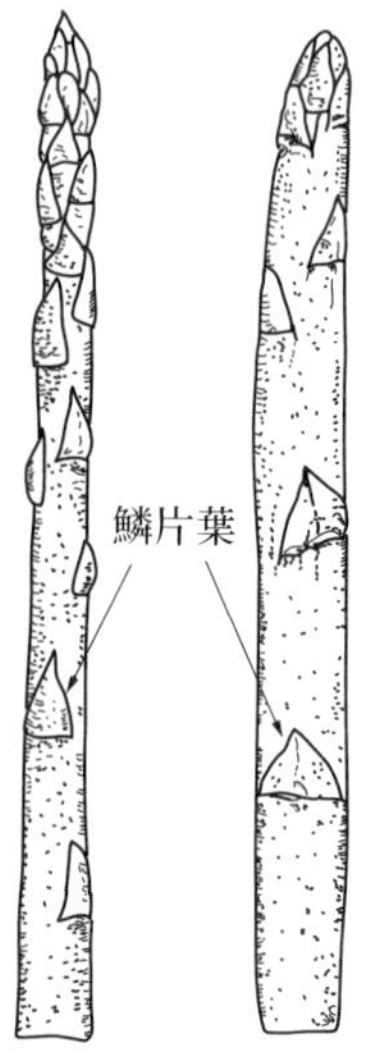

アスパラガスの一生
(露地栽培の標

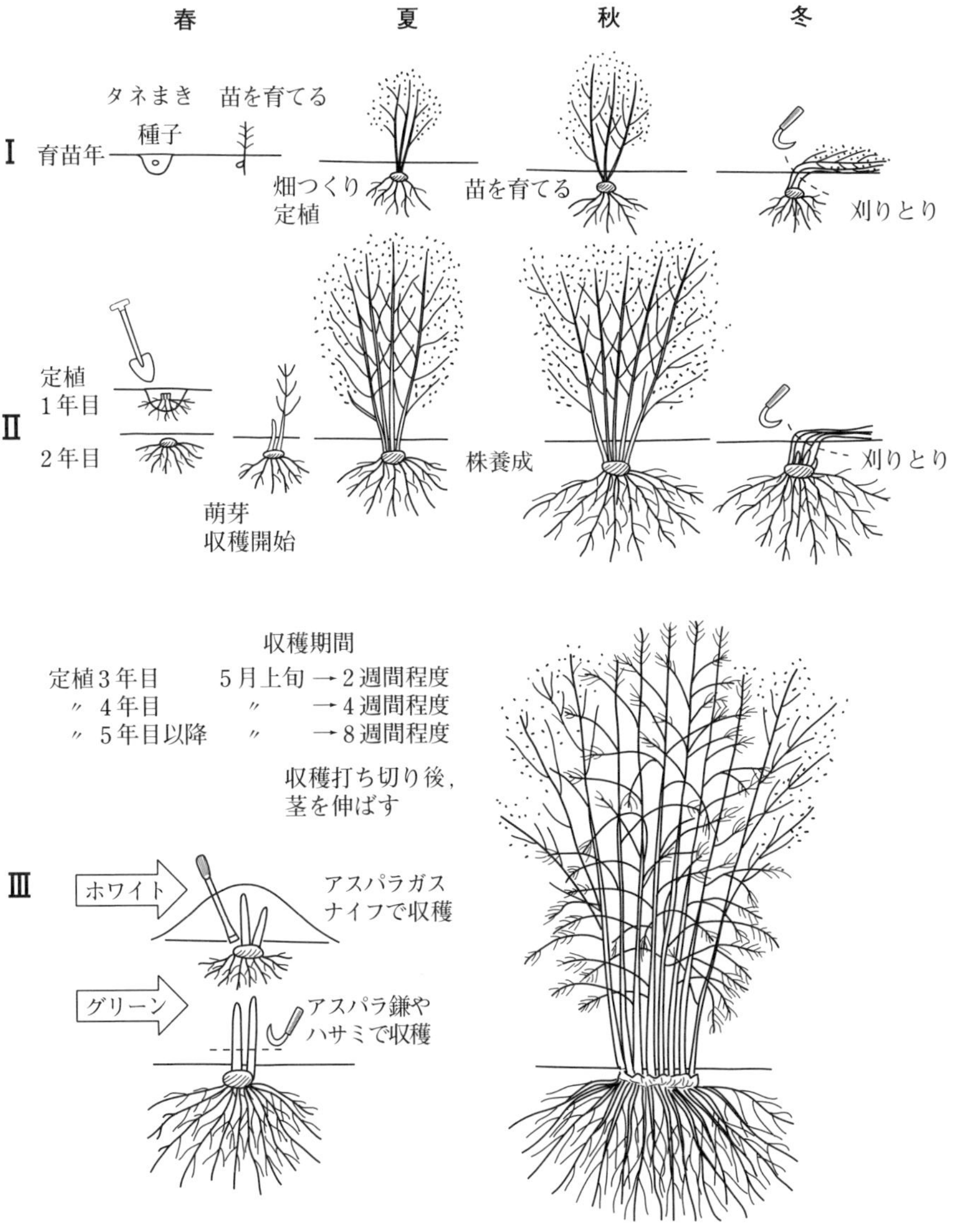

春
夏
秋
冬
I 育苗年
タネまき
種子
苗を育てる
畑つくり
定植
苗を育てる
刈りとり
II
定植
1年目
2年目
萌芽
収穫開始
株養成
刈りとり
収穫期間
定植3年目　5月上旬→2週間程度
〃 4年目　〃　→4週間程度
〃 5年目以降　〃　→8週間程度
収穫打ち切り後，
茎を伸ばす
III
ホワイト
アスパラガス
ナイフで収穫
グリーン
アスパラ鎌や
ハサミで収穫

I　アスパラガス栽培の特徴とねらい

アスパラガスは野菜では珍しいユリ科の永年性作物で、生理生態的な特性がほかの野菜と大きく異なる。

毎年、種をまいたり、定植したりする必要がない反面、収穫と株の維持・養成とのバランスをとることがむずかしく、改植時のいや地の問題、連作障害の発生なども課題となっている（写真1）。

1　地下茎から伸びる若茎を収穫する

アスパラガスは、地下茎から毎春多数の若茎を生ずる（前頁図）。アスパラガスとして収穫するのは茎葉が展開する前のこの若茎である。若茎は収穫をしないと直立して総状に枝を伸ばし、二メートル以上に育つ。収穫せずに残した茎は「擬葉《ぎよう》」を中心に光合成を行ない、同化養分を生産して根に送りこんで、秋には枯死する。なお、葉は退化して「鱗片葉」になっており、光合成はほとんど期待できない。

こうしたアスパラガスの若茎の萌芽や伸長は、株がもつ力に左右されている。株の力というのは、具体的には貯蔵根に蓄えられる養分量のことで、アスパラガスは収量も品質もこの量の多少によって決まってくる。

写真1　アスパラガスはいったん定植すると10年程度は同じ場所で栽培する
（長野県飯山市，露地長期どり栽培のほ場）

アスパラガス栽培の基本は、貯蔵根へのこの養分蓄積をいかにスムーズに行なうか。また、いかにそれをうまく利用できるかにある。

2 年間の生長と養分の動き
―年間の生育ステージを四つに分ける―

アスパラガスの一年間の生育と養分の動きを、図1のように萌芽期、養分蓄積期、養分転流期、休眠期の四つのステージに分けることができる。

萌芽期

この時期は、貯蔵根に蓄積された貯蔵養分を利用して、つぎつぎと若茎が萌芽してくる時期である。つまり、前年蓄積した貯蔵養分を消費しながら若茎を萌芽・伸長させる、養分の消費期でもある。

萌芽が始まるのは、長野県では四月に入り平均気温が五℃以上になる頃であるが、本格的に萌芽するのは平均気温が一〇℃以上になるゴールデンウィーク前後である。

萌芽期の生育は貯蔵養分によって行なわれるので、萌芽する若茎の本数や太さは、貯蔵養分の多少によって決定される。この時期に伸びてくる若茎の収穫が「春どり」であるが、春どりの収量、品質、そして収穫期間は貯蔵養分の多少によって決定づけられているのである。

養分蓄積期

この時期は、萌芽した若茎が伸長・展開して光合成を行ない、同化養分を蓄積する時期である。萌芽期にくらべるとテンポは遅くなるが、若茎の萌芽は続いている。長野県では、六月の萌芽から九月に入って気温が二〇℃を下回るようになるまで萌芽し続け、十月になると停止する。

「春どり」のみの普通栽培ではこの時期は収穫せず、萌芽・伸長する若茎をそのまま繁茂させる。そのため秋には収量最盛期の株で一株から五〇本もの茎葉が展開している。これに対し、茎葉は数本だけ残し（立茎して）あとはすべて収穫してしまうのが「夏秋どり」である。立茎しながらの収穫なので「立茎収穫」ともいう。

この時期、萌芽した若茎が伸長・展開して新しく生産する同化養分の大半は、地上部の茎葉を繁茂させるために使われ、地下部にはほとんど蓄積されない。図1にあるように、貯蔵根の糖度（ブリックス）は初期に多少上昇するが、十月までほぼ横ばいである。この時期に同化養分を貯めていると思われるのは、茎葉である。アスパラガス

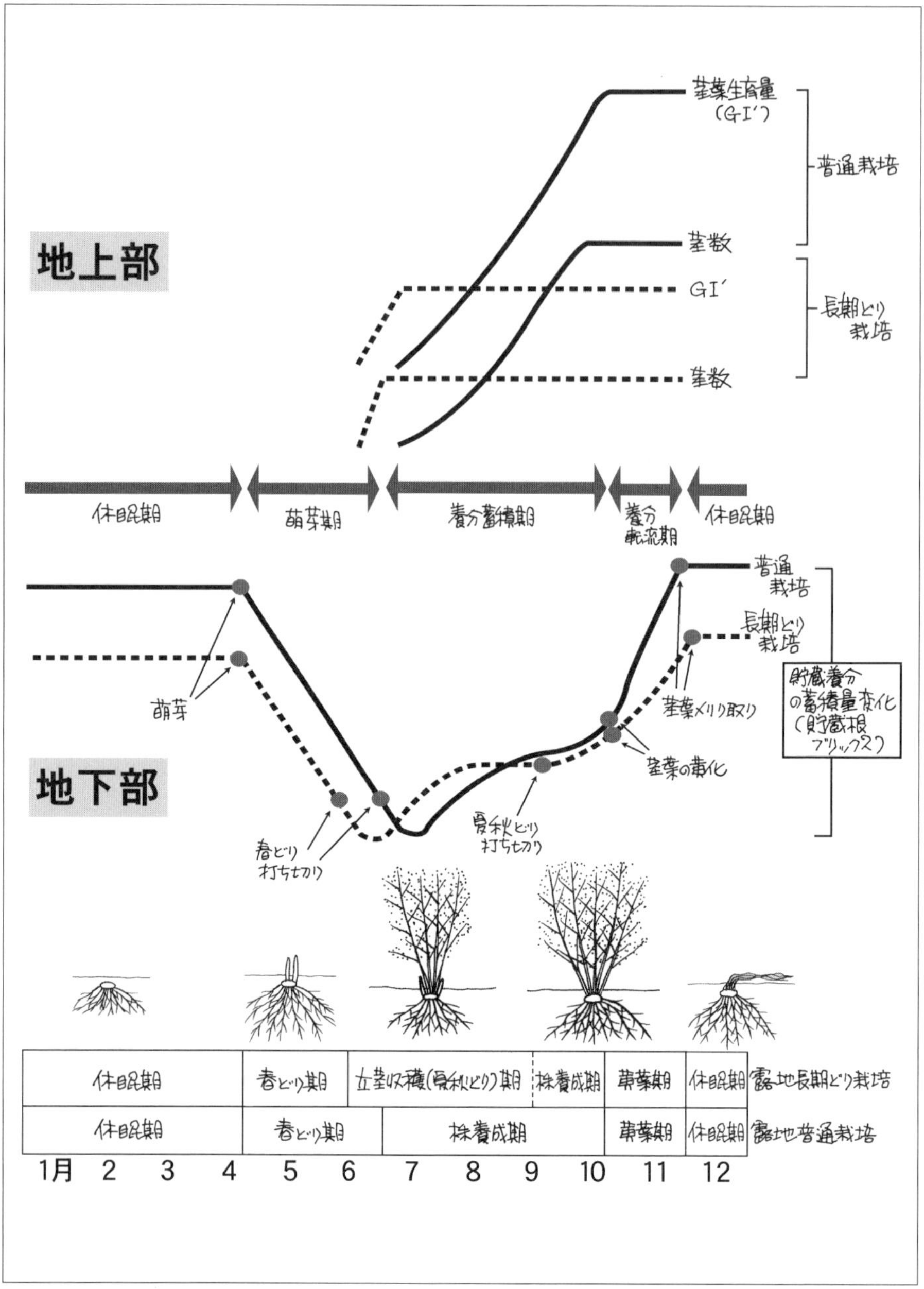

図1　露地栽培における生育段階と貯蔵養分の変化

では茎葉が同化養分を生産しながら、同時にその養分を貯めこむ場所になっていると考えられる。貯まった養分はこのあとの養分転流期に一気に根に送られて年越しの貯蔵養分となり、翌年の春どりの収量・品質を左右し、決定づけるものとなる。この時期を「株養成期」ともいうのはそのためである。

しかし夏秋どりを行なうと、少ない立茎数で新たに萌芽する若茎の養分と翌年の萌芽期の養分までまかなうことになり、春どりだけの場合にくらべ、貯蔵する養分は少なくなる（図1の点線と実線の差）。あまり少なくなっては栽培が成り立たない。したがって夏秋どりを行なう場合は、十分な茎葉を確保できる立茎時期の見きわめとともに、立茎数を何本にするかが大きなポイントになる。

春どりから夏秋どりまでを行なう長期どり栽培が成り立っているのは、①繁茂すべき若茎をそれ以前に収穫するので、茎葉を繁茂させるより一茎当たり養分の消費が少ない、②立茎数が少ないため、それぞれの茎葉内部にまで太陽光が十分に届き、最大限の光合成が行なえる、③春どりの期間を短くして、貯蔵養分を消耗しきらないうちに早めに立茎して、光合成を行なわせる、の三点による。立茎させた茎葉を病害虫や障害から守ることも重要なことである。

逆に、夏秋どりを行なわない普通栽培では、茎葉の過繁茂による同化養分の消耗がある。適当に間引くなどして貯めた養分を過不足なく根に送り込めるよう、夏の茎葉管理がカギを握る。

養分転流期

この時期は地上部の茎葉に蓄積されていた養分が、地下部、おもに貯蔵根に転流する時期である。地下部では、前述の養分蓄積期に若茎の萌芽とあわせて貯蔵根が形成されている。その貯蔵根に地上部の茎葉に蓄積されていた養分が一気に転流するのである。それは、図1にあるように貯蔵根の糖度（ブリックス）が急速に高まることでもわかる。長野県では、地上部の黄化が始まる十月上旬から枯れ上がる十一月下旬頃にかけてがその時期である。

茎葉が黄化した時点で、光合成が行なわれなくなったとして地上部を刈りとってしまうと、地下部に養分が転流できなくなってしまう。地上部が黄化してきたのは転流開始の合図なので、完全に枯れ上がるまでは茎葉を大切に保護しなければならない。

転流期は、長野県では右記の時期だが、寒冷地にいくほど早まり、温暖地にいくほど遅くなる。ということは、養分蓄積期が寒冷地ほど短く、温暖地ほど長くなるので、夏秋どりでの立茎

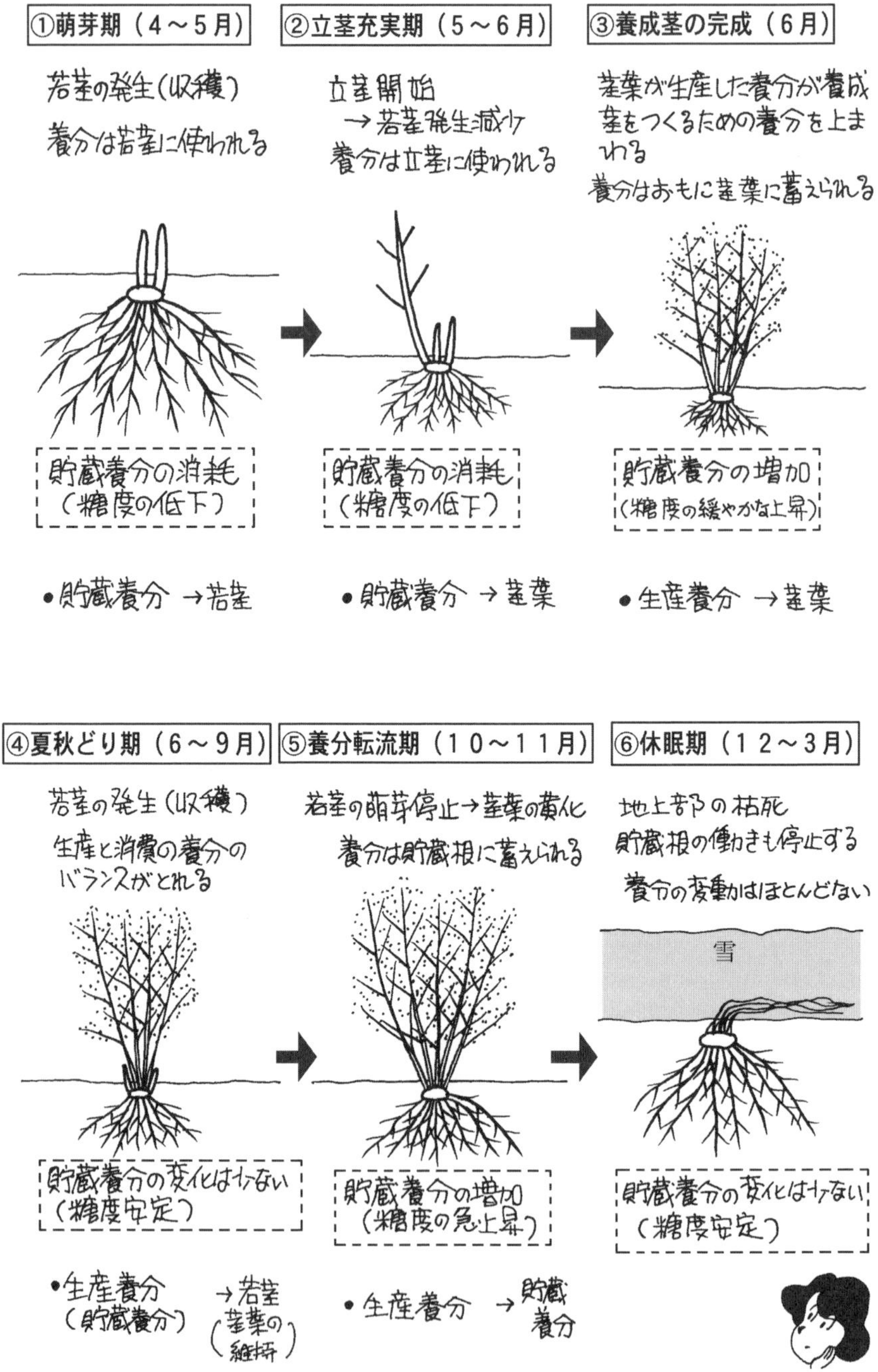
①萌芽期（4～5月）
若茎の発生（収穫）
養分は若茎に使われる
貯蔵養分の消耗
（糖度の低下）
・貯蔵養分 →若茎
②立茎充実期（5～6月）
立茎開始
→若茎発生減少
養分は立茎に使われる
貯蔵養分の消耗
（糖度の低下）
・貯蔵養分 →茎葉
③養成茎の完成（6月）
茎葉が生産した養分が養成茎をつくるための養分を上まわる
養分はおもに茎葉に蓄えられる
貯蔵養分の増加
（糖度の緩やかな上昇）
・生産養分 →茎葉
④夏秋どり期（6～9月）
若茎の発生（収穫）
生産と消費の養分のバランスがとれる
貯蔵養分の変化は少ない
（糖度安定）
・生産養分（貯蔵養分） →若茎（茎葉の維持）
⑤養分転流期（10～11月）
若茎の萌芽停止→茎葉の黄化
養分は貯蔵根に蓄えられる
貯蔵養分の増加
（糖度の急上昇）
・生産養分 →貯蔵養分
⑥休眠期（12～3月）
地上部の枯死
貯蔵根の働きも停止する
養分の変動はほとんどない
雪
貯蔵養分の変化は少ない
（糖度安定）

図2　アスパラガスの養分の動き　（広島三次地域農改 原図，改変）

数や収穫期間は、地域の気象条件で判断することが大切になる。

休眠期

地下部に養分が転流しきった時点から、翌年春の萌芽までの時期が休眠期である。アスパラガスの休眠は○～五℃以下の低温に一〇〇〇時間程度遭遇することで打破されるが、気温が上昇してくる春までは萌芽しない。冬に、休眠が打破された株を伏せ込んで加温して、萌芽させ収穫するのが伏せ込み促成栽培、また早春からハウスで保温して収穫するのがハウス半促成栽培である。

なお、熱帯や亜熱帯地方では休眠がないので年中萌芽している。そのため、同化養分が地下部にほとんど転流しないので株が貧弱で、細い若茎しか萌芽してこない。これが、タイやフィリピンなどから輸入されて店頭に並んでいる「ミニアスパラ」である。株は二～三年でダメになるという。

永年性作物であるアスパラガスの一年の生育は、養分の蓄積、転流、消費の流れの中で行なわれており（図2）、養分の蓄積量が多く、また効率よく行なうことができる株が力のある株で、収量・品質も高まるのである。養分の流れを萌芽や若茎の生長、茎葉の状態などそのときどきの生育で判断しながら、つねに株の維持・生長に必要な養分を確保し、最大限の収穫を上げていくことがアスパラガス栽培のポイントになる。

3 貯蔵器官としての根とりん芽群の働き

株養成のポイントは貯蔵根

一年の生育パターンでとくに重要になるのは、翌年の収量・品質を左右する、十月から休眠に入るまでの養分の転流期である。この転流する養分を多く蓄積させるには、地上部の茎葉の生長とともに、貯蔵器官としての根の働きが重要になる。

アスパラガスの根は、ほかの作物にくらべて深根性で、養水分を吸収するだけでなく、茎葉でつくられた同化養分を蓄える役割をもっている。「貯蔵根」といわれる太い根が、地下茎の先端部にある「りん芽群」からやや横に伸び出し、土壌条件がよいと二～三メートルも伸びて、二～三年は養分を蓄える根として働く。株養成のもう一つのポイントはこの貯蔵根であり、しっかり張らせることが重要になる。

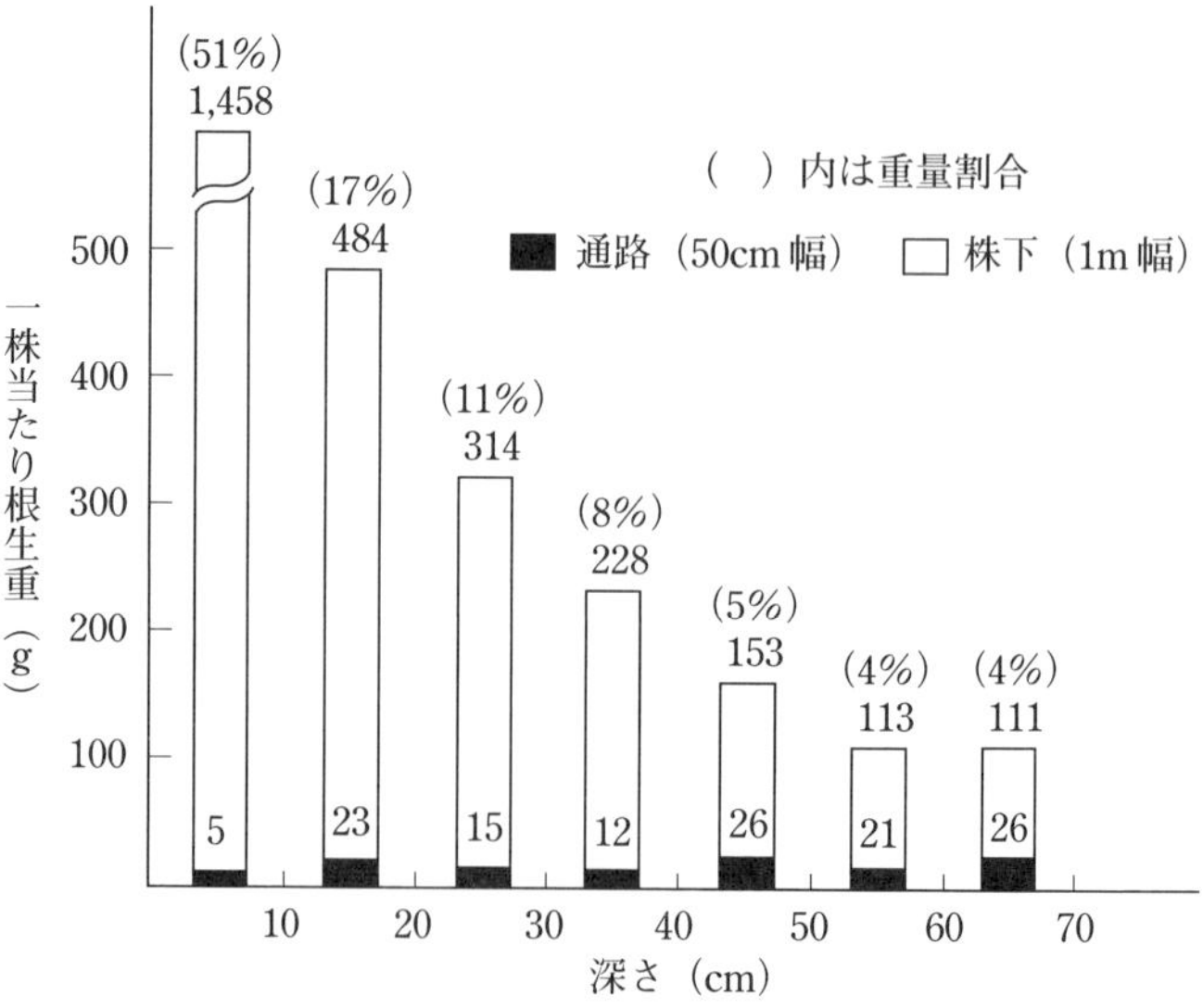

図3　アスパラガス13年株の根群分布　（長野野菜花き試，1991）

その場合、今述べたようにアスパラガスの根は深いものは二～三メートルも伸びるが、七〇%以上は地表から三〇センチまでに分布するので（図3）、この層の土つくりがカギを握る。この点については、三六頁からを参照してほしい。

収穫で促進されるりん芽群と貯蔵根の生長

ところで、貯蔵根と一緒にりん芽群も急速に肥大している。若茎はこのりん芽から萌芽するので、アスパラガスの萌芽の土台つくり（りん芽群の形成）と養分蓄積の土台つくり（貯蔵根の形成）とは同時進行で進むのだといえる（写真2）。

一方、そのりん芽群の伸長肥大は、若茎の収穫によって促される。出た芽（若茎）が収穫されることによって、新たな芽を出そうとし、地下茎が伸びるのである。長崎県総合農林試験場の調査によると、収穫茎二本につき一センチ程度、一年では七センチほど伸長するとされる。その結果、貯蔵根の発生も促進されるのである。貯蔵根は六月頃から伸び始め、本数、長さとも九～十一月にかけて最大となる。五〇センチ以上伸びることもある。

このことから、養分蓄積期（図2の④）も収穫を休まず、立茎収穫（夏秋どり）を行なったほうが地下部の生育が進んで、株の生長も促進されることになる。長期どり栽培はその意味で、株の伸長肥大に適した作型といえる。

しかし、株の伸長肥大が行なわれても、

写真2　奥から手前方向（矢印）にりん芽群が発達している（6年株）
（赤松富仁　撮影）

それに見合って養分の蓄積がなければ、株の力は弱まっていく。前述した熱帯や亜熱帯のアスパラガスの生育はその典型である。長期どり栽培も、地上部の立茎数が限定されているので、貯蔵養分量はそれに制限され、普通栽培よりは少なくなる（図1参照）。

　逆に普通栽培では、つぎつぎと立茎するままにまかせるだけでなく、適度に間引いて整理することが、貯蔵根の発生と充実につながると考えられる。もちろん、病気の発生や養分の浪費も防げるので、効率的な養分蓄積ができるのである。

　アスパラガスの株を充実させ、収量品質の向上を図っていくためには、十分に茎葉を繁茂させ貯蔵養分を確保すると同時に、春どりのあとも収穫を休まないか、あるいは積極的に茎葉を整理して貯蔵根量を確保していくことがポイントになる。

4 養分の流れからみた栽培のポイント
—貯めた養分を上手に使う—

前年の貯蔵養分が収量を左右

　アスパラガスは貯蔵根の貯蔵養分が、春どりの若茎の伸長や立茎時の茎葉の展開の栄養源になる。このことは、秋季における同化養分の蓄積にマイナスとなる要因、たとえば、①全刈りを行なう、②台風の被害を受ける、③茎枯病、斑点病、スリップス、ハスモンヨトウ、オオタバコガなどの病害虫の被害を受ける、④長雨で日射量が少ない、などによって翌年の春どりが減収することからも明らかである。

しかし、貯蔵養分の量に左右されるのは春どりの収量ばかりではない。その後の夏秋どりは、当年に生産された同化養分が直接萌芽に結びつくが、この当年の同化生産を担う茎葉じたいは、春どりの若茎同様、前年の貯蔵養分によって生長したもので、春どりはその余裕を残して切り上げなければならない。貯蔵養分をすべて若茎として収穫してしまったら、十分に茎葉が立てられず、新たな同化養分が不足して夏秋どりの生産ができなくなる。しかも、それが翌年の春どりにも影響する。

下の図4は、アスパラガスの同化養分の分配先と収量の考え方を示したものである。これを見るとわかるように、前年の貯蔵養分でその年の春どりの収量と初期の立茎がまかなわれる。そして、立茎後に繁茂してくる茎葉によって生産される養分が、翌年の春どりと立茎に必要な養分をまかなうのである。つまり、この流れの中で、株養成に使われる養分を確保しながら、どれだけ生産に向けられる養分を多くするかが、栽培の基本課題である。その大きな分岐点は、春どりの収穫打ち切り時期にある。

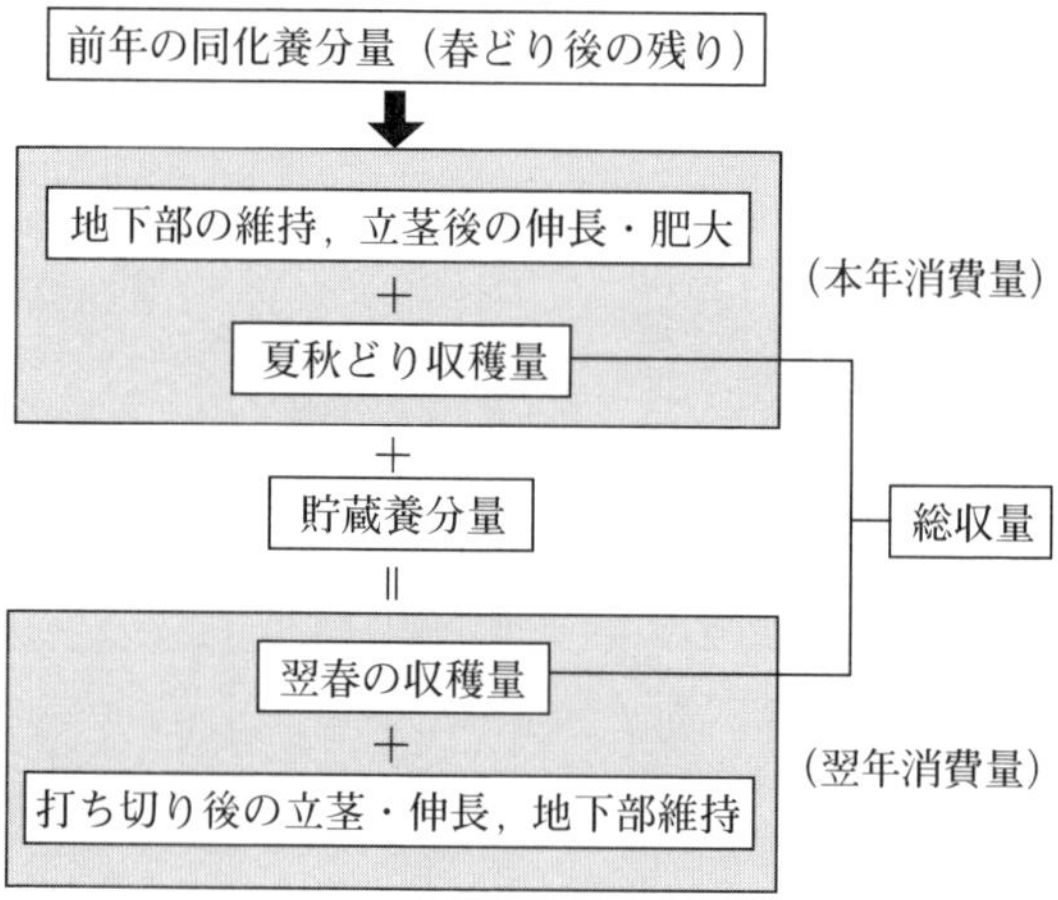

図4　アスパラガスの同化養分の分配先と収量の考え方
（上杉壽和）

春どりの打ち切り時期が最大のポイント

アスパラガスの同化養分の分配と収穫との関わりのなかで要となるのは、春どりの打ち切りであり、養成茎を立てる立茎の時期の判断である。この判断がその年、株養成をしながら、しかも夏秋どりで良品多収できるかの分かれ目になるだけでなく、翌年の生育と収量を決定的に左右する。

基本的には、春どりの収穫期間は貯蔵養分の多少で判断する。貯蔵養分量に対して春どりの期間が長すぎると、萌芽する茎は細く、草丈も低くなって光合成能の低い貧弱な茎葉しか育たない。極端な場合は、貯蔵根が腐敗し、枯死することもある。

それぞれの貯蔵養分の量、作型による株への負担のかけ方に応じて春どりの打ち切り時期を判断し、株の萌芽能力を維持し新たな同化養分の生産を保証しなければならない。アスパラガスの増収はこの点に大きく関わっている。実際の栽培では、普通栽培にくらべて長期どり栽培は春どりを早く打ち切って立茎しているが、それは貯蔵養分が少ないため普通栽培と同じ時期まで収穫を続けることができないからである。

品質も含めて考えた場合、立茎は時期の判断に加え養成茎の太さや本数、間隔、位置といったことも微妙に影響するが（詳しくはⅥ章で述べる）、貯蔵養分をどううまく使うかという意味でいえば、春どりの収穫打ち切りのタイミング、立茎の時期の選び方が決定的である。

佐賀県農業試験研究センターの報告でも、ハウス半促成長期どり栽培における夏秋どりの収量への影響は、養成茎の〝数〟より立茎の〝時期〟のほうが大きく、春どりは五〇日ぐらいで早めに切り上げたほうが増収するとしている。遅れないことが肝心である。

夏〜秋は茎葉整理で養分の浪費を防ぐ

アスパラガスの貯蔵養分は、夏秋期の茎葉による同化養分が転流したものである。増収するには、この時期の茎葉管理がしっかり行なわれる必要がある。とくに寒冷地では秋が早いので夏秋期の茎葉管理が大切になる。

二季どり栽培や長期どり栽培のように、夏秋期に収穫する場合には、おのずと茎葉整理になるが、普通栽培では春どり後に株を放任し、過繁茂にしているケースが多い。病害虫が発生しやすくなるばかりか、養分を浪費して、貯蔵根への蓄積を大きく減らす結果になっている。

また、前にも述べたようにアスパラガスは夏秋期に収穫したり、茎葉を整理することで地下茎が伸び、休眠期の養分の蓄積場所である貯蔵根が発達する。茎葉を整理することは貯蔵養分の蓄積部位を多くすることにもつながるのである。

夏秋どりを行なわない普通栽培で

写真3　夏秋期に十分な同化生産をさせられるかどうかは，この時期の茎葉整理にかかっている
（長野野菜花き試）
①茎葉整理を行なっているほ場，②病害虫が発生しているほ場，③雑草が繁茂しているほ場

も、ときどきほ場を巡回して過繁茂にならないように茎葉を整理し（写真３）、できればかん水や追肥も、二季どり栽培や長期どり栽培と同様のタイミングで行なうと増収が期待できる。

　なお、夏から秋に十分な同化生産をさせるために、この時期の茎葉整理は欠かせないが、地上部が黄化したあとは、同化養分の転流がすむまで刈りとりを急がないことが必要である。

5　一作でも「連作障害」になる

株としての生産性の低下

　図5は、長野県におけるアスパラガスの栽培年数と収量の推移を示したものである。定植年次は異なるが、定植から五～六年で最高収量に達し、五～六年間維持したあと、漸減していくことがわかる。

　株が旺盛に伸長・拡大している時期の三年株と、収量の最盛期の七年株、収量の減少期の一一年株の地下部の生育を比較してみると、一一年株の地下部重は七年株の七〇％程度まで落ちており、三年株と同程度であった。とくに収量に対して影響が大きい深さ二〇センチまでの表層に存在する活力ある

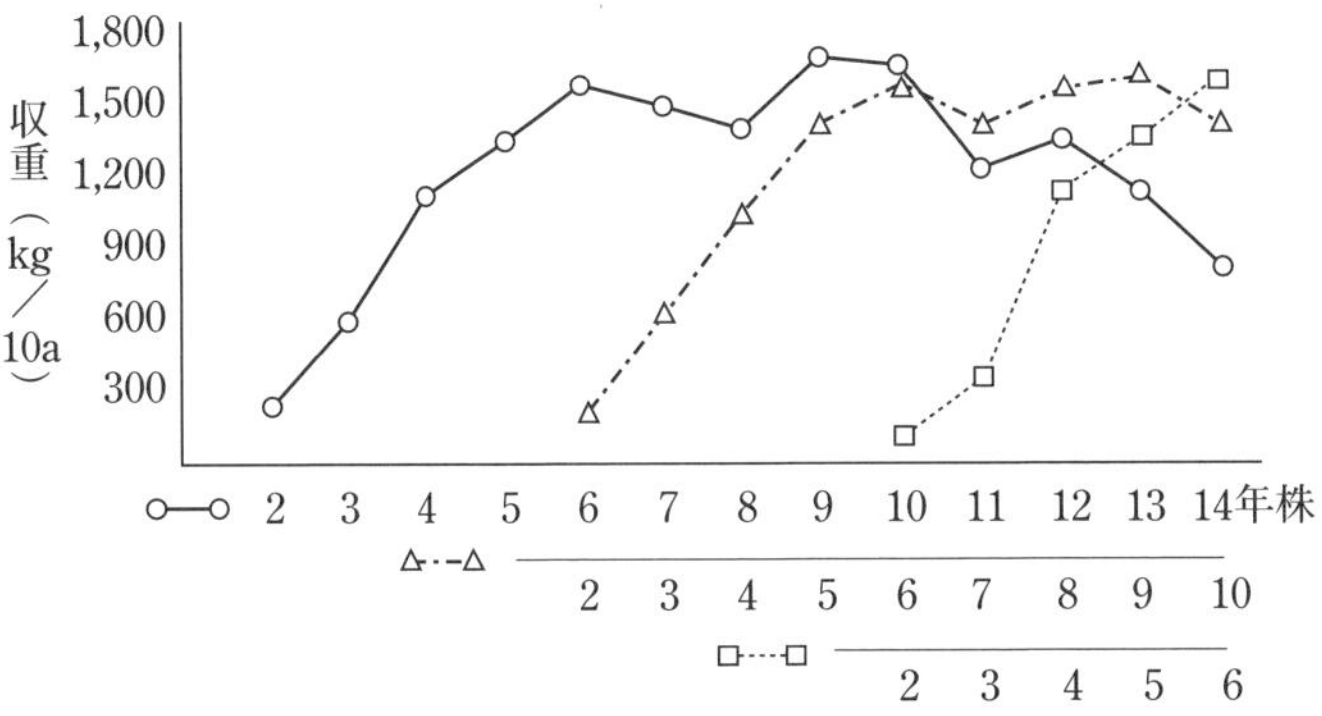

図5　アスパラガスの栽培年数と収量　（長野野菜花き試）

根量の減少率が大きかった（図6）。

また、一一年株の貯蔵根の糖度は、七年株にくらべて明らかに少なくなっていた（図7）。貯蔵根の糖度は、翌春の収量と高い相関が認められているものである。

一般に、収量最盛期を過ぎた株は、施肥やかん水など栽培管理によっても大きな収量の回復はむずかしく、手間をかけたなりの収益は上がりにくい。日本におけるアスパラガスの経済寿命は定植後一〇年程度とされ、生産力が低下したら改植が必要である（写真4）。

改植の目安は、①欠株がほ場全体の一五～二〇％生じたとき、②欠株は少ないが、前年までの数年間の平均収量にくらべて二〇～三〇％の減収になったとき、③排水対策などの土壌改良を行なっても草勢回復が見込めなくなったとき、である。

しかし、アスパラガスは改植しても新植時のような収量が得られず、減収する場合も少なくない。いや地、いわゆる連作障害である。ここにもアスパ

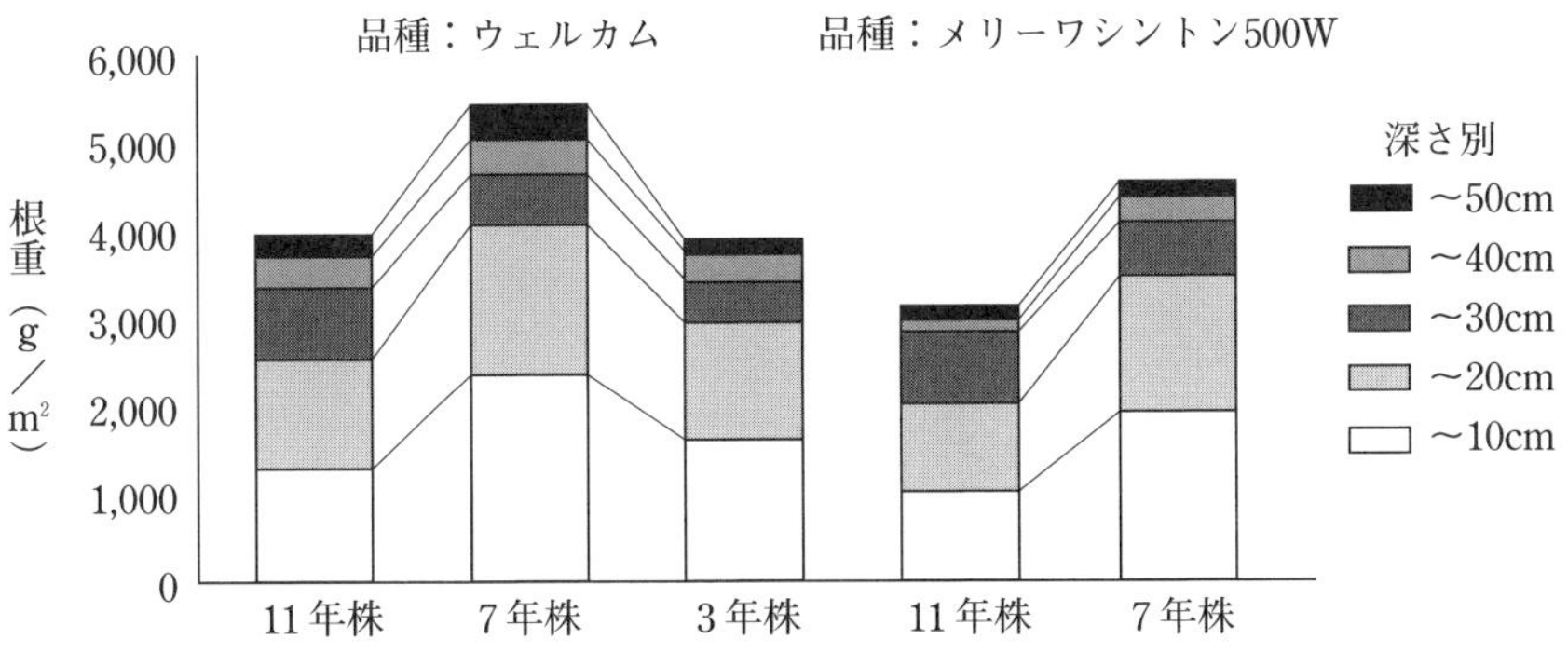

図6　アスパラガスの栽培年数，品種と深さ別根量　（長野野菜花き試）

ラガスの永年性作物としての栽培の困難がある。

土壌条件もしだいに悪化する

アスパラガスは、一〇年以上同じ場所で栽培されるため、ほかの野菜でいえば、連作したのと同じ状態で改植を迎える。

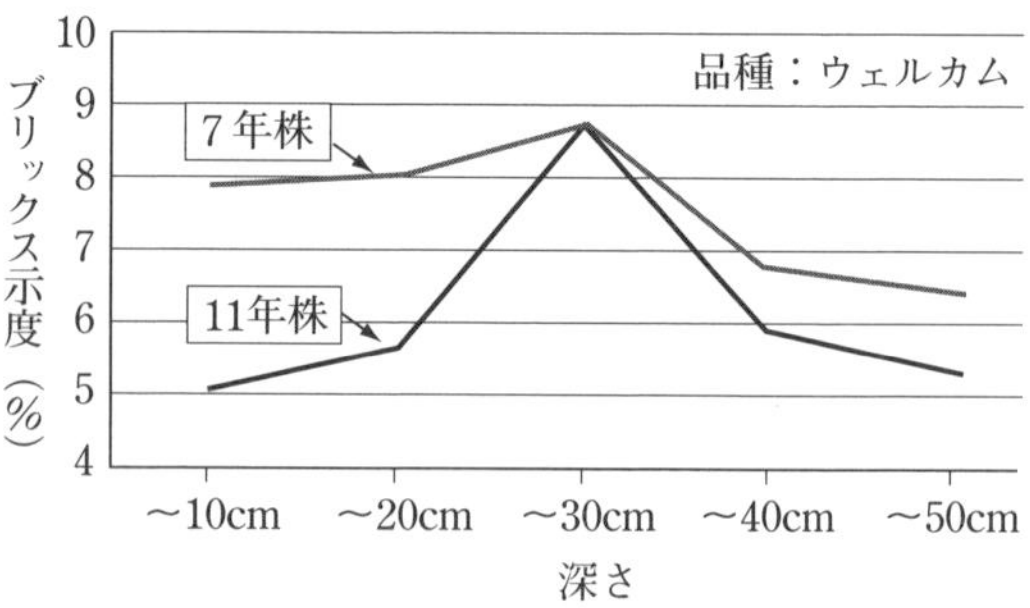

図7　アスパラガスの年生と深さ別貯蔵根の糖度
（長野野菜花き試）

写真4　アスパラガスの地下部の様子
（長野野菜花き試）
上：収量最盛期の株，下：収量減少期の株（改植が必要）

減収や欠株の原因は、立枯病、株腐病、紫紋羽病やセンチュウなど土壌病害虫の集積、それに長年同じような施肥をしてきたことによる養分の片寄りやpHの異常、さらに腐植質の不足、土壌硬度の上昇、耕盤の発生など、土壌理化学性の不良、除草剤の連年散布の影響などが考えられる。アスパラガスの栽培では、土壌消毒や、下層土までの土壌改良、有機物の施用、土壌診断に基づく適正な施肥などがほかの野菜以上に重要になる。

アレロパシー物質による連作障害も

しかし、そうした対策をしても生産

性が回復しないほ場も多い。原因の一つに、近年アレロパシー物質の存在が指摘されている。アレロパシーとは、アスパラガス自身が生産する物質によって自身や改植した後の次世代の個体（アスパラガス）の生育が抑制されることである。

一〇年間アスパラガスを栽培したほ場のうね中央、うね間（通路）の土壌と、アスパラガスの栽培前歴のないほ場の土壌で、それぞれアスパラガスを定植すると、一〇年間アスパラガスを栽培したほ場では、無作付けのほ場にくらべて生育が劣り、また、うね間より、うね中央で生育が劣ったことが報告されている（表1）。また、一三年株のほ場では、根はうね中央に集中し、うね間には少ないことがわかっている（表2）。

これらのことから、アスパラガスを長期間栽培したほ場の土壌には、根から分泌された、あるいは根の腐敗分解で滲出したアレロパシー物質が蓄積しており、その量は根の分布量が多いうね中央に多いと判断される。また、ほ場には一〇アール当たり六～七トン程度の地下部が残されているが、これを改植時にすき込んでしまうと大きな影響がある。

台湾などでは、降雨でアレロパシー物質の洗い流しを勧めている（年間降水量は二〇〇〇ミリ以上）。古株を抜根したあと、二～三年以上おいて次の作付けを行なうのである。しかしわが国では、数年間ほかの作物を栽培したあとに改植しても、新植したほどの収量は

表1　土壌前歴の違いがアスパラガスの生育に及ぼす影響

（長野野菜花き試，1994）

土　壌採取位置	最長茎長 cm	茎数 本	最太茎径 mm	茎重 g	最長根長 cm	最太根径 mm	貯蔵根数 本	地下部重 g	貯蔵根ブリックス %	養成量
うね中央	57.8c	15.8a	1.8b	6.8b	46.9a	3.4b	56.2b	69.5c	25.9b	18.0b
うね間	63.4b	14.5a	1.6b	7.0b	54.7a	3.4b	55.6b	83.4b	24.1b	20.0b
無作付け	66.5a	16.0a	2.4a	9.2a	48.1a	3.6a	67.2a	110.3a	24.6a	27.1a

注）Duncanの多重検定，異なるアルファベット間は5%で有意差あり
　養成量＝地下部重×貯蔵根ブリックス/100

［試験方法］
1）供試土壌：アスパラガスを7年間栽培したうね中央およびうね間土壌および無作付け地の深さ0～50cmの10cmごとの層
2）供試株：ウェルカム（サカタのタネ）
3）耕種概要：供試土壌を詰めた1aの1/5000のポットを場内ハウスに肩まで埋め，N2.0g/ポットを与え，よく攪拌し定植した

表2　アスパラガス13年株の地下部重（株当たり）
根はうね中央に集中する　　（長野野菜花き試，1990）

深さ cm	うね中央 g	全体にしめる割合 %	うね間 g
～10	1,458	51	5
～20	484	17	23
～30	314	11	15
～40	228	8	12
～50	153	5	26
～60	113	4	21
～70	111	4	26
合計	2,861	100	128

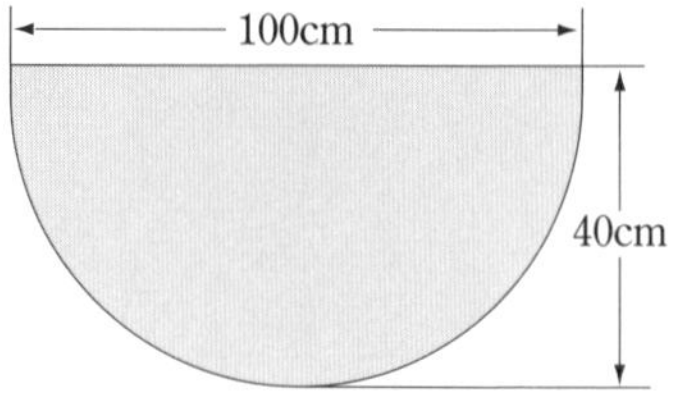

抜根機の持ち出し量　1,850g
持ち出し率　1850/2484（40cm）≒74%

注）深さは地下茎上部を基点とした
品種は「メリーワシントン500W」で，うね幅150cm，株間30cmの5株分を掘りとった平均値

ないという報告もある。

国内産地は、外国にくらべて農家の経営規模が小さいため、長期休閑などによらない別の方法で連作障害を最小限にとどめて、改植する技術の確立が求められる。

長野県野菜花き試験場では、ここ数年の試験結果から、耕種的方法と活性炭資材を利用する方法を併用することで改植時のアレロパシーを軽減できる方法を明らかにしてきた。詳しくはⅢ章で紹介する。

減肥（少肥）の発想も大事

アスパラガスは豊富な有機物と多肥を好む野菜で、導入当初は積極的な土壌改良により増収する。しかし、何度か改植を行なっている古参の産地ではアレロパシーの問題だけでなく、多肥栽培による土壌バランスの悪化などから、改植を重ねるたびに減収して、経済栽培を断念せざるをえない例も多く出ている。

長く栽培を維持するためには、多肥多収で畑を追い込んで疲れさせ、ダメになったらどんどん新しい畑にかえていくというやり方ではなく、一定の収量で、そのぶん品質をより重視した減肥（少肥）栽培の方向も検討していくことが大事だと思われる。アスパラガスを栽培していると、いずれ改植は避けられない。あとになって慌てないよう、産地の将来を見すえた栽培指針の作成が求められている。

アスパラガスの基礎生理

①温度

アスパラガスの種子の発芽適温は二五～三〇℃と高く、この温度で九〇%以上が播種後一〇日程度で発芽する。三五℃以上では発芽障害が認められ、二〇℃未満では発芽までの日数が極端に長くなる。地温一〇℃では発芽までに五三日を要し、五℃以下ではほとんど発芽しない（表1）。

若茎が萌芽を始める温度は五℃前後で、生長を始めた若茎は温度が高いほど早く伸長する。平均気温が一〇℃以下だと萌芽はまばらであるが、一二℃を超える頃から揃って萌芽し始める。露地栽培の場合、平均気温一二℃になるのは、長野県では五月上旬のゴールデンウィーク前後、北海道中央部では五月中旬頃である。三〇℃を超えると、二～三日で収穫できる長さに達する（表2）。

若茎の伸長量は、茎頂のやや下方の位置でとくに多く、地際部に近い若茎の元の部分は伸長量が少ない。茎葉の伸長適温は一〇～三〇℃、光合成適温は一五～二〇℃で、二五℃を超える頃から、若茎の伸長は早いものの頭部が早く開き、商品率が劣る。茎葉の生育限界温度は最低五℃、最高三八℃程度である（次頁図）。

休眠は、一〇～一五℃以下で誘導されて、一〇〇〇時間付近でもっとも深くなり、〇～五℃以下の低温に一〇〇〇時間程度遭遇すると打破される。

アスパラガスは地上部は耐暑性が強く、夏季でもよく生育する。地上部は晩秋に枯死するが、地下部は耐寒性がきわめて強く、寒地や高冷地の耐冷害作物となっている。ただ、萌芽した若茎は寒さに弱く、〇℃付近で凍霜害を受ける。

②光

茎葉の光飽和点は四万～六万ルクスである。アスパラガスの茎葉は針状を

表1　地温とアスパラガスの発芽日数（ハーリントン）

地　温（℃）	0	5	10	15	25	30	35	40
発芽日数（日）	×	×	53	24	10	11	19	28

注）×：まったくか，ほとんど発芽せず

表2　アスパラガスの若茎が長野県の一般的な出荷規格である26cmに達する日数と温度との関係

（長野野菜花き試）

温度（℃）	11	14	17	20	23	26	29	32
日数（日）	14	10	8	6	5	4	3	2

していて受光態勢がよいため、ある程度の密植に耐える。長期どり栽培では若茎の緑着色を促進するため、茎葉の側枝や下枝を適除する必要がある。

③土壌適応性

アスパラガスの根群は若年株ほど発達が著しく、年々大きくなっていき、成園では、水平方向一・五メートル以上、垂直方向一メートル以上にも達するが、この強大な根を十分発達させるためには、通気性や排水性のよい、保水力の高い土壌を選ぶ必要がある。耕土の深い軽しょう土、砂壌土、火山灰土が適する。産地の多くは有機質に富む火山灰土や沖積砂質土壌地帯に発達している。有機物の施用が効果的で、最適pHは五・八～六・一である。

なお、ホワイトアスパラガス栽培では軟白のために培土をするため、粘質土やれき質土の土壌は不適当である。

(℃)	
40	・萌芽はするが伸長しない
35	・伸長が悪くなり，高温障害の発生もある ・もっとも早く伸びる
30	・萌芽後3日で30cmに達する ・頭部が開きやすくなる
25	・萌芽後5日程度で30cmに達する
20	・萌芽後7日程度で30cmに達する
15	・萌芽後10日程度で30cmに達する
10	・1ヵ月で萌芽率100%に達する（地温） ・萌芽後18日で30cmに達する ・萌芽最低地温
5	・生長停止 ・アントシアンが発生しやすくなる ・収穫後の鮮度保持（0℃に近い低温がよい）
0	
-2	・凍結する

温度とアスパラガス若茎の特性

（重松武 原図，一部変更）

Ⅱ 作型・品種を見直す

1 作型の基本パターン

作型は、収穫期から分けられる

アスパラガスには、露地栽培、ハウス半促成栽培、それに伏せ込み促成栽培の三つの作型がある。

このうち露地栽培とハウス半促成栽培は、収穫期により、春どりだけの普通栽培、春どりと夏秋どりを行なう二季どり栽培、春どりから収穫を休まず夏秋どりに移行する長期どり栽培の三タイプに分けられる（図8）。

①普通栽培（露地とハウス半促成、以下②、③も同じ）

普通栽培は、春どりのみ行ない、収穫打ち切り後は、立茎して株養成する栽培法である。寒冷地では、露地普通栽培が作型の構成比の七〇％以上を占めてもっとも多い。

アスパラガス本来の自然のサイクルにもっとも近い作型であり、施設経費もかからず、管理労力も比較的少なくてすむため、初心者は取り組みやすい。

養分蓄積との関わりでいえば、長期どり栽培より大きく貯めて、春からの収穫で一気に消費するタイプである。（一四頁の図1参照）。

②二季どり栽培

二季どり栽培は春どりに加えて、夏秋どりを行なう。普通栽培と同様に、春どり打ち切り後は収穫を休み、立茎して株養成するが、その後、茎を整理し、夏秋どりを始める。

この二季どり栽培は前記の普通栽培とともに、イネやキノコ、果樹、ほかの野菜と組み合わせて経営しやすい。

③長期どり栽培

長期どり栽培は、春どりを早めに打ち切り、立茎をしながら収穫を継続して夏秋どりに移行する栽培法である。春、夏、秋の三シーズン収穫するので、

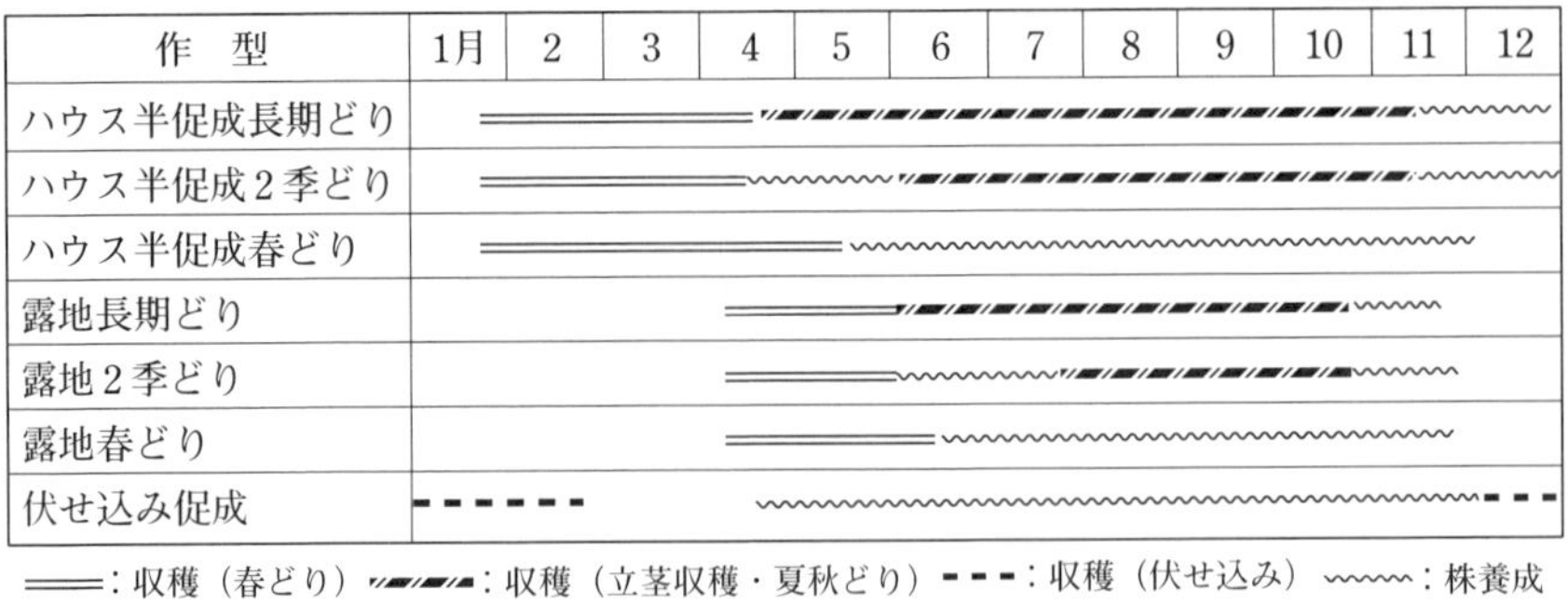

図8　グリーンアスパラガスの作型の特徴

収穫、調製に多くの時間を要するが、面積によってはほかの作目との複合経営もできる。西南暖地ではハウス半促成長期どり栽培がもっとも多い。

　春どりより貯蔵養分は少ないため、春どりの収穫打ち切りも早くなるが、立茎収穫というかたちで株養成しながら夏秋どりを行なっていくので、トータルの収穫量は多くなる（一四頁図1参照）。

　このほか、伏せ込み促成栽培はパイプハウス内の電熱温床に、一～二年間養成した根株を掘り上げて伏せ込み、加温して十二～翌三月にかけて収穫する栽培法である。

　また、ホワイトアスパラガスは、若茎が萌芽する前に土をかぶせ、軟白させてつくる。培土せず、そのまま生育させるとグリーンアスパラガスになる。ホワイトアスパラガスとグリーンアスパラガスとの差は、萌芽前に培土するかしないかだけで、とくに栽培法に違いがあるわけではない。ホワイトアスパラガスは作型の分化が少なく、普通栽培がほとんどを占める。

寒冷地では露地栽培、西南暖地はハウス半促成長期どり栽培が多い

　アスパラガスは不良気象環境に強い野菜で、広く北海道から九州まで栽培されている。

　しかし元来アスパラガスは低温を好み、日本での主産地も冷涼な気候の長野県や北海道、福島県などにある。ここでの作型は露地栽培が中心になる。

　一方、佐賀県、香川県、長崎県などの西南暖地では転作田を中心に導入が進み、一時、茎枯病によって壊滅的な被害を受けたものの、現在ではハウスの雨よけ効果と保温効果を生かした集

約的な作型であるハウス半促成長期どり栽培が定着している。

西南暖地のアスパラガス栽培の特徴は、生育期間が長いこと、夏秋どりの打ち切りから翌春の春どり開始までの日数が短いこと、収穫期間が長いこと、茎葉が繁茂しやすく、茎枯病の発生などが問題になることなどである。

平均反収をみると、寒冷地で低く（一〇アール当たり二〇〇～三五〇キロ）、施設化や長期どり栽培が普及している西南暖地で高い（同七五〇～一八〇〇キロ）。寒冷地でも長期どり栽培を導入すれば、普通栽培や二季どり栽培にくらべて増収し、平均反収も高まる。

2 品種は地域と作型で選ぶ

アスパラガスは作付面積の多少はあるが、北海道から九州・四国まで広く栽培されている。しかしこれだけ広範に栽培されながらアスパラガスはほかの作物と異なり、品種の数がごく限られている。主要な数品種が日本国内どこでも栽培されているのが、アスパラガスである。

おもな品種の栽培特性

現在、日本国内で栽培されているアスパラガスは、三つのグループに大別できる（表3）。

第一グループは、「北海１００」や「メリーワシントン５００Ｗ」を代表とする集団交配法による育成品種である。これらの品種は遺伝的な変異が大きく、若茎の頭部の締まりやりん片葉の色、若茎の太さなど形質のバラツキが大きい。

「メリーワシントン５００Ｗ」は古い品種だが、耐病性が強く現在でも人気が高い。北海道のほか、長野県や福島県の一部産地で栽培されている。

第二グループは、「ＵＣ１５７」や「ＵＣ８００」を代表とする単交配育種法、または集団交配（F_2）法による育成品種である。日本では「ウェルカム」「グリーンタワー」「バイトル」などが主要品種で、おもにアメリカで育成されている。これらの品種は、若茎の頭部の締まりが優れるが、倒伏に弱く、りん片葉が淡紫色になる。

西南暖地を中心に暖かい地域では「ウェルカム」が、国内最大産地のＪＡ北信州みゆきなどの比較的冷涼な地域では「ウェルカム」のほかに「グリーンタワー」が多く栽培されている。

第三グループは、「フルート」「フランクリン」や「ガインリム」を代表とする単交配育種法による全雄系（三四頁囲み記事参照）の育成品種である。おもにオランダの育成品種で、若茎の

表3　日本におけるアスパラガス栽培品種の特性

（皆川裕一の表を参考に作成）

グループ	品種名	育成方法	茎葉特性				若茎特性			
			雌雄	擬葉色の濃淡	耐倒伏性	草丈	頭部の締まり	太さの程度	鱗片色の濃淡	早晩性
第1	メリーワシントン500W 北海100 マラソン ぜんゆう	集団交配	混合	濃　淡 混合色	普通	普通	普通	普通	濃　淡 混合色	中生～晩生
第2	UC157 ウェルカム グリーンタワー バイトル キャンドル ナイアガラ	単交配F_1	混合	淡緑色	劣っている	やや高い	優れている	普通	淡紫色	早生
	UC800 ポールトム ハイデル	集団交配F_2	混合	淡緑色	劣っている	やや高い	優れている	普通	淡紫色	早生
第3	フルート フランクリン ガインリム	単交配F_1	全雄	濃緑色	優れている	やや高い	劣っている	やや太い	濃紫色	中生～晩生
その他	セトグリーン ヒロシマグリーン グリーンフレッチェ	組織培養	全雄	淡緑色	普通	やや高い	普通	普通	普通	中生～晩生

頭部の締まりが劣るが、耐倒伏性に優れ、りん片葉は濃紫色である。

　このほか、コルヒチン処理による倍数性育種法で育成された「セトグリーン」（四倍体）、「ヒロシマグリーン」（三倍体）と、組織培養による大量増殖で育成された「グリーンフレッチェ」などがある。「グリーンフレッチェ」は外観形質の個体間差が少なく、品質がほぼ均一であり、りん片葉のアントシアンの発現は見られない。

寒冷地ではオランダ型、西南暖地ならアメリカ型か

　近年、北海道ではオランダ由来の「ガインリム（日本ではＨＬＡ―７）」や「フルート（同ラズノーブル、現在は生産中止により入手不可能）」が多く作付けられている。これらは元来、ホワイトアスパラガス用として育成された全雄系のF_1品種だが、若茎の揃い

が優れ、種子の落下による雑草化の心配がなく、さらに茎数が多く、太ものも多いなど、グリーンアスパラガス用としても多収性を示すことがわかってきた。長野県の試験結果でも、とくに標高が高く冷涼な地域で「ガインリム」を栽培すると「ウェルカム」などにくらべて多収となる。

「ウェルカム」など日本で栽培されている品種は、アメリカ西海岸のカリフォルニア州で育成されたものが多い。緯度が近く、気候条件も似ているためだが、北海道や本州でも高冷地で栽培した場合、やや収量性に問題がある。

写真5　ガインリムの萌芽状況
（北海道蘭越町，斯波肇 撮影）

こうしたところでは、日本やカリフォルニアより高緯度で、冷涼なオランダで育成された「ガインリム」などが向いている。

ただし、オランダで育成された品種の特徴として、低温期にはりん片葉にアントシアンが発現しやすく、高温期は頭部の開きが「ウェルカム」などにくらべ早いことがあげられる。二五～二七センチの出荷規格が多い本州や九州・四国の産地では、頭部の開きが早いのは、とくに夏秋どりで問題になる。しかし北海道の一般的な出荷規格は二一センチなので、頭部の開きはあまり問題にならない。かえって「ガインリム」の多収性の特徴を生かすことができる（写真５）。

作型による品種選択の必要性

アスパラガスは、いったん植え付けると一〇数年、そのまま栽培が続き、新品種や新系統への切り替えがむずかしい作物である。当然、品種の選択も慎重でなければならない。

近年の大きな傾向としては、前述の三つのグループのうち、第一グループから第二、第三グループへの品種の展開がみられ、アメリカ型かオランダ型かで示したような選択の幅があるが、作型との関わりでいえば、次のようなことが指摘できる。

ハウス半促成栽培に求められる特性としては、萌芽が早く、春どりが多収で、低温伸長性があり、アントシアンの発現が少ないなどの特性をもつ品種が望まれる。早生性や多収性をもつ品種を導入することで、作型分散や周年生産に利用できる。たとえば、第一グループの「メリーワシントン500W」にくらべて、第二グループの「ウェルカム」「グリーンタワー」は早生で多収である。

西南暖地で多いハウス半促成長期どり栽培の夏秋どりでは、夏秋期に多収でき、若茎の緑着色が優れ、頭部の締まりがよいなどの特性をもつ品種が望まれる。現在のところ「ウェルカム」「グリーンフレッチェ」あたりが適当である。

露地栽培では、茎枯病や斑点病など

雄株がよいか、雌株がよいか

アスパラガスは野菜では珍しい雌雄異株で、「ガインリム」「フルート」など全雄系の品種以外、ふつうはほ場に雄株と雌株が混在している。雄株には雄花が、雌株には雌花がつく。雄花は雄しべが発達して、子房が退化している。雌花はその逆である。花の形からそれぞれ区別でき、まれに両性花をもつものも現われる。アスパラガスは虫媒花であり、雌花には赤い果実が多く着く(写真)。

ところで、この雌雄、収益性を高めるうえではどちらを選ぶとよいだろうか。これまでの研究結果からは、次のようなことがわかっている。

①雄株のほうが萌芽が早い
②雌株は若茎の太さが不均一で、細茎や太茎が混在するのに対し、雄株では茎径の太さが揃い、本数も多い
③雌株は果実が着いた重さで倒伏しやすく、落ちた種子が発芽して雑草化する
④雌株の果実は、とり除いても、そのままでも、収量に大きな違いはない
⑤伏せ込み促成栽培では雄株より雌株のほうが収量が高い
⑥ハウス半促成長期どり栽培では、株の雌雄による収量差は認められない

雑草化防止や倒伏防止を目的に、現在、全雄系のF_1品種が世界各国で育成されているが、本文でも触れているように、これまで育成された全雄系の品種は頭部の締まりがやや不良で、アントシアンの発生が多いという欠点が目立つ。

雌雄株と収量・品質との関係についてはもう少し検討が必要だが、品種導入にあたっては、雌雄性より各品種の地域適応性を確認するほうが重要である。

の病害抵抗性で、アントシアンの発現が少なく、晩霜の被害回避ができる、やや晩生の品種がよい。また露地栽培では、多収品種の導入と無理のない収穫期間の設定も重要になる。表3でいえば第三グループがやや晩生だが、アントシアンの濃淡で若干問題があり、現在のところ第二グループの「ウェルカム」「グリーンタワー」をアントシアンの発現に注意しながら栽培している。

伏せ込み促成栽培では、株養成期間が短く、株養成期には短期間で生育と養分蓄積ができ、休眠が浅いなどの特性をもつ品種が望まれる。

現在、栽培されている品種は個体間で収量性や品質にバラツキが多い。品種の導入にあたっては、収量性や品質を検討することはもちろん、株揃いのよい品種を選ぶようにすることが重要である。

3 ムラサキアスパラガス、ホワイトアスパラガス

最近、グリーンアスパラガスのほかにムラサキアスパラガスと生食用のホワイトアスパラガスが注目されている（九七頁の写真26）。

アスパラガスの雌株と果実

このうちホワイトアスパラガスは萌芽してくる前の若茎を軟白化したものなので、とくに専用の品種があるわけではないが、ムラサキアスパラガスの場合は品種が異なる。現在、導入されているのは、アメリカで育成された「パープルパッション」とニュージーランドで育成された「パシフィックパープル」などである。

III 植え付け前の準備

1 ほ場の選定と土つくり

貯蔵根をつくる土がとても大事

アスパラガスは貯蔵根に養分を蓄積することで次々に萌芽するため、増収には根をよく伸長させることが重要になる（写真6）。根の分布は広く、定植位置を基点として水平方向に幅一・五メートル程度、垂直方向には一メートル以上の深さに達し、一〇アール当たりの貯蔵根の量は六～七トン程度にもなる。

これだけの根を発生させて育てるには、よい土つくりがとても重要になる。アスパラガスは一度定植してしまうと土壌改良がきわめて困難になるので、前もって必ず土壌診断を実施して栽培の適否を検討し、植え溝を中心にして、可能な限り土壌改良を行なう（表4、図9）。

水利のよい場所、耕土の深い畑を選ぶ

アスパラガスは土壌適応性が比較的広いが、水利の便が悪く、乾燥しやすい砂地や耕土の極端に浅いところは避けたほうがよい。アスパラガスは光合成や同化養分の転流、蓄積に水分を多く必要としている。十分な水分が適時に得られる水利環境のあるほ場を選びたい。

一方で、極端な粘土質で地下水位の高い、排水不良な土壌もあまり適さな

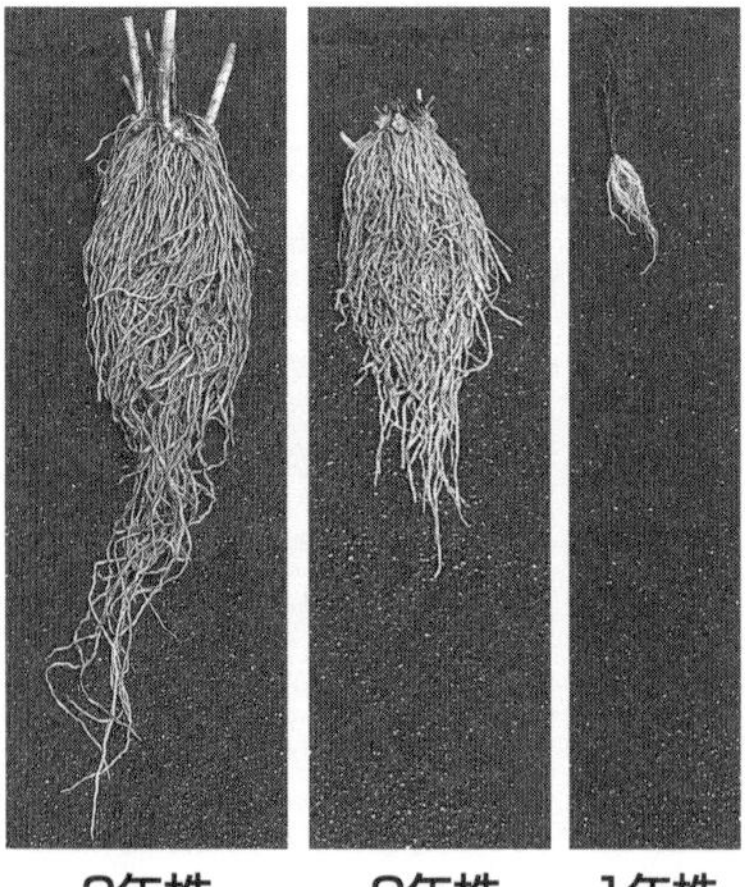

カナメ

（赤松富仁 撮影）

生長力が確保できる土つくりを行なう

い。最近は水田転作でアスパラガスを導入する場合が多いが、こうした条件のあるほ場では、暗きょや耕盤破砕などの排水対策を実施する。暗きょ排水の素材として、モミガラ、ヨシ、カヤ、竹などの素材が用いられている。また、重粘土で透水性が低い土壌の改善には、客土による盛り土や土壌改良資材の混和が有効である。

表4　土壌改良の目標

項目	目　標
有効土の深さ	40cm以上
ち密度	山中式硬度計20mm以下
地下水位	50cm以下
pH（H_2O）	5.5〜6.5
EC（1：5）	0.2〜0.6mS/cm

注）EC＝電気伝導度

　また、後述する一年養成株を育苗するほ場や伏せ込み促成栽培の株を養成するほ場は、掘り上げ労力を考えると砂質土壌が好ましく、掘り上げ時の断根も少なくなる。根がらみもほぐしやすい。

　アスパラガスは日当たりがよく、風通しのよい場所が適地である。

最初から雑草は入れないように

　畑を転換する場合は、雑草の少ない熟畑を選ぶ。現在のアスパラガスほ場での除草剤体系では、スギナ、ヒルガオ、スミレ、スカシタゴボウなど永年性雑草の防除が

6年株　　4年株

写真6　地下部の生育がアスパラガス安定増収の

アスパラガスの株は驚くべき生長力をもち，とくに若年株は年々大きくなる。こうした

- ほ場の準備
  - 物理性の改良
    - 有効土層 —— 暗きょ排水
    - 透水性・ち密度 —— 客土，有機・無機質資材
    - 孔隙率 —— 有機・無機質資材
  - 化学性の改良
    - pHの矯正，塩基バランスの改善 —— 苦土石灰など
    - 有効態リン酸の確保 —— 溶成リン肥，過リン酸石灰など
  - 土壌養分の補充 — 施肥
    - 土質，植物体の吸収量 —— チッソ，リン酸，カリ
    - 微量要素 —— 家畜ふん堆肥，有機質肥料

図9　アスパラガスほ場の定植準備　（伊藤悌右）

むずかしいので、作付ける前にあらかじめ枯らしておくなどの対策が重要である。

地下水位が高い畑の改良は作土層まで

アスパラガスの根の七〇%以上は、地表から三〇センチ程度までに分布している。土壌改良は一般にはアスパラガスの定植位置の幅四〇センチ、深さ五〇センチ程度の範囲で効果が高いとされるが、下層土が著しく不良な場合には全体の物理性が悪くなったり、地下水位が高い場合は耕盤破砕がかえってマイナスに働くこともある。下層土が不良であったり、地下水位が高い場合に行なう土壌改良は、作土層（表土層）までとしたほうがよい。

植え付け前に有機物を補給しておく

アスパラガスの増収に株の養成は欠かせない。そのためには良質な堆肥の投入が重要である。

アスパラガスはいったん定植すると一〇年程度は栽培するため、その間大きな土壌改良や大量の堆肥施用がむずかしい。そこで定植前に中心的な根域となる深さ四〇センチ程度までの土壌を耕して、一〇アール当たり一〇トン以上の堆肥を投入する。定植後もまた毎年二～三トン程度は施用して、地力を維持していくようにする（表5、6、7、写真7）。

長野県の優良農家では、定植前に深耕ロータリーやトレンチャー、バックホーなどで四〇～七〇センチ程度まで深耕し、そこに土壌改良資材と堆肥、オガクズ、モミガラなどの有機物を大

表5　有機物の施用効果

効果の区分	関連する内容
肥料的効果	チッソ，リン酸，カリほか各種の肥料成分を含有
肥料協力的効果	リン酸の吸収利用率向上，チッソの緩効化
化学的効果	地力チッソ・塩基の保持力，緩衝能の増大，ばん土性の低下
物理的効果	団粒構造の形成…保水力・透水性・通気性・保肥力
生物的効果	アンモニア・硝酸化成など有用微生物の増殖，病菌・害虫の制御
生理的効果	生理活性物質
緩衝効果	低温，干ばつなど不良環境に対応

表6　有機質資材の平均的な化学性と用途　（広島農技セ）

資材名	肥料成分（％）					C/N比	用途			
	チッソ	リン酸	カリ	石灰	苦土		分解速度	土つくり	元肥	追肥
稲ワラ	0.7	0.2	2.1	0.4	0.1	74.0	遅	◎	×	×
オガクズ牛ふん堆肥	0.6	0.6	0.7	1.0	0.3	27.8	遅	◎	×	×
オガクズ豚ふん堆肥	1.0	2.0	0.8	2.4	0.5	19.5	やや遅	◎	○	×
オガクズ鶏ふん堆肥	0.8	2.2	1.0	5.0	0.4	16.8	中	◎	○	×
モミガラ牛ふん堆肥	0.7	0.8	1.1	1.0	0.4	20.1	やや遅	◎	×	×
バーク牛ふん堆肥	0.8	0.7	0.9	1.2	0.3	21.7	やや遅	◎	×	×
バーク堆肥	0.5	0.5	0.2	1.9	0.1	37.5	遅	◎	×	×
乾燥鶏ふん	2.6	5.7	2.8	12.1	1.2	8.4	速	△	◎	○
ナタネ油かす	6.2	2.8	1.4	―	―	5.7	速	×	◎	◎
ダイズ油かす	7.7	1.7	2.2	―	―	4.3	速	×	◎	◎
魚かす	9.8	8.5	0.5	―	―	3.6	速	×	◎	◎

注）◎：最適，○：適，△：やや不適，×：不適

量に施用している（一〇アール当たり一〇トン以上）。定植後も毎年有機物を一〇アール当たり三トン程度は補給している。春どり打ち切り後の施肥とともに、うね溝の中耕などの土つくりも積極的である（図10）。

改植の際は輪作が有効

Ⅰ章で触れたようにアスパラガスは改植の際、連作障害が発生しやすい。とくに、アスパラガスを長年栽培したほ場は、カリやリン酸の過剰が顕著である。そこで改植前に輪作作物を栽培して、土壌改良を図るとよい。

これらはクリーニングクロップとして土壌中の過剰

養分を吸収したうえで、有機物としても還元できる。有機物の補給が欠かせないアスパラガスには重要である。

表7　無機質の土壌改良資材の特性と使用場面　（伊藤悌右）

資材名	製法	特　　性	使用場面
ベントナイト	優良粘土	膨潤性が大きい 塩基置換容量50～100mg当量	砂地で保肥力，保水力に乏しい土壌
ゼオライト	凝灰岩の粉末	膨潤性はない 塩基を多量に含む 塩基置換容量100mg当量以上 リン酸吸収係数が小さい	火山灰土，砂地
バーミキュライト	蛭石《ひるいし》を高温焼石	通気性良好，透水性良好 保水性良好，保肥力大	重粘土，砂地
パーライト	真珠石を粉砕・高温で加熱	通気性良好，透水性良好 保水性良好，保肥力大	重粘土，砂地

青刈り作物にはイネ科作物が適している。マメ科作物もあるが、肥料的な効果は大きいものの、有機物供給の面でイネ科作物に比べて劣る。イネ科作物には、夏季ではソルガムやトウモロコシ、スーダングラス、青刈り用ヒエが、冬季は麦類（オオムギ、ライムギ、エンバク）、イタリアンライグラスなどがある。

このうち青刈りソルガム、青刈りトウモロコシは栽培期間が長く、露地栽培ではソルガムが六〇～七〇日、トウモロコシが五〇～六〇日程度、ハウス半促成栽培で雨よけをしている場合には四〇～五五日程度である。すき込み後の分解期間を考慮すると、青刈り作物の播種からアスパラガスを定植する

写真7　有機物の投入による土つくり
（福島県山都町）
写真では，うね間にモミガラを施用している

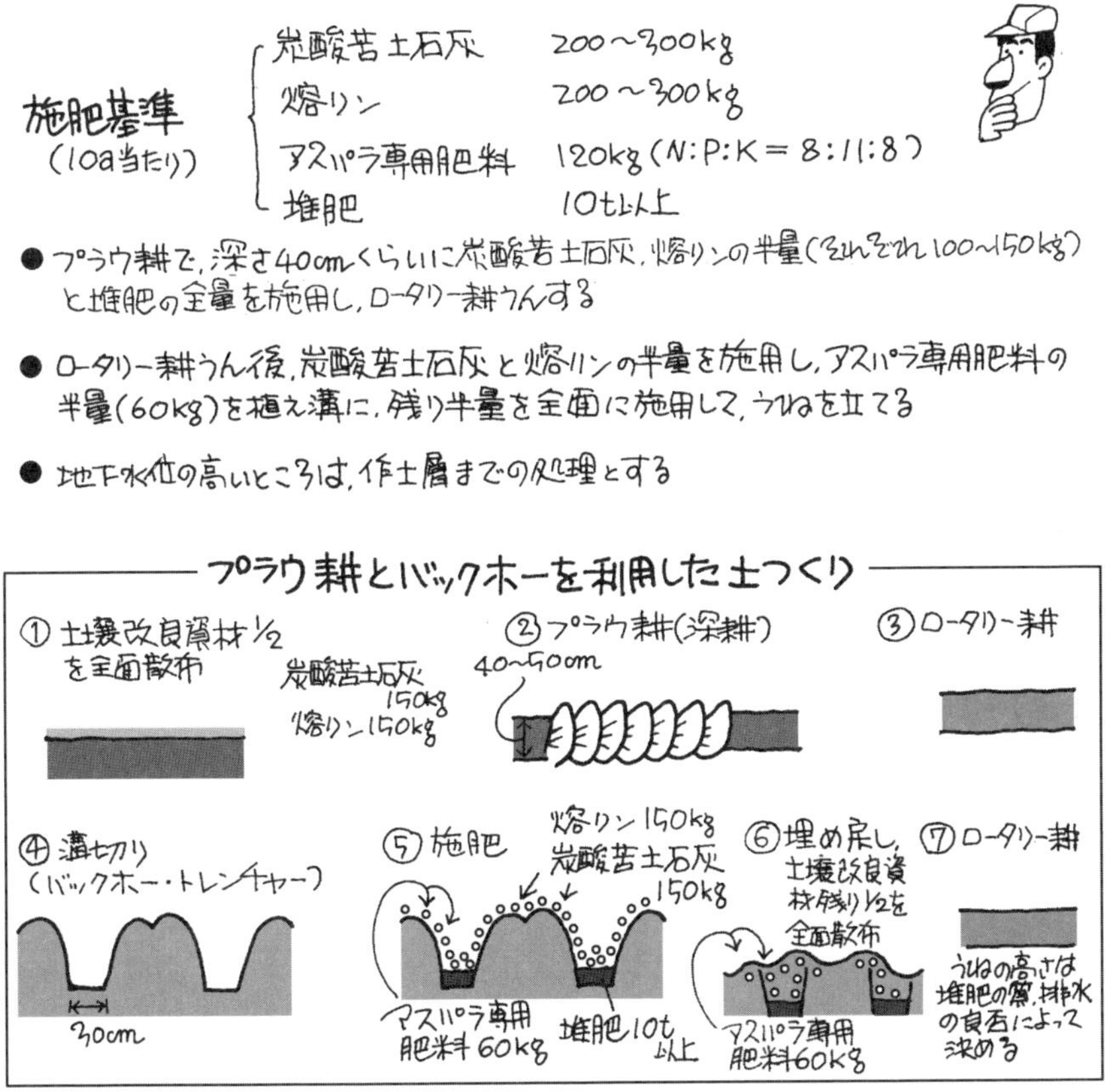

施肥基準
(10a当たり)
炭酸苦土石灰 200～300kg
熔リン 200～300kg
アスパラ専用肥料 120kg (N:P:K＝8:11:8)
堆肥 10t以上
● プラウ耕で，深さ40cmくらいに炭酸苦土石灰，熔リンの半量(それぞれ100～150kg)と堆肥の全量を施用し，ロータリー耕うんする
● ロータリー耕うん後，炭酸苦土石灰と熔リンの半量を施用し，アスパラ専用肥料の半量(60kg)を植え溝に，残り半量を全面に施用して，うねを立てる
● 地下水位の高いところは，作土層までの処理とする
プラウ耕とバックホーを利用した土つくり
① 土壌改良資材1/2を全面散布
炭酸苦土石灰 150kg
熔リン 150kg
② プラウ耕(深耕)
40～50cm
③ ロータリー耕
④ 溝切り
(バックホー・トレンチャー)
30cm
⑤ 施肥
熔リン 150kg
炭酸苦土石灰 150kg
アスパラ専用肥料 60kg
堆肥 10t以上
⑥ 埋め戻し，土壌改良資材残り1/2を全面散布
アスパラ専用肥料60kg
⑦ ロータリー耕
うねの高さは堆肥の質，排水の良否によって決める

図10　新植および改植時の土つくり

（上杉壽和 原図，一部変更）

まで、露地栽培のソルガムでは九〇～一〇〇日、トウモロコシで八〇～九〇日程度、ハウス半促成栽培で雨よけをしている場合は五五～七〇日程度をみておく必要がある。

　青刈り作物の刈りとりと、すき込みは、出穂期から穂揃い期までが適期である。ハンマーナイフなどで裁断し、ロータリーやプラウでできるだけ深くすき込んで、土壌に十分混和する。

　輪作後の元肥は、青刈り作物の分解用にチッソを標準より少し多めに施用する。

2 うねつくりと栽植本数

株の受光量、遮光率も考えてうね方向を決める

うねの方向は、一般にはほ場の形や作業性から判断され、アスパラガス群落の受光量による生育や収量・品質の面から考慮されることは少ない。

アスパラガスの外観的な評価は、若茎の緑色の程度と頭部の締まりでなされるが、若茎は平均気温が高くなるほど早く伸び、頭部の開きも早い。また遮光率が高くなるほど、緑色が淡くなる。こうした傾向はとくに西南暖地の夏秋どりで問題となっており、うね方向の検討が必要である。

広島県立農業技術センターの研究によると、アスパラガス群落の遮光率は、初夏は南北うねが東西うねより高く、冬場は逆になる。初夏の南北うねは、樹冠で直射光を防ぎ、株元の地温、気温を低くするということである。

そこで、長期どり栽培での夏秋どりなど、高温のために外観品質の改善がむずかしいところでは、うねを南北にして、株元への直射光をなるべく避けるようにしてやるとよい。また、以下に述べるように栽植密度を下げ、散乱光が若茎に当たるようにすれば、頭部の開きを抑えながら、着色も改善していくことが可能である。

作業しやすいうね幅は一五〇センチ以下

うね幅は一五〇センチが一般的だが、これ以下なら、一往復で二うね分の収穫ができて効率的である。

ハウスで栽培する場合は、間口の大

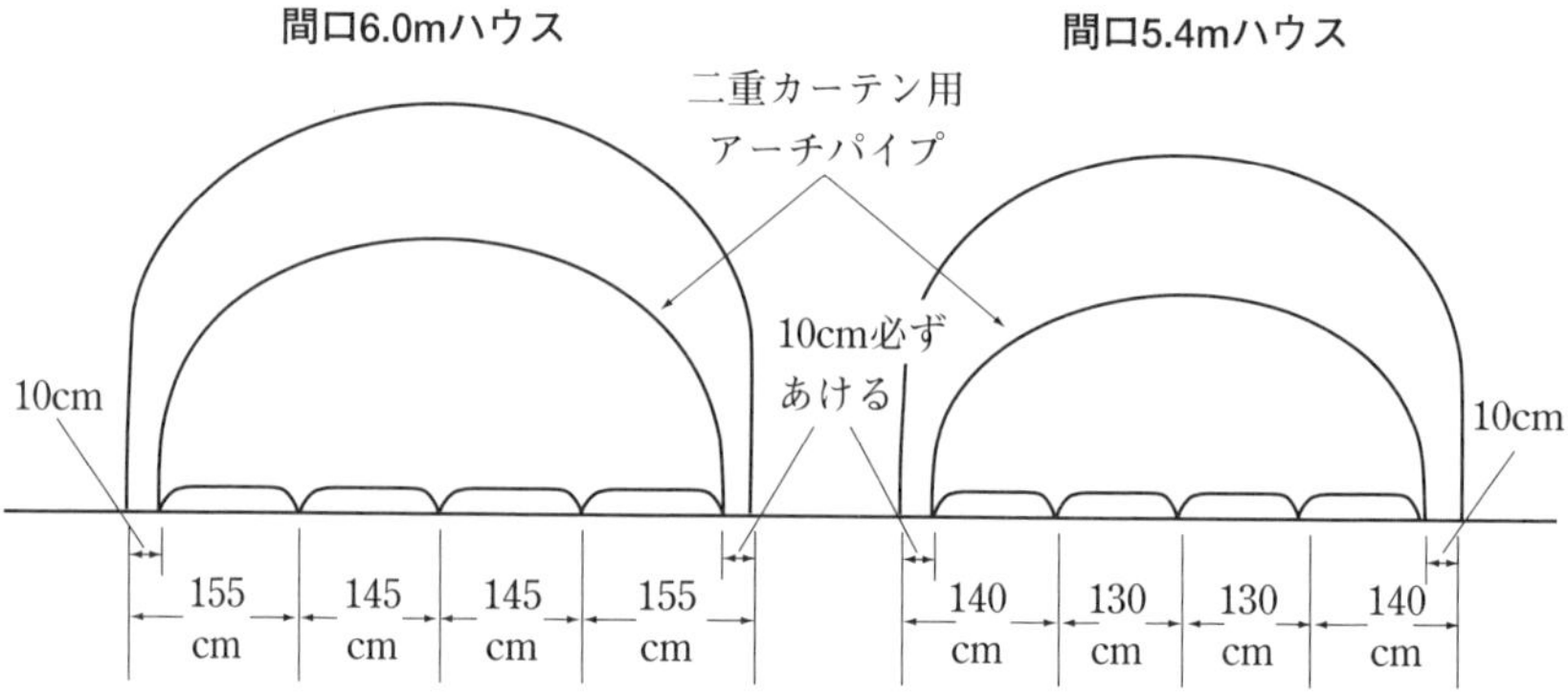

図11　ハウス規格とうね幅　　（久冨時行 原図）

きさも関係してくるが、三メートル以下のハウスでは二うね、五・四〜六・〇メートルのハウスでは三〜四うねの栽培が多く、それぞれに対応したうね幅になっている（図11）。

アスパラガスでは収穫の労力配分が大きい。うね幅の設定は意外と重要である。

通常の二〜三倍の密植で増収「短期密植栽培」

アスパラガスは、一般的に定植年は収穫しない。また、収穫が始まっても最初の一〜二年はあまり収量が上がらない。そのため、近年高齢化が進む農家の間から、「もう少し早くからたくさんとれるようにならないか」という声が上がっていた。

そこで、期間を短く限って密植栽培する「短期密植栽培」が開発されている。幸いなことに、アスパラガスは茎葉が針状で受光態勢がよいため、ある程度密植しても光合成能を高く維持することができる。これを利用したものである。

慣行のアスパラガスの栽植密度は、うね幅一五〇センチ、株間三〇センチの一条植えで、一〇アール当たり二二二二株である。これに対し、短期密植栽培ではベッド幅を広げて二条千鳥植えとし、一〇アールに五五五六〜六六六七株植え付ける（写真8、9）。従来の約二〜三倍である。この結果、若年株での増収が可能となった。

写真8　密植栽培と慣行栽培の立茎の様子

（長野野菜花き試）

上：慣行栽培2,222株/10a
下：密植栽培6,667株/10a

長野県野菜花き試験場が行なった試験では、慣行栽培に比べて二〇～四〇%の増収となり（図12）、県内の露地長期どり栽培で、定植二年目に一〇アール当たり二・五トンの高収量を得ている事例もある。

密植栽培には、こうした、①早期からの増収効果のほか、②集約管理で良品の生産が期待できる、③同等の収量を小面積で管理できるので効率的、④小面積でも一定の収益が期待できる、などのメリットがある。

一方でデメリットもあり、①定植に労力がかかる、②苗の代金が慣行栽培より二～三倍多い、③風通しが悪くなりやすい、④管理を怠ると過繁茂になり

写真9　密植栽培と慣行栽培の萌芽状況

（長野野菜花き試，11年株）

左：慣行栽培2,222株/10a，右：密植栽培4,444株/10a

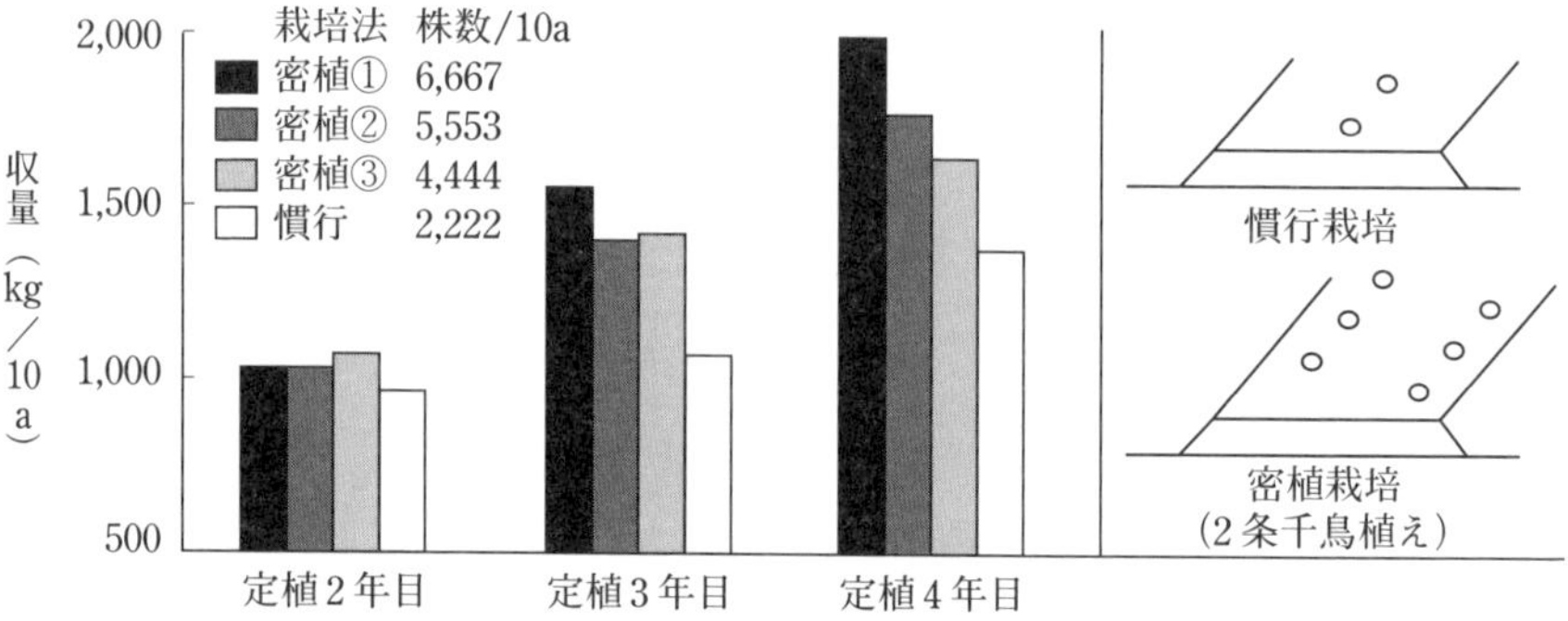

図12　アスパラガスの密植栽培と慣行栽培での収量比較

（長野野菜花き試，1997）

ムレてしまう、といった点があげられる。導入に際しては、その得失をよく判断して決める。

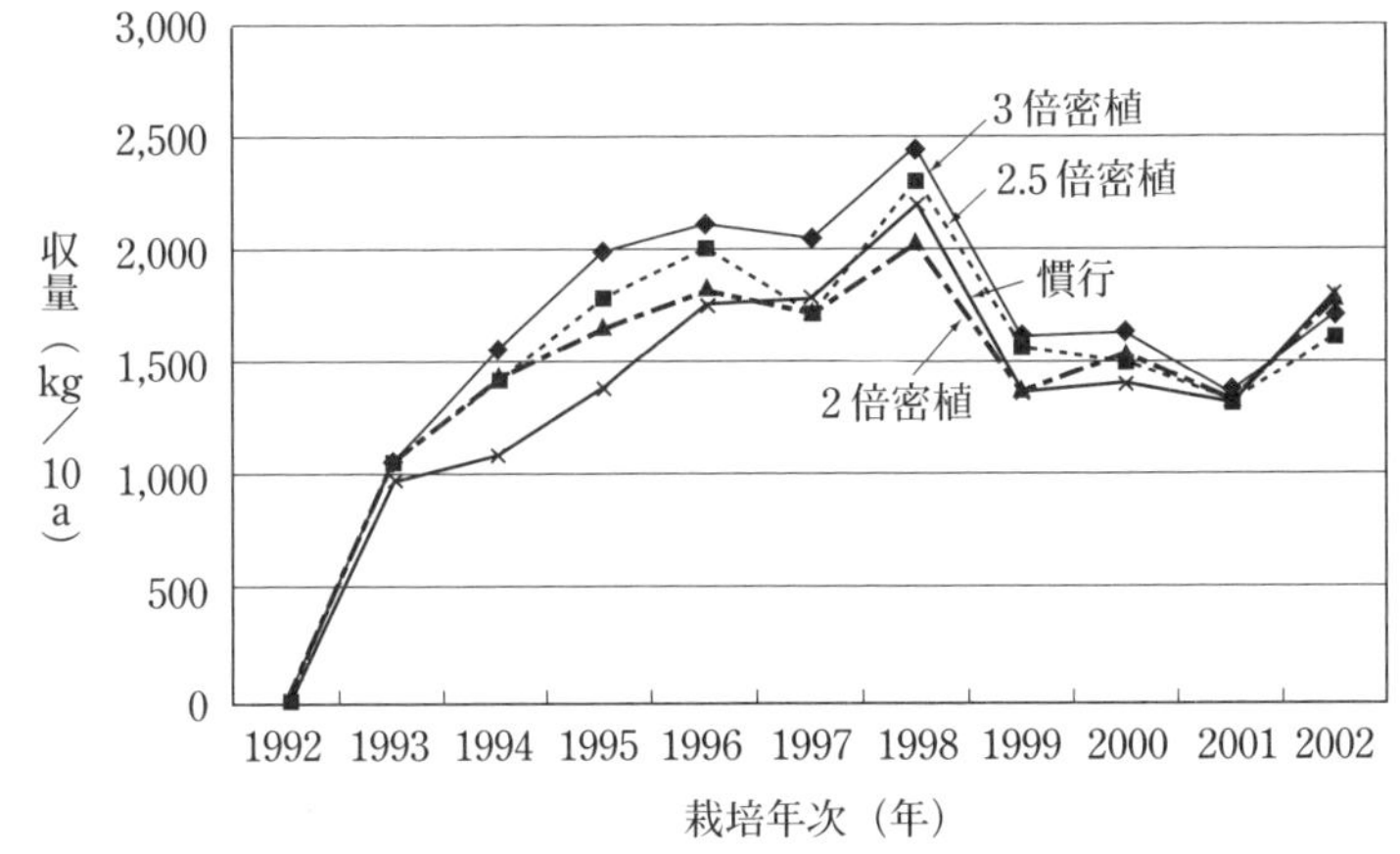

図13　アスパラガスの密植栽培における栽培年数と収量

注）1999年以降の減少は，1998年9月22日の台風7号の被害による

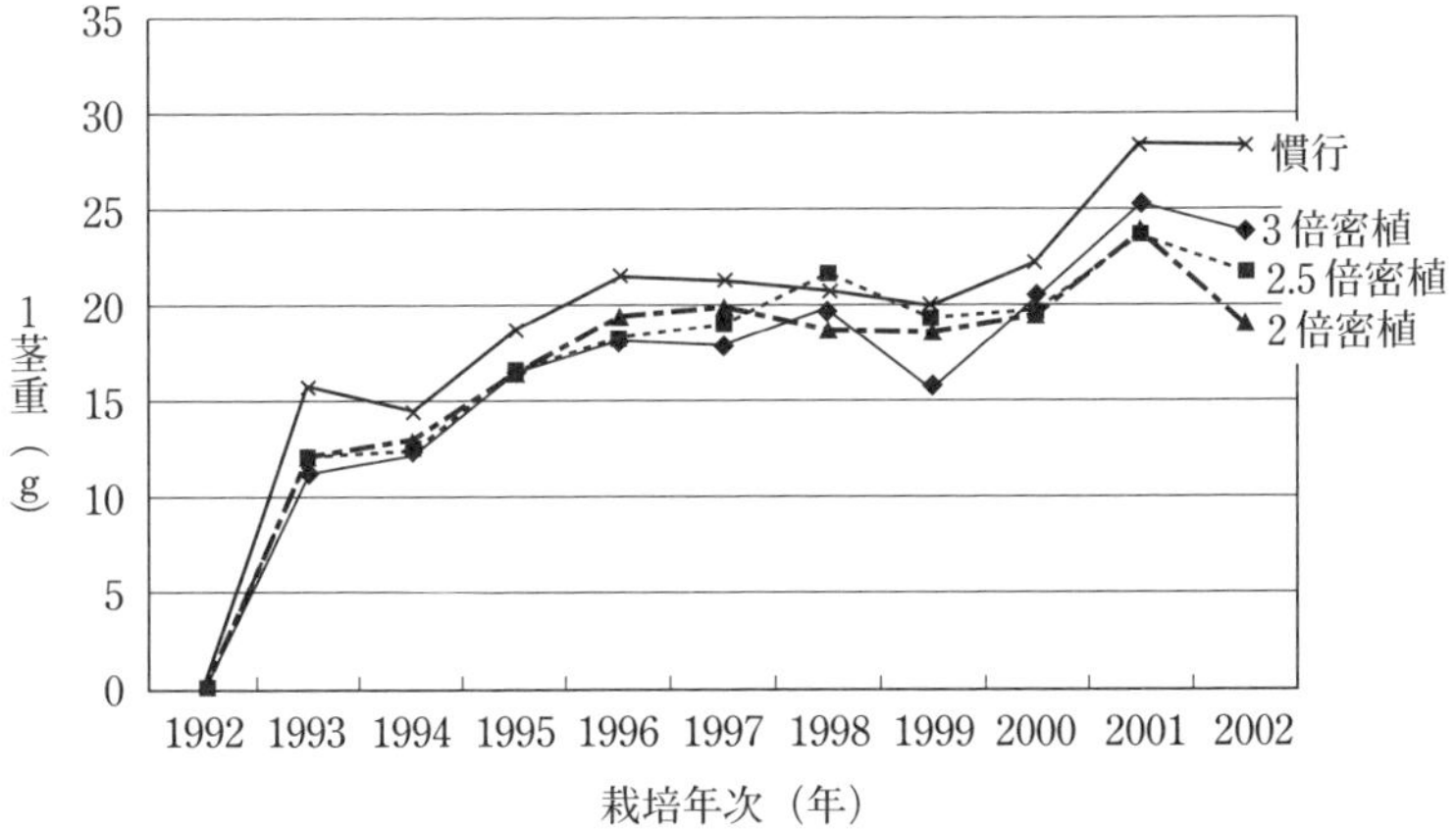

図14　アスパラガスの密植栽培における栽培年数と1茎重

（上の図13とも長野野菜花き試，2003）

「長期密植栽培」の可能性

密植栽培は当初、四〜五年をワンサイクルとして、短期間で改植していくことを目的に普及に移されたが、長野県野菜花き試験場ではその後も密植栽培を継続検討し、長期栽培の可能性を探ってきた（栽培期間の長いこちらの密植栽培を「長期密植栽培」と呼ぶ）。

長期密植栽培をすると、株間の競合が慣行栽培より早く現われ、一株当たりの収量が減少し、一茎重が軽くなるが、面積当たりの収量は定植後のみならず、成園になっても増える。作業性を考慮すれば導入の効果は大きい（図13、14）。

県内の優良農家のなかには、露地長期どり栽培で長期密植栽培を導入して、一〇アール当たりで最高二・五トン、数年間連続して一・五トン以上を収穫し続けた事例がある。

同試験場の試験でも、一〇年間の総収量を一年当たりの収量に換算すると、毎年一〇アール当たり一・八トン程度を連続して収穫できた計算になる。

3 連作障害（アレロパシー）対策

I章で触れたように、アスパラガスの連作障害の一因にアレロパシーの存在が指摘されている。

土壌消毒や土壌改良資材の投与、深耕や堆肥の施用などによっても生育が思うように改善しない場合はアレロパシーの影響を疑ってもよい。

前作の株は持ち出し、うね間に定植、水田化も有効

アレロパシー物質による自家中毒は土壌病害とは異なるため、クロルピクリンなどによる土壌消毒では防ぐことはできない。

長野県野菜花き試験場で行なった試験の結果、次のような方法がアレロパシーを軽減させるうえで効果的だと考えられる。

(1)ほ場では、根の分布がうね中央とうね間とで大きく異なるので、根から分泌されるアレロパシー物質も局在していると考える。そこで、改植時の定植位置を前回のうね間に移す（表8、写真10）。

(2)改植時に根株をロータリー耕ですき込まず、抜根してできるだけほ場の外に持ち出す（写真11）。

表8　改植時の残さ処理・定植位置と収量（kg/10a）

（長野野菜花き試，1994）

残さ処理	定植位置	2年株	3年株	4年株	5年株	平均（比率）
ほ場外持ち出し	うね間	420	840	890	770	730（114）
	旧うね[1)]	400	740	740	680	640（100）
すき込み	うね間	410	820	860	690	670（113）
	旧うね[1)]	400	690	710	660	620（100）

1）改植時のうねと同位置

(3)アレロパシーの軽減には、水のかけ流しによる除去が有効である。そこで定植前にいちど水田化する。湛水、かけ流しの処理期間など、現段階では不明な点が多いが、転換畑は復田するのが最良と思われる。水利の悪い畑は、

梅雨や秋雨などの降雨や降雪に期待したい。

(4) 抜根後、すぐに改植する必要がなければ、数年間ほかの作物を栽培するか、または休耕する。

写真10　アレロパシーの見られる畑では改植する株をもとのうね間に植え付ける　（長野野菜花き試）

活性炭資材で軽減できる

長野県野菜花き試験場では、「活性炭フロアブル剤」（大塚化学）および粒状活性炭「ＨＪＡ—４０Ｙ」、粉末活性炭「ＨＪＡ—１００ＣＷ」（いずれも味の素ファインテクノ）がアレロパシーによる生育不良を軽減するのに有効であることを明らかにした（図15）。いずれも活性炭の資材であり、表9のような特徴、使い方をする。

活性炭は炭素を主体とした化合物が不規則に集まった構造をしており、ところどころに小さな孔がいっぱい開いている。この孔にさまざまな物質が吸着され（図16、17）、その能力は木炭、骨炭の数～数十倍とされる。アスパラガスのアレロパシー物質もこの強力な吸着力によって除かれ、その影響を軽減できるものと考えられる。

三つの資材は「活性炭フロアブル剤」、「ＨＪＡ—１００ＣＷ」、「ＨＪＡ—４０Ｙ」の順で効果が高いが、形状がそれぞれフロアブル、

写真11　アスパラガスの根株を抜根して持ち出す　（長野県中野市）

粒状、粉末と違うため使い分ける必要がある。「HJA－40Y」「HJA－100CW」は全面散布で、「活性炭フロアブル剤」はセルトレイの浸漬処理か定植位置の散水処理が、価格面からももっとも効果的であると考える。

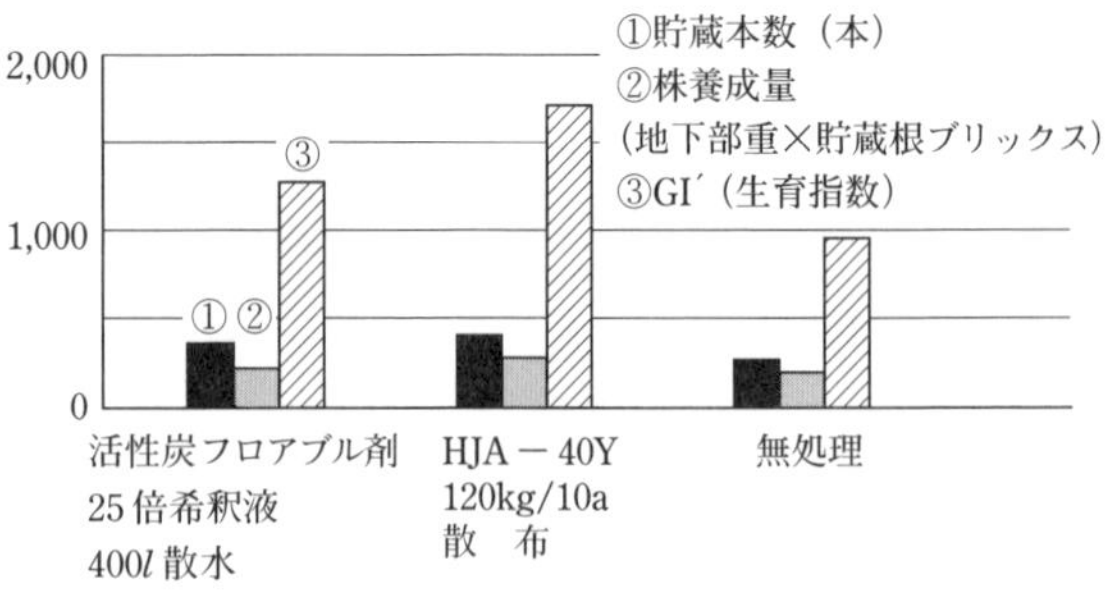

図15　活性炭フロアブル剤および粒状活性炭（HJA－40Y）がアスパラガスの生育に及ぼす影響
（長野野菜花き試，2000，長野県中野市：定植1年目）

協力：JA中野市，長野北信農改
15年株改植ほ場での試験
活性炭フロアブル剤はいずれも25倍希釈液
品種：KA973（協和種苗）。処理面積は1区126m²
1999年秋抜根後，2000年6月4日散水処理，2000年6月7日定植。2000年11月20日調査。
GI´：株当たり茎断面積（根元20cm）×有効草丈

表9　活性炭資材の特徴と使い方

資材名	内容	機能性の特徴	使い方
活性炭フロアブル（大塚化学/TEL03-3294-1616）	ヤシガラ活性炭を20%含むフロアブル剤。pHは6.8。活性炭は水蒸気賦活により精製される	比表面積1,300m²/gで，木炭の5～6倍程度。吸着の強さを示すヨウ素吸着性能は1,550mg/gで，スギ炭，ヒノキ炭の8倍程度，マツ炭の30倍程度。メチレンブルー吸着性能は300mg/gで，木炭の30倍以上	25～100倍希釈液を定植位置に散水処理。量は10a当たり400～1,000lもしくは25倍希釈液にセルトレイを浸漬し，培土に十分しみ込ませたあとに定植する
HJA-40Y（味の素ファインテクノ/TEL045-502-3017）	ヤシガラを水蒸気賦活した活性炭。食品添加物として認可。pHが9～11前後	比表面積は1,100m²/g以上，ヨウ素吸着性能は1,200mg/g以上。0.35mm程度の粒状炭	定植前に10a当たり120kg程度散布して耕起
HJA-100CW（同上）	同上	性能は「40Y」と同じ。ただしこちらは0.14mm程度の粉末炭で，50%程度の水分が加えられている	定植前に10a当たり80kg程度散布して耕起

注）表の資材の効果は吸着による効果と考えられるため，ほかの資材との混用は避ける。また，「活性炭フロアブル剤」の25～100倍希釈液の定植位置散水処理では，処理濃度が高いほど効果が高い

なお、本剤の効果は吸着による効果と考えられるため、ほかの資材との混用は避ける。

長野県ではすでに二〇〇一年に約四〇ヘクタール、二〇〇二年には新植と改植とを併せて一〇〇ヘクタール程度で利用され、全国的にも注目の処理法

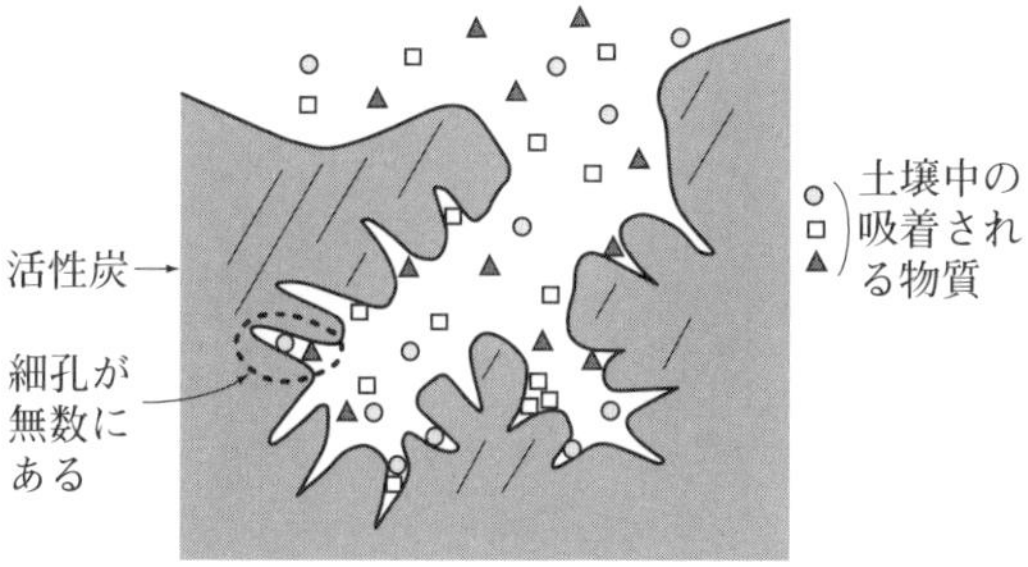

図16　活性炭が物質を吸着する模式図

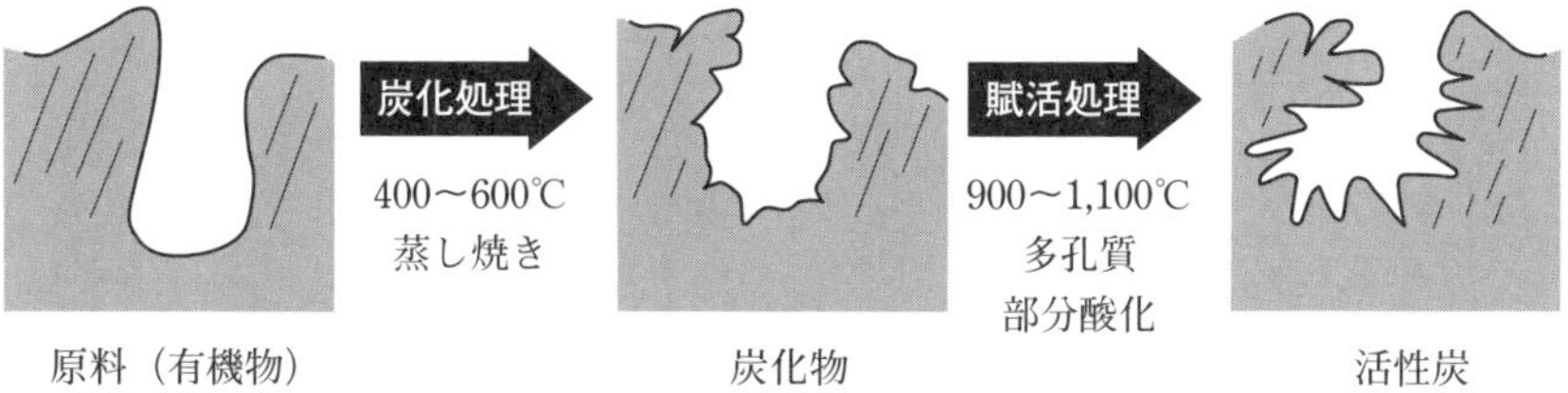

図17　原料から活性炭を製造するときの細孔のできる様子

写真12　連作障害に効果の高い活性炭フロアブル剤の全面散布処理

（長野県更埴市）

写真13　活性炭フロアブル剤による地下部の充実
（長野県中野市）
上が25倍希釈液を定植位置に散水した株，下は無処理

写真14　アレロパシー対策には改植を計画的に行なう
（長野県飯山市）

となっている（写真12、13）。

　しかし、右の三つの資材以外の効果については未確認である。炭や活性炭と名の付く資材がすべて同様の効果があるわけではない。とくに炭資材の場合は、活性炭のような効果が見られないケースが多い。同じ活性炭であっても、原料や製造方法、形状などによってその性質は異なる。「活性炭フロアブル剤」「ＨＪＡ―４０Ｙ」「ＨＪＡ―１００ＣＷ」以外の資材については現在検討中であり、十分検討したうえで普及に移す予定である。

　アレロパシーの軽減には、従来の耕種的方法も忘れてはいけない。活性炭の利用も、従来の方法と併用することで効果が高い（写真14）。

Ⅳ 育苗と定植、一年株養成の実際

1 種子と発芽

播種量は栽植本数より二〇％多めに

アスパラガスの種子は短卵形で、表面は黒色で光沢がある。最近はコート種子がほとんどだが、単粒ではアスパラガス種子の重さは、二〇ミリリットル重で一五～二〇グラム程度、粒数で六〇〇～八〇〇粒程度になる。

定植には健苗を選ぶ必要があるので、播種量には余裕をもたせて、定植する株数より二〇％程度多めに準備する。かりに、うね幅一五〇センチ、株間三〇センチとすると、定植株数は一〇アール当たりで二二二二本。育苗本数はその約一・二倍の、二七〇〇本ほど準備する。播種量でいえば、単粒で一二〇ミリリットル程度、重量で九〇～一二〇グラムほどになる。

単粒種子は十分に吸水させてから播種する

一般に販売されているアスパラガスは交配種がほとんどで、種子の均一性が高く、選別もよいので、発芽と生育はよく揃う。ただ、アスパラガスは種皮が厚く硬い硬実種子のため、吸水に時間がかかり、発芽日数がほかの作物より長い。単粒種子は、十分に吸水させてから播種したい。十分に吸水した種子は、吸水前の一・五倍ぐらいになる。

播種後は、乾燥に気を付けて一斉発芽を目指す

アスパラガスはほかの野菜にくらべて育苗期間が三カ月と長い。その播種用土は、pH六・〇程度で、肥効調整の安定した野菜用培養土を購入して用いるのがよい。一リットル当たり一〇〇～一四〇ミリグラム程度のチッソ含有量が目安である。

畑土などを用いる場合は、pH六・〇

～六・五の埴壌土が適している。保水性と排水性、通気性のよい、無病で、雑草の種子が混入していないものがよい（囲み参照）。

覆土は、直まき育苗の場合は一〇ミリ程度と深くし、ハウス内の育苗で水分管理ができるポット育苗やセル成型育苗などでは五ミリ程度でよい。最初にたっぷりかん水し、濡れ新聞紙などで表面を覆って床土の乾燥を防ぐ。乾いてきたら二～三日に一回、一〇ミリ程度のかん水を行なう。発芽後は新聞紙をとる。

発芽までは昼夜とも二五～三〇℃を確保し、短期間で一斉に発芽させる。発芽が揃ったら、日中は二五℃、夜間は一五℃を目安に換気と保温を行なって、苗の徒長を防ぐ。

自家製床土のつくり方

ポット育苗などでは大量の培養土を必要とするため、自分で床土を作成するとよい。

慣行床土（熟成床土）は前年の七～八月頃から原土（水田の土や畑の心土など）と稲ワラ堆肥などを一五センチ程度の厚さに交互に積み上げ、準備する（図）。原土の上に消石灰をまき、その上に稲ワラや落ち葉を積んで肥料をかける。肥料は安価に入手できる鶏ふんや牛ふん、または石灰チッソや硫安などがよい。一立方メートルの床土に含まれる三要素の量は、チッソ〇・五キロ、リン酸〇・五～〇・七キロ、カリ〇・五～〇・七キロ程度である。

積み上げた山は、秋に数回切りくずし、積み直す。土、堆肥、肥料をよく混合させるためである。

よい床土をつくるには労力と時間が必要だが、「与作」のような床土資材を使えば速成床土ができる。畑の心土や山土など無病なものか、もしくは土壌消毒をした原土と床土資材を、三対一程度に混ぜ合わせる。

こうしてつくる床土の量は、ポット育苗では、一〇アール分の育苗をするのに一・五～二立方メートル必要である。

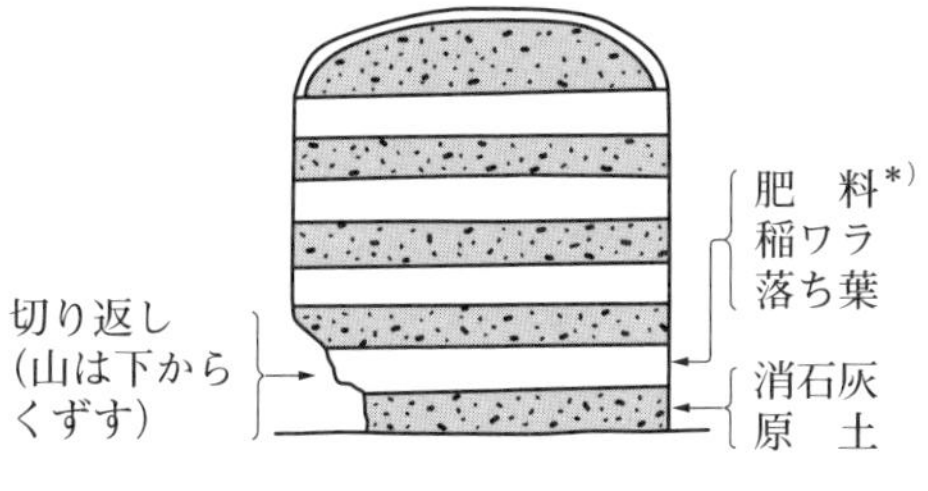

慣行床土の積み方

*) 肥料例（1m³当たり）
- 硫安 2.5kg（チッソ 0.5kg）
- 過リン酸石灰 4.5kg（リン酸 0.7kg）
- 硫酸カリ 1.0kg（カリ 0.5kg）

発芽不良は地温不足や乾燥・過湿から

アスパラガスは発芽までに一〇日以上の日数を要するが、一般に発芽は良好である。しかし二週間以上たって発芽の兆候が見えないときは、何か障害がある。

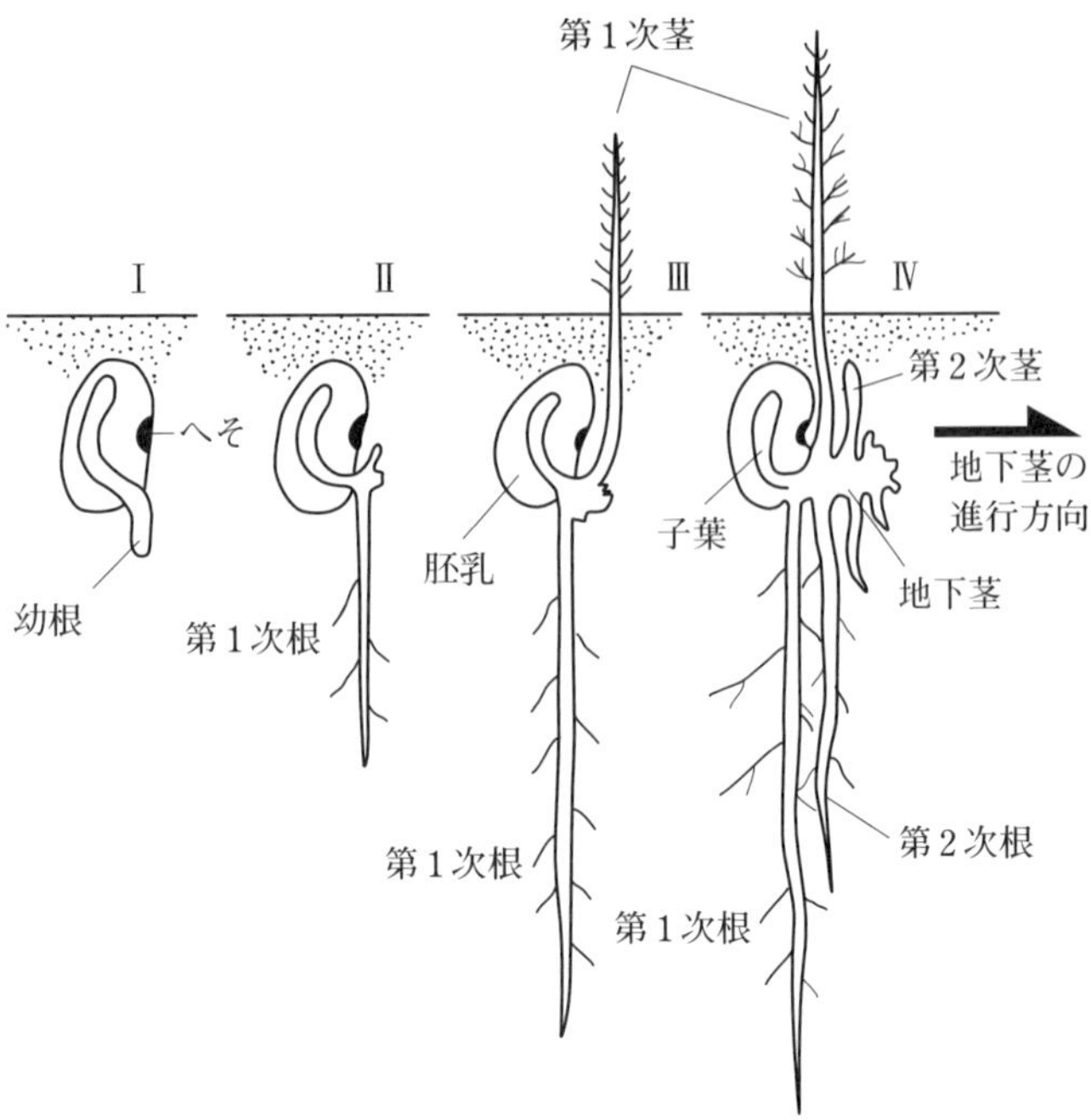

図18　アスパラガスの発芽過程

先に根が伸びてから芽が地上に出てくる

（沢田英吉 原図，1962）

一つは、地温が考えられる。温床育苗では温度設定が低いか、温床線が正常に働いていない可能性がある。温度計を入れて地温を測り、二五〜三〇℃が確保できるよう修正する。直まきの場合は、早まきすぎて地温が確保されていないのかもしれない。地温が上がれば発芽してくるが、生育は不揃いになることが多い。

二つめは、土壌の乾燥や過湿である。アスパラガスは先に根が伸びてから、芽が地上に出る（図18）。発芽前に播種床が乾いていると、根が干からびて枯れてしまう。逆に、過湿だと酸素不足で発芽できず、種子が腐る。シャーレなどで十分吸水させて催芽処理した種子を用いる場合は、播種作業中に乾燥させないように注意することである。発芽遅れや生育の不揃いをまねく。

アスパラガスの種子は低温・乾燥状

態で五～六年以上は発芽能力を保ち、購入後二～三年程度は実用上問題ない。しかしそれ以上古く、保存状態が悪い場合は、発芽が遅れたり腐ったりするものが多くなる。

2 育苗の方法とその選択

育苗には直まき法、ポット育苗法、セル成型育苗法、一年苗養成法などがある。

直まき法は、ほ場に直接播種して育苗する。ポット育苗法、セル成型育苗法は、育苗した苗をほ場へ定植する。現在では、後者が広く普及している。北海道ではペーパーポット利用による育苗も見られる（写真15）。一年苗養成法は、養成苗ほ場に移植して一年間養成した後、翌春掘り上げ、植え溝に定植する方法である。

ここではおもに春季の定植を基本に各育苗法について解説する。播種と育苗法の例を、図19に示した。

①直まき法

この方法は簡単だが、寒冷地では春季の気温が不安定なうえ、株養成期間も短くなるので、発芽やその後の生育が不揃いになりやすく、成園化が遅れるなどの問題がある。

種子は一穴当たり二粒まきで、覆土を一〇ミリ程度行ない、第二次茎の発生頃に間引く。あらかじめ予備苗を用意し、欠株とならないように補植する。

耕作地や荒れ畑を苗床に用いると、フザリウムによる立枯病や株腐病などによって苗だちが悪くなる。また、ヨトウムシなどの食害を受けることがある。病気に対してはクロルピクリンやトリフミン水和剤、害虫はアディオン乳剤か同フロアブルで対応する。

写真15　ペーパーポット苗の定植
（北海道富良野市）

②ポット育苗法

温床を利用して十二～翌三月頃に播種し、四〇～五〇日程度育苗したあと、七・五～一二センチ径程度のポリポットに鉢上げして育て、播種後六〇～八〇日後の茎数五～六本程度のときに定

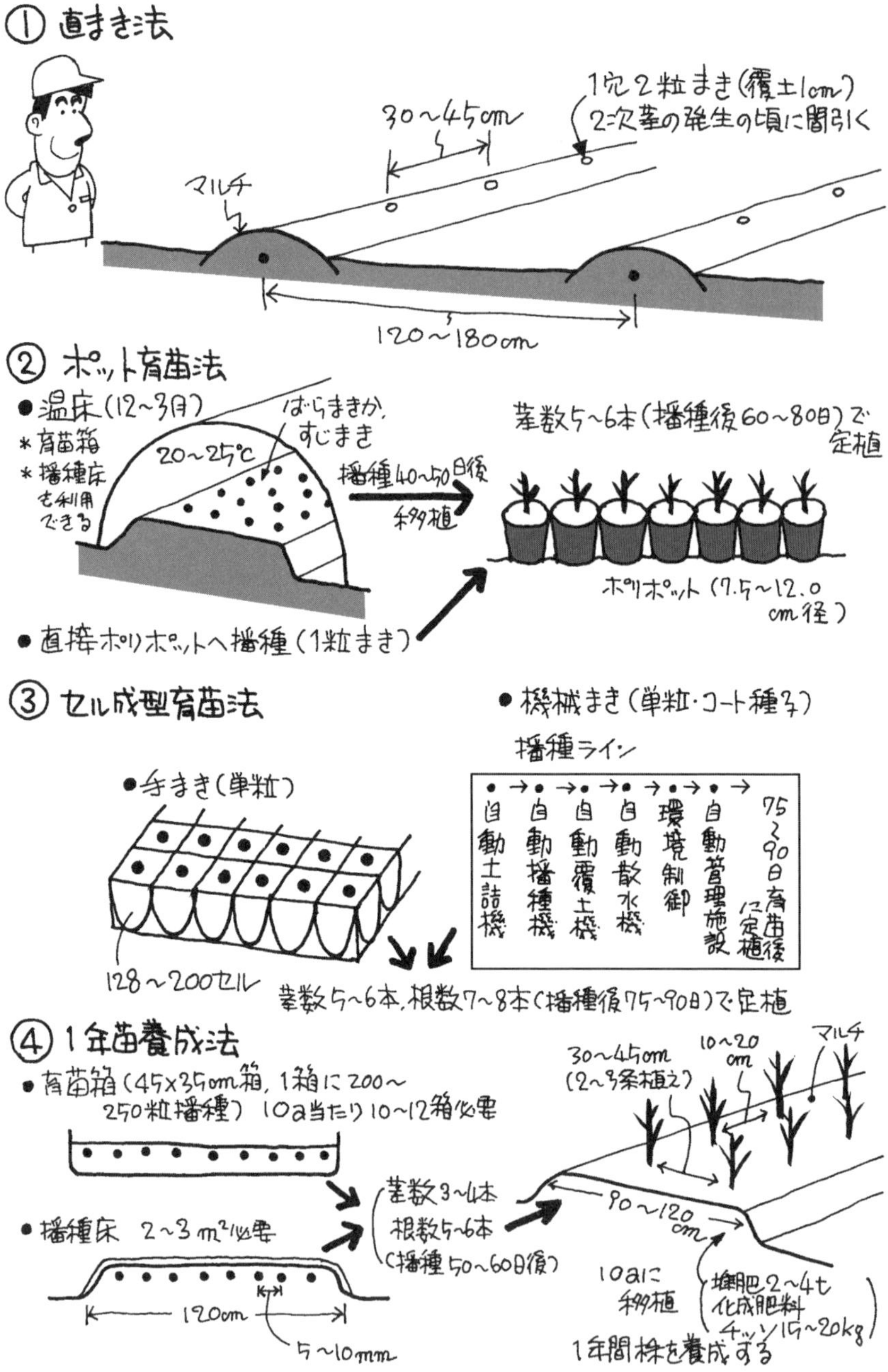
①直まき法
1穴2粒まき(覆土1cm)
2次茎の発生の頃に間引く
30～45cm
マルチ
120～180cm
②ポット育苗法
●温床(12～3月)
*育苗箱
*播種床
を利用できる
ばらまきか、すじまき
20～25℃
播種40～50日後
移植
茎数5～6本(播種後60～80日)で定植
ポリポット(7.5～12.0cm径)
●直接ポリポットへ播種(1粒まき)
③セル成型育苗法
●機械まき(単粒・コート種子)
播種ライン
自動土詰機
自動播種機
自動覆土機
自動散水機
環境制御
自動管理施設
75～90日育苗後に定植
●手まき(単粒)
128～200セル
茎数5～6本、根数7～8本(播種後75～90日)で定植
④1年苗養成法
●育苗箱(45×35cm箱、1箱に200～250粒播種) 10a当たり10～12箱必要
●播種床 2～3m²必要
120cm
5～10mm
茎数3～4本
根数5～6本
(播種50～60日後)
30～45cm
(2～3条植え)
10～20cm
マルチ
90～120cm
10aに移植
堆肥2～4t
化成肥料
チッソ15～20kg
1年間株を養成する

図19 アスパラガスの播種，育苗方法の例 (大久保章治 原図，改変)

植する方法である。ポット苗やこのあとに述べるセル成型苗の定植は、霜の心配がなくなったらただちに実施できるように、播種期の日程は逆算して決めておく。

一〇アール分の苗を養成するのに、七・五センチ径ポリポットで一二～一〇平方メートル、一二センチ径ポリポットでは三〇～五〇平方メートルの温床面積が必要になる。ちなみに二五リットルの園芸培土一袋で、七・五センチ径ポリポットが一五〇程度できる。

苗の大きさは、一年養成株より小さいものの、定植後の生育が旺盛で、一二センチ径ポットで大苗を育苗すれば当年どりもできる。

この方法には、直接ポリポットへ播種するやり方もある。

③セル成型育苗法

均一な無病苗を一度に大量に生産できるので、機械定植が可能となる。もちろん手植え苗としてもよい。

一二八～二〇〇セルのセルトレイの場合、播種後七五～九〇日で、茎数五～六本、根数七～八本程度の苗が大量にできる（図20）。

培土は保水性や排水性がよく、軽くて、苗が抜けやすいものを使用する。アスパラガスのセル成型育苗に使うチッソの多い市販の育苗専用培土は、促成床土にくらべて抜けやすい。発芽後一カ月ほどして若茎が二本程度になったら、葉色を見ながら、かん水をかねて液肥を施用する。一回当たりチッソ成分で二五～五〇ｐｐｍ、一トレイに二五〇～三〇〇ミリグラムが目安である。

セル成型苗は、育苗期間中の生育量の増加が少ないことから、ある程度の育苗期間を確保したあとは、茎数の増加を目安にして定植を早めに行ない、ほ場での株養成期間を長くとるようにする。定植後の土壌水分や温度の管理がうまくできれば、増収も見込める。密植すれば、初期収量の向上も可能である。

古参の産地では、新植や改植面積の増加に伴ない、苗の確保がむずかしくなっており、しかも苗養成ほ場の連作により、立枯れ性の病害株の畑への持ち込みが問題となるケースが増えてい

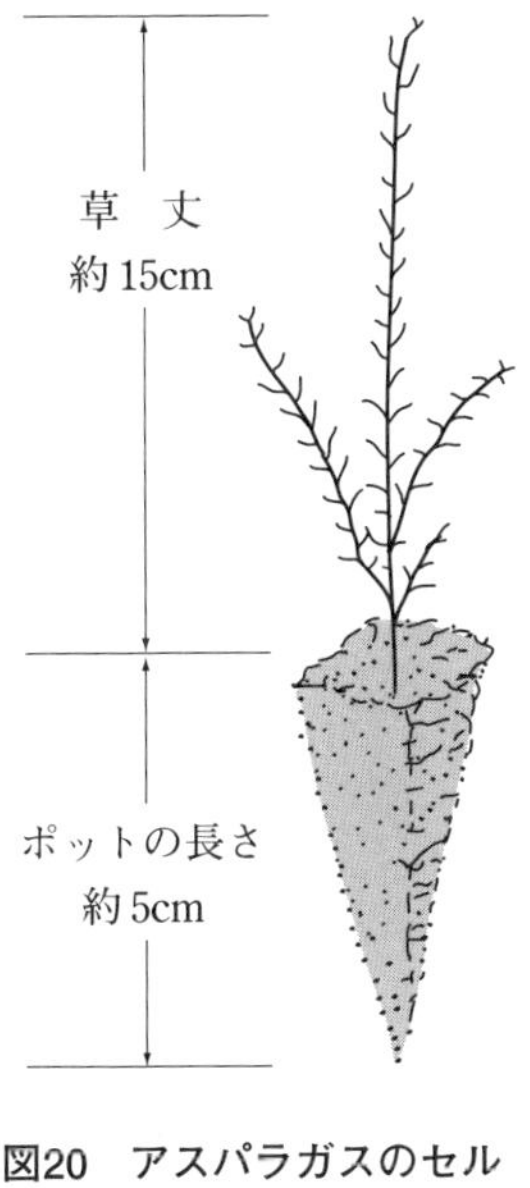

図20　アスパラガスのセル成型苗

た。そうしたなかで、JAなどの共同育苗施設でこのセル成型苗の生産が積極的に取り入れられ、普及する例が増えている（表10、写真16）。播種から発芽揃いまでを共同育苗施設で行ない、その後の管理を農家で行なうこともできる。

表10　セル成型育苗システムによるアスパラガス苗供給の年次別推移（JA北信州みゆき）　（単位：万本，ha）

項目＼年	平成4	5	6	7	8	9
苗生産量	5.5	10.3	17.9	29.0	30.4	32.0
新・改植面積	2.9	5.5	9.5	15.4	16.2	17.0

写真16　長野県中野市の共同育苗施設で行なわれているセル成型苗生産
（清水敬自 撮影）

④ 一年苗養成法

播種床などで生育した苗をさらに養成苗ほ場に定植して一年間養成する方法で、伏せ込み促成栽培ではこの方法を用いる（一三九頁、Ⅷ章の3参照）。伏せ込み促成栽培以外でも一年養成株を使う場合もある。

苗は一〇〇～一五〇グラムの大苗となり（七・五センチ径のポット苗は五～一〇グラム）、定植後の生育は安定する。定植が一年遅れるため、前作の作付けが可能になるが、苗の掘りとりや定植作業に労力がかかる。

床土は播種前に消毒を行ない、元肥を施しておく。育苗箱を用いる場合は、四五×三五センチ程度の箱を用意して、一箱当たり二〇〇～二五〇粒播種する。あとの作業を考えると、すじまきが楽である。箱数は、養成ほ場一〇アール当たりで一〇～一二箱程度である。

一方、播種床に直接播種する場合は、広さ二～三平方メートルに五～一〇ミり間隔で播種する。どちらも播種後五〇～六〇日で茎数三～四本、根数五～六本の苗に育つ。

養成苗ほ場は、あらかじめ堆肥（一〇アール当たり二～四トン程度）と化成肥料（チッソ成分で一〇アール当たり一五～二〇キロ程度）を施して耕うんし、うねを立ててマルチをしておく。うね幅は九〇～一二〇センチ、ベット幅は六〇～九〇センチとする。植え付け間隔は条間三〇～四五センチ、株間一〇～二〇センチの二～三条植えとする。

養成苗ほ場で一年間、株を養成し、秋に茎葉が黄化したら、草刈り機で刈りとる。株はそのまま越冬させ、翌春三～四月頃、萌芽前に掘り上げる。振動型の抜根機を用いて、根株の貯蔵根をできるだけ長く、傷付けないように注意する。掘り上げた根株は、貯蔵根がからみあっているので、ていねいにほぐしてから定植する。

抜根時に大苗と小苗に選別して、乾かさないように肥料袋に詰めておけば、苗は二～三カ月そのまま保存できる。芽が伸びていたらかきとって、貯蔵養分の消耗を少なくする。

仕上がりの悪い苗は思い切って捨てる

育苗の成否は、萌芽してくる若茎の状態を見て判断できる。

アスパラガスは初めに、一本の細い

図21　アスパラガス定植苗の選抜の目安
（久冨時行 原図，改変）

若茎が萌芽し、その後つぎつぎと萌芽してくる。生育良好な苗の場合、萌芽する順に若茎の太さがまさっていき、伸びもよくなる（図21）。

あとに萌芽したのに太さも同じ、伸びる程度も変わらないような苗は、定植後も草丈の伸長が不良で、若茎も太くなりにくい場合が多い。また、育苗期間が同じなのに茎数が少ないものは、萌芽の期間が長く、定植後の茎数の順調な増加が期待できないので、茎数が極端に少ないものは選ばないようにする。

定植苗には勢いのある若茎がつぎつぎと萌芽し、外に向かうほど茎が太くなっているようなものを選び、茎数が多くても細茎が目立つ苗や、草丈が低く、勢いがない苗は廃棄する。

3 定植の実際

定植時期は秋から春

定植時期は、秋季（九〜十一月）、冬季（十二〜翌二月）および春季（三月以降）に大きく分けられるが、近年のハウス半促成長期どり栽培の普及や、定植初年目から収穫を開始する当年どり栽培（六六頁）の導入などにより多様化している。ここではおもに春季の定植を基本に、定植方法について紹介する。

ベッド幅は六〇〜九〇センチ、平うねに

ベット幅は六〇〜九〇センチ程度とし、うねの高さは培土を計算に入れ、あまり高くしない。平うねが適当である。定植はマルチをかけて行なう。マルチは地温を高め、雑草防除に効果が高い。マルチ穴の大きさは、定植後の株の生育を考慮して直径一〇〜一五センチ程度とする。

マルチャーを用いるとうねが盛り上がりやすいが、その場合は、定植位置をやや深めに、りん芽が五センチくらいの深さに埋まるようにする。地下水位の高いほ場では三〇センチ程度の高うねとするが、定植方法は同様である。

なお、一年養成株の定植は、植え溝の深さを一五〜二〇センチとし、溝の中央をやや高く盛りあげ、その上にりん芽を中心に貯蔵根を左右に広げて、一〇〜一二センチ程度覆土する（図22）。

栽植密度はいずれの苗の場合も、うね幅一二〇〜一八〇センチ、株間三〇〜四五センチ程度とする。

定植時に根鉢を液肥か水に浸ける

定植苗の活着にきわめて大きな影響をもつのが土壌水分である。これは、いずれの定植時期でも変わらない。

そこで、定植の前には必ず根鉢を液肥や水などに十分に浸漬する。とくにポット苗は、定植作業時に根鉢の中心が乾燥していることが多く、定植後の活着不良の原因となるため、十分浸漬してから定植する。こうすることで活着が促進される。定植後も十分にかん水し、根鉢と土との密着を図る。

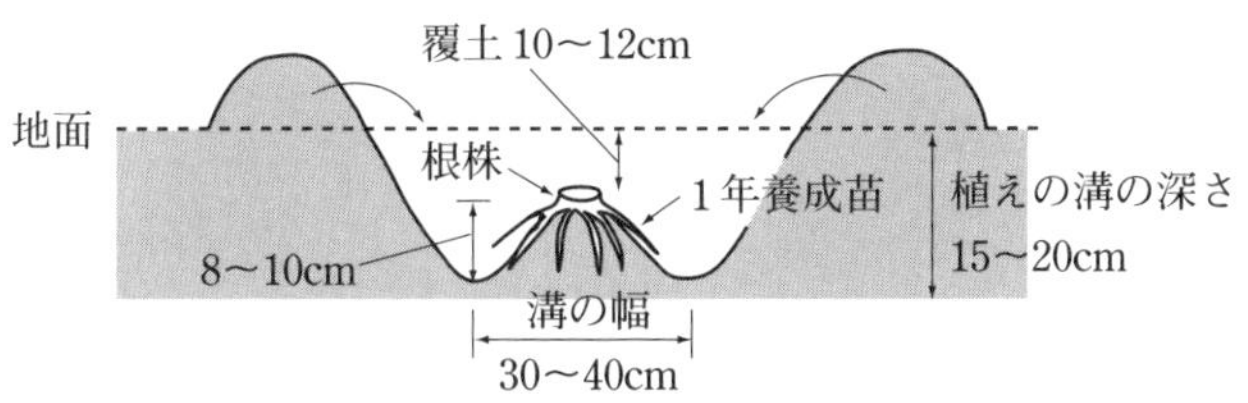

図22　1年養成法での定植のやり方（丸山進 原図，一部変更）

深く植えて倒伏や乾燥を防ぐ

アスパラガスの定植の基本は、苗を深植えすることである。五センチぐらいは植え込みたい。

深植え定植は、茎葉の倒伏を抑制して受光態勢をよくするとともに、りん芽群が形成される地下茎の乾燥防止と地温変化の影響を小さくする効果がある。

定植後すぐに雑草を防除

定植したらただちに除草剤を散布する。最初にしっかり除草しておかないと、あとあと、大変である。草が出たといっても、下手に除草剤をかけるとアスパラガスに影響を及ぼす。そこで早めに土壌処理型の除草剤を処理しておくのである。セル成型苗やポット苗のほ場ではうね間に、一年養成株ほ場では全面に散布する。

萌芽後はうね間を中耕し、また茎葉処理型の除草剤を処理して、雑草を防ぐ。

大苗定植の場合、伸びすぎた先端はカット

一般に、アスパラガスは大苗ほど定植後の生育が進み、成園化を早めることができる。また大苗は、苗のうちから貯蔵根が発達して、老化が起きにく

いため、長期間の育苗も可能となる。

秋まき苗は春まき苗にくらべて大苗が養成しやすいため、収穫までの期間を短縮するのに有効である。西南暖地では、前年の九月頃に播種し、十分な育苗期間をとって大苗に育て、定植初年から収穫する当年どり栽培が行なわれている。

ただ、あまり大苗すぎると、定植後に茎葉が倒れてマルチに接すると日焼けを起こす。その場合は、先端をカットしたり、株元に土を寄せて倒伏しないようにする。

アスパラガスは定植後の活着の良否が、その後の生育に大きく影響する。定植後しばらくは毎日ほ場を見回り、活着不良を見つけたら早めに対処することが重要である。苗が不良な場合は植え替え、水分不足はかん水、過湿は溝切りなどで対応する。

4 定植初年の株養成管理

定植後は雑草と病害虫の防除、立茎管理がおもな管理作業になる。とくに春季に定植したアスパラガスは、梅雨や夏の高温、秋雨など気象変動が大きい時期を経過するため、株の状態をいかに健全に保つかが重要になる。

フラワーネットで倒伏防止

茎葉が込んだり、倒伏したりすると、通風が悪くなって病害虫が発生しやすく、また受光態勢の悪化から光合成が低下して、生育が停滞しやすい。アスパラガスでは定植一年目から茎葉の整理が重要である。

倒伏防止には、二〇センチ角三目や一五センチ角四目程度のフラワーネット（どちらも幅は六〇センチ）、一五センチ角五目のアスパラネット（同七五センチ）などを利用するとよい（写真17）。

アスパラガスを定植したら、これを一五センチ程度の高さに張る。秋季の定植の場合には、翌春に設置する。

新しく萌芽してきた若茎は、自然にこれらネットのマス目に入り、支持される。茎数が増えてきたらネットを三〇センチ程度まで引き上げる。このとき、短い茎はネットのマス目からはずれるが、これはそのままにしておかないで、地際からきれいに切りとる。そうすることで新しい若茎も萌芽してくる。かん水と追肥を併せて行なえばさらに効果的で、太い若茎が次々に萌芽する。また、通風がよくなって病害虫の発生も抑えられる。

若茎が伸長したら、さらにネットを四〇～五〇センチ程度まで引き上げて、はずれた茎を切りとる。この作業は八月下旬まで何度かに分けて行なう（図23）。なお、作業は晴天日に行なって、切り口は早く乾燥させるようにする。

写真17　フラワーネットで定植株の倒伏を防ぐ
（福島県喜多方市）

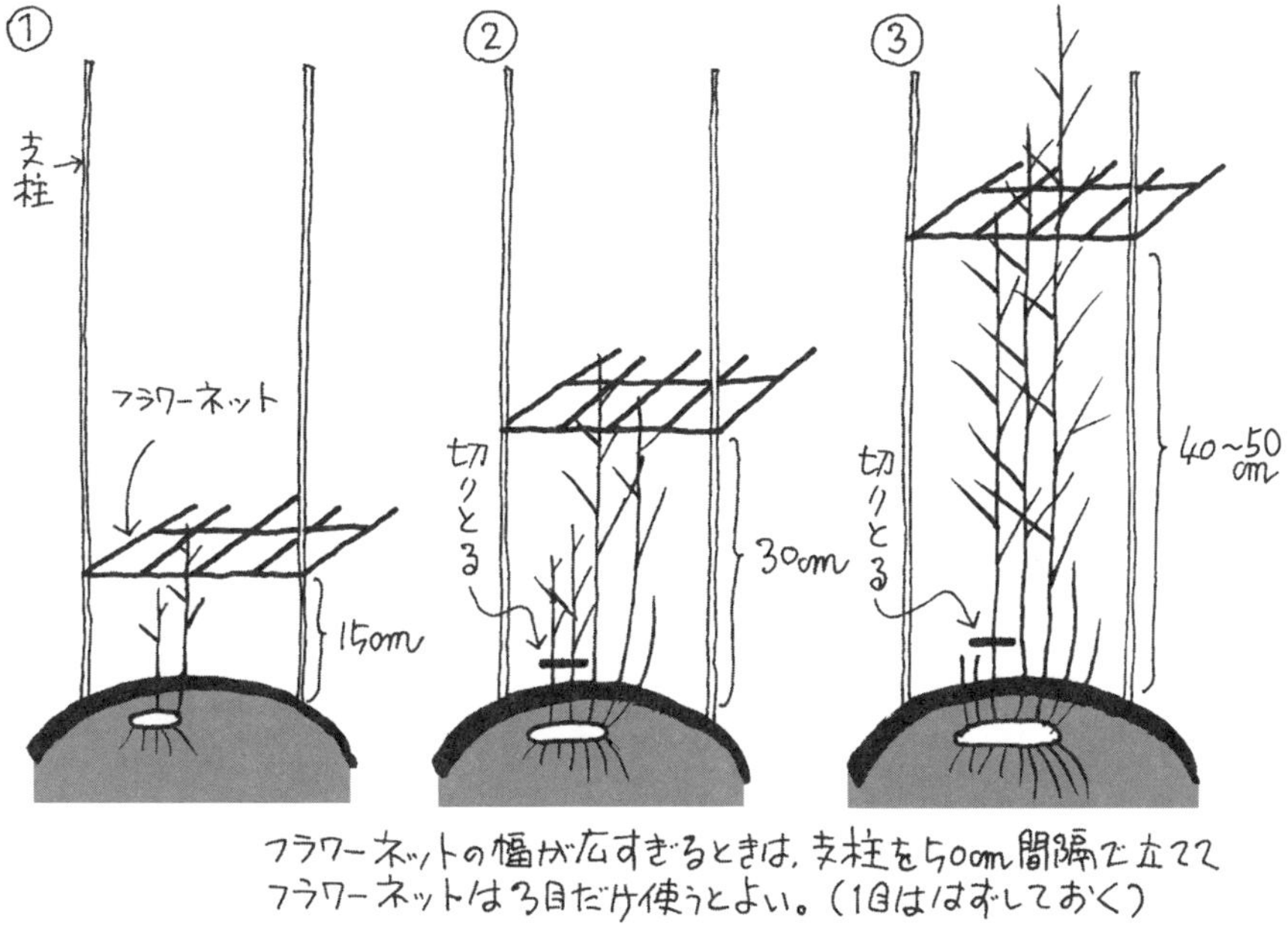

図23　定植初年目のフラワーネットによる倒伏防止と茎葉整理
（佐藤忠雄 原図）

定植後三〇～六〇日から追肥を始める

定植後の株は生育の増大にともなって吸水量や吸肥量が増加する。草勢に応じた肥培管理やかん水が必要となってくる。

追肥の時期は、元肥の量や肥料の形態（緩効性肥料など）、株養成期間の長短によって変わってくるが、一般的には定植後三〇～六〇日を目安に、葉色や生育の様子を見ながら開始する。化成肥料の場合、最初の追肥から一五～三〇日程度の間隔で施用していく。最終の追肥時期は、二年株以上は八月下旬（寒冷地）～九月下旬（西南暖地）頃だが、黄化するのが遅い一年株は、それより少し遅くまで追肥を続ける。

施肥量は、草勢に応じてというところだが、西南暖地と寒冷地では異なる。ハウス半促成長期どり栽培の例でいえば、西南暖地では七四頁の表12に示すように、定植年は一カ月に成分でチッソ三キロ、二年目以降は八キロほどである。これに対し、寒冷地の長野県では一年目から五キロずつ、半月に一度施用している（六～八月まで）。合計で三〇キロほどになる（いずれも一〇アール当たりの量）。

追肥の方法は、一年株の場合、表面施肥と深層施肥がある。定植後の根の伸長や拡大に応じて、初めは表面施肥で株の周囲に、茎葉の繁茂にしたがってうね面全体に施用し、茎葉が十分繁茂してからは、土壌かん注機などを用いて根の分布の多い位置（深さ二〇～三〇センチ）に深層施肥すると効果が高い。この頃には根もよく発達しているからである。

なお、定植時の元肥は、年間施肥量の五〇％程度（寒地）～六〇％程度（西南暖地）を堆肥とともに施しておく（七三頁「年間の施肥割合、基準量」からを参照）。

省力的な緩効性肥料による追肥

アスパラガスの追肥は、速効性の肥料を細かくつなぐ体系が一般的だが、近年は、緩効性肥料を用いた省力的な施肥体系も検討されている。

定植初年には雑草防止、地温確保にマルチを被覆するが、このときに、緩効性肥料やコーティング肥料を一緒に施用する。こうすると施肥効果を長く維持でき、労力も軽減できる。追肥を行なうより生育もよくなる。ちなみに二年目以降は、立茎時（元肥）に施用するが、半分程度を速効性の肥料にして緩効性肥料と併用すると、チッソ吸収量の多い立茎時に効果があり、株の充実にも有効である。

ただし、緩効性肥料は肥効の発現が遅れないよう、このあと述べるかん水管理に十分注意を払う。

このほかに、液肥をかん水チューブで流す施肥方法もある。省力なうえ、肥効も早い。追肥に葉面散布を併用すると効果的である。

かん水は少量多回数で、茎葉が黄化するまで行なう

一年株のかん水は、地上部と地下部の生育に大きく影響する。このあと述べる定植初年から収穫する「当年どり栽培」では、かん水量が多いほど収量は多く、翌年の春どりの成績もよくなる傾向がある。

かん水量は、生育量が多くなるほど、気温や日射量が増加するほど多くしていくが（pF値で一・五〜一・八程度が目安）、一回の量を多くするより、少量を多回数与えたほうが効果は高い。

かん水方法としては、表面かん水と、うね間かん水がある。表面かん水は、地下茎を拡大させ新根を増やすのに有効だが、茎葉に水がかかると茎枯病を誘発する危険性がある。うね間かん水は多量の水を必要とするが、ほ場全体に水分を行き渡らせ、アスパラガスの生育を均一化するのに有効である。そこで、定植後の生育初期には株元を中心とした表面かん水を行ない、生育量が多い高温多日照時にはうね間かん水を併用する。

アスパラガスは、できるだけ株の養成期間を長くして、低温や霜にあたって自然に茎葉が黄化するのがよい。そのために秋以降も十分なかん水を続けて、貯蔵根への養分の転流を促す。

雑草の抑制と生育促進に有効な堆肥マルチ

一年株の養成中は多年株にくらべて病害虫の発生は少ない。しかし、防除をしないでいると、翌年の発生につながる。梅雨期や秋雨期を中心に、定期的な防除を行ないたい。

また、耕種的な方法としては、前に述べたフラワーネットなどでまず株をしっかり支持し、余分な茎葉を刈りとってほ場内の通風をよくしたり、うね表面に敷きワラをして降雨のはね上がりを防ぐ。後者は、茎枯病や斑点病の発生を抑えるのに有効である。敷ワラはそのまま敷いておいて、冬や翌春にほ場にすき込めばよい。

害虫については、黄色粘着トラップ（スリップス、ハダニ）や、フェロモントラップ（ハスモンヨトウ、オオタバコガ）で発生量を確認しながら防除を行なう（一一四頁以降を参照）。

雑草が発生すると、養水分の競合からアスパラガスの生育が阻害される。病害虫の発生源にもなる。

雑草の抑制には土壌処理型の除草剤のほか（表11）、西南暖地でよくみら

（2003年現在）

摘要
とくに広葉雑草に効果を発揮する 発生前〜発生始期に効果がある
ロロックス水和剤との混用により，イネ科雑草と広葉雑草に効果を発揮する
雑草4〜5葉期まで，年1回散布 雑草2〜3葉期まで
雑草発生前，収穫21日前まで 低温条件（20℃以下，茎葉刈りとり後）で効果を発揮する
生育期処理では，茎葉にかからないように注意する 低温時の殺草効果の発現が遅い 散布後6時間以内の降雨により効果が劣る 収穫30日前まで
イネ科雑草2〜5葉期まで，広葉雑草には効果がない アスパラガスに薬害はない。収穫前日まで

れる堆肥マルチも有効である。堆肥マルチとは、うね表面や肩部を堆肥や腐熟したモミガラなどで厚く覆う方法で（三〜五センチ程度）、雑草発生後の除草作業も早くすますことができる。土壌水分を安定させ、株の生育を促進する効果も大きい（写真18）。

5 一歩早い収穫「当年どり栽培」

アスパラガスは一般に定植年は株養成を行ない、二年目から収穫を始める。しかし、西南暖地のハウス半促成栽培では、定植初年目から収穫する「当年どり栽培」が普及し始めている。

大苗をつくって定植する

当年どり栽培を行なうには、五五頁で述べた大苗をまずつくる。定植する前年の九月頃に播種し、一二センチ径のポリポットで五〜六カ月程度育苗して、年明け後の一〜二月に定植する。

つまり、当年どり栽培では大苗生産がそのまま株養成になる。草丈の伸長と茎数の増加、葉面積の確保とが、育苗期間中に行なわれることで、定植後

写真18　雑草抑制，土壌水分の安定のためにも有効な堆肥マルチ　（香川県観音寺市）

表11　アスパラガスほ場で用いることのできる除草剤

散布時期	処理法	薬剤名（使用回数）	10a当たり使用量
萌芽前	全面土壌処理	ロロックス水和剤（1回）	150～200g/100l
萌芽前または収穫打ち切り後	全面土壌処理	トレファノサイド乳剤（2回以内）	200～300ml/100l
	全面土壌処理 雑草茎葉処理	センコル水和剤（1回） グラメックス水和剤（1回）	100～150g/100l 100～200g/100l
苗床は種後または定植畑培土後	全面土壌処理	クロロIPC（1回）	200～300ml/70～100l
生育期全般	うね間茎葉処理	プリグロックスL液剤（3回以内）	600～1,000ml/100～150l
		ハヤブサ（2回以内）	500～750ml/100～150l
		バスタ液剤（2回以内）	300～500ml/100～150l
	雑草茎葉処理	ナブ乳剤（1回）	150～200ml/100l

の同化生産が潤沢になり、収穫までの株養成期間が短縮できるわけである。

一年目から五〇〇キロ以上収穫

定植後は積極的な保温管理と、肥培管理に合わせたこまめなかん水を行なって、株の生育が早期から旺盛になるように努める。

収穫は、一株の養成茎を束ねた太さがビール瓶以上になるか（図24）、M級規格以上の若茎が三本程度確保できるようになったら始める。定植してからおよそ一〇〇～一二〇日後くらいである。

定植株が旺盛に生育していれば、若茎は萌芽ごとに太くなる。M級規格以上の太さの養成茎が一定程度確保されたあとは、それ以上の若茎が萌芽するようになるので、収穫が継続できる。当年どり栽培は収穫開始時期が早いほど多収になり、五月頃から、うまくすれば九月頃まで一五〇日ぐらいの収穫期間で一〇アール当たり五〇〇キロ以上の収穫は可能である。

翌年のために立茎数はやや多くする

経験的な知識だが、年生の若い株は立茎数を若干多めにとったほうが、翌年の春どりが多収になる。寒冷地の例でいえば、通常一株で五～六本のところを七～八本にする程度である。

若年株である当年どり栽培の定植株も、あまり立茎数を制限せず、通常は一株三～四本だが、五～六本程度と多くしたほうがよいと考える。

当年どり栽培に限らず、一年株を順調に育てるには、定植後の初期生育を促進させ、茎葉を適度に繁茂させることである。病害虫を抑え、茎葉が自然に黄化するまで一年を維持できれば、翌年の春どりは順調である。

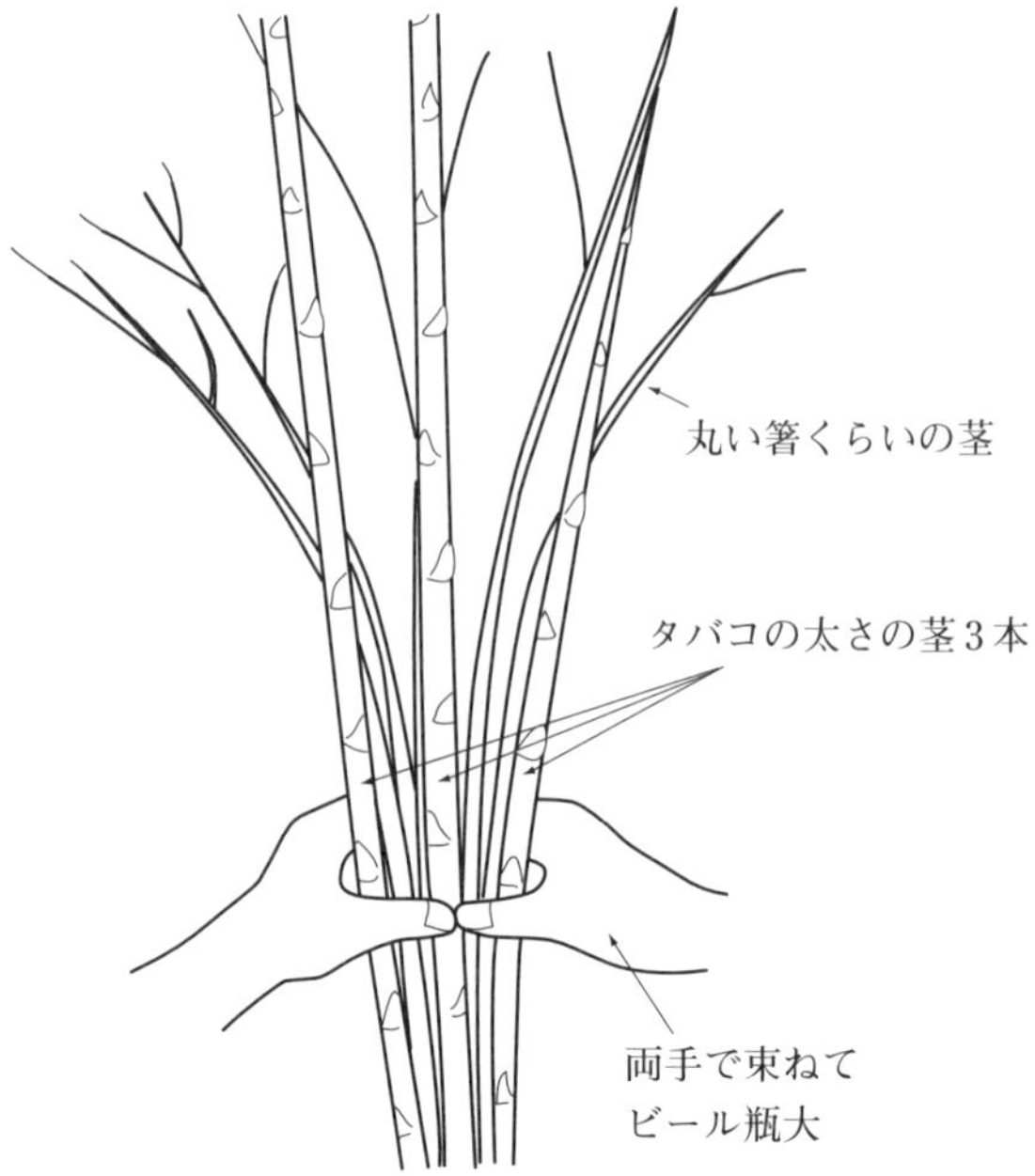

図24　当年どりアスパラガスの収穫開始の目安
（久冨時行 原図）

V 萌芽から立茎までの生育と管理

一年の最初の収穫となる春どりをめぐる管理について、ポイントを見ていこう。

1 最初の収穫に向けて

いつ保温開始するか
——ハウス半促成栽培の場合

春どりに向けて、ハウス半促成栽培では保温開始時期がポイントである。アスパラガスではビニールなどで施設を被覆することを保温といい、暖房機による加温は含まない。そのビニールでハウスを被覆する保温開始は、気象条件や株の年生、ハウスの大きさなどで異なるが、これをいつにするかによって、保温開始後の春どりのパターンが決まってくる。

この作型では、保温開始一五～二五日後から春どりの収穫が始まり、保温温度にもよるが約二～三週間後に収穫がピークになる。そして、春どりの開始後五〇～八〇日ほどで立茎させ、約四〇～五〇日で本格的な夏秋どりが始まる。夏秋どりの収穫の打ち切りは十月頃である。このように年間のアスパラガスの生育相は密接に連動して、保温開始時期が早ければ早いほど、春どりの開始、立茎開始、夏秋どりの開始も早くなる。つまり、できるだけ早くから保温を開始したほうが増収できるのである。経営規模や販売単価に合わせて保温開始時期を決めたい。

一般に保温開始は、西南暖地で一月頃、寒冷地では萌芽後に凍害を受けないよう、外気温が〇℃になる時期を目安にしている。そこで同じ長野県でも、保温開始時期は県南の温暖地では一月～二月上旬、県北の寒冷地では二月中～下旬と異なる。

ただし、アスパラガスには休眠があり、あまり早いと、かえって春どりの収量を損なうので注意する。西南暖地の多年株では、保温開始の早限を十二月中旬頃にしている。しかし若年株、とくに一年株は休眠が浅いため早く被覆できる。成株ほど遅いほうがよい。

萌芽前にりん芽の深さをチェック

春どりでは萌芽前までにりん芽の深さを確認する。株が深くなりすぎるとりん芽までの地温が上がりにくく、春どりが遅れ、減収するからである。しかし萌芽を促進しようとして高温管理すれば、若茎頭部の開きが早くなり、品質を損なう。

りん芽の適正な深さは五～一〇センチ前後で、それより深い場合は、うねを削って表土をかき落とす。堆肥マルチを行なっている場合には、その投入量を少なくする。逆に浅すぎる場合には、土が乾燥したり、温度変化に弱くなるため、うね間（通路）を軽く耕うんして、表土を盛り上げてやる（図25）。

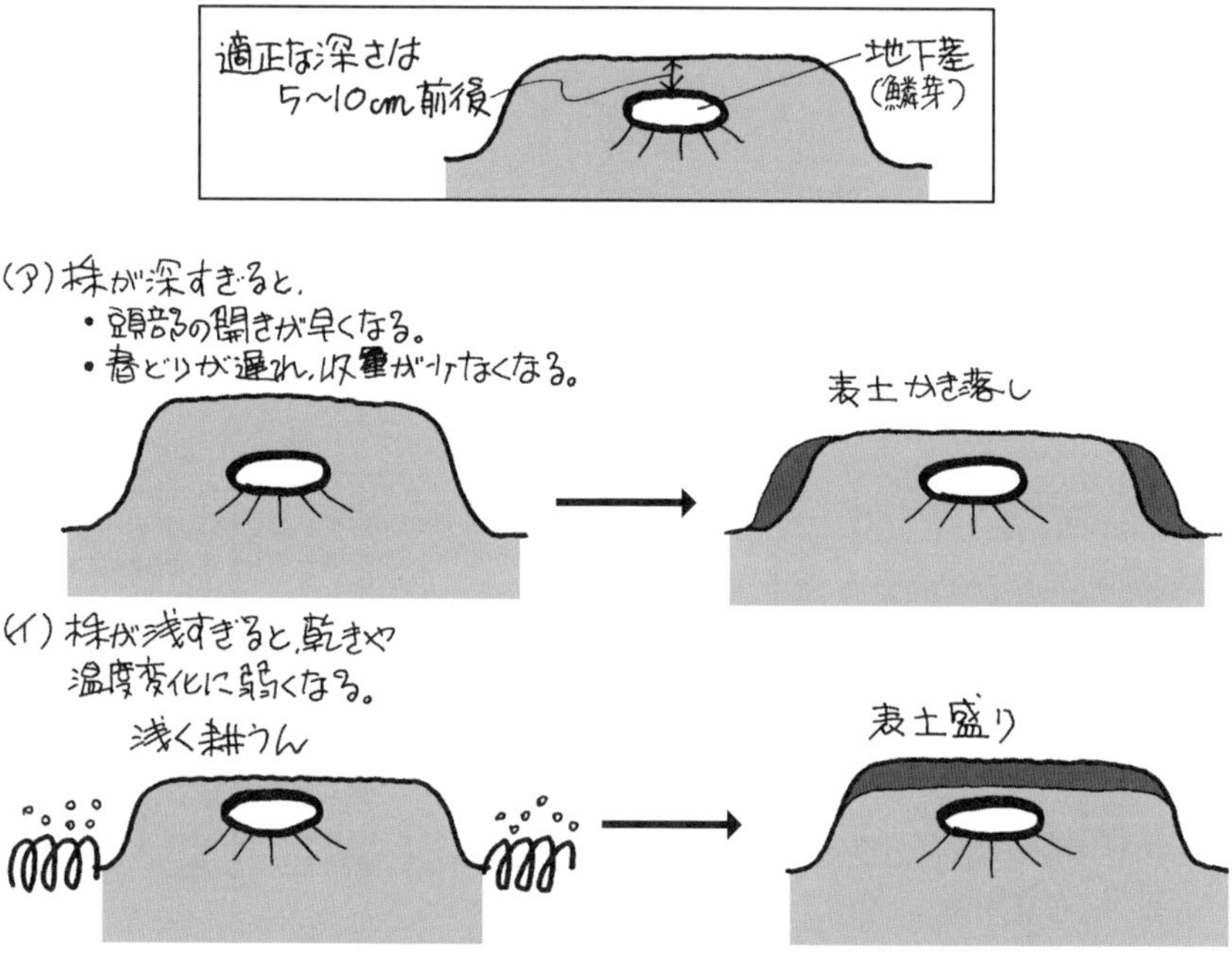

適正な深さは
5～10cm前後
地下茎
（鱗芽）
（ア）株が深すぎると、
・頭部の開きが早くなる。
・春どりが遅れ、収量が少なくなる。
表土かき落し
（イ）株が浅すぎると、乾きや
温度変化に弱くなる。
浅く耕うん
表土盛り

図25　萌芽前は株の深さをチェックする

（広島三次地域農改 原図，一部変更）

積極かん水で萌芽を促す

春先の萌芽は、土壌水分の状態で大きく変わる。乾燥しやすい春先は、かん水の効果が高いのである。ハウス半促成栽培でも、露地栽培でも、うねが乾いてきたら天気のよい日を選んでかん水する。量は一回に一〇～一五ミリ程度である。ただし晩霜の心配もあるため、午前中にかん水して、夕方には乾いているようにする。また、アスパラガスに冷水がかかると、若茎の基部を中心に紫色の斑点（パープルスポット）が出て、商品価値を下げることになる。チューブかん水、ホースかん水をして、若茎にはかからないようにする。うね間へのかん水もよい。一〇℃以下の水はできれば避け、用水路の水などはいったんためてから用いる。

萌芽勢を維持する施肥

従来、春どりの萌芽から収穫までは前年までの貯蔵養分でまかなわれ、施肥は無用とされていたが、近年は、吸収根の活力を高め、萌芽勢を維持するために一定の施肥が必要とされる。

普通栽培では、現在、萌芽前から春どりの萌芽期までに全体の三〇％程度を施肥している。ハウス半促成栽培では、立茎後の追肥の割合が五〇％と多くなり、この時期の施肥は露地ほどではない。

2 凍霜害、虫害対策

露地栽培でこわい凍霜害

春どりが始まるこの時期、露地栽培で気を付けたいのは凍霜害である。アスパラガスは萌芽前はかなり低温に強いが、若茎は凍霜害を受けやすい。一時的な低温ならあまり影響を受けないが、〇℃以下で被害にあうと回復不可能になる。頭部のりん片葉が白化し、茎の胴部が水浸状になり、やがて脱水し、しおれて枯死する（写真19）。こうした障害茎はすみやかに除く。残しておくと、アスパラガスにとっては立

写真19　降霜による被害茎

茎したのと同じような状態になり、次の萌芽が止まる。

逆に、いったん水浸状になっても、程度が軽いものは一～二日するとまた伸び出し、こうしたものは収穫することも可能である。

凍霜害の常襲地帯では、ビニールや簡易被覆資材のトンネルがけなどの対策を講ずる。

ハウス半促成栽培では、ナメクジに注意

ハウス半促成栽培では春どりを始める頃からナメクジが発生し、ちょうどアスパラガスが萌芽し始めた頃から若茎を食害する。ナメクジに食害されると、ヨトウムシの場合のように若茎が大きく湾曲する。

農作物を加害するナメクジには、フタスジナメクジ、コウラナメクジ、ノハラナメクジがいるが、どれも灰色～黒褐色をしていて、見分けにくい。しかしフタスジナメクジには背面に二本の暗色の帯があり、比較的大きいので（長さ六〇ミリ前後）、ほかと区別しやすい。ノハラナメクジ、コウラナメクジは大きいものでも、二〇～三〇ミリ程度である。いずれも夜行性で、昼間は土中浅いところに潜んでいる。

ナメキール、ナメトックス、マイマイペレットなど誘引性の殺虫剤があるが、かん水しているうちに薬剤が崩れて、効果が劣る欠点がある。さらにフタスジナメクジに対しては誘引効果がない。バナナの皮や平らな容器に飲み残しのビールを入れて誘引し、捕殺する方法もあるので併用するとよい。

障害茎は早く片付ける

萌芽が始まったら、凍霜害や虫害を受けて生育停止した若茎や、販売できないような細茎、曲がり茎などはすみやかに除去する。残しておいても貯蔵養分を消耗し、病害虫の巣になりやすい。また前述のように、アスパラガスにとっては茎葉が展開してなくても立茎したと同じ状態になるので、早く除去したほうがよく、しない場合よりかえって増収する。

3 春どりの収穫・調製と出荷

収穫は出荷規格以上に伸びた若茎を、ハサミや刃の短いアスパラ鎌などで切りとる。収穫した若茎は、すみやかに屋内に移し、規格に合わせて調製する。結束の際、頭部の曲がりは内側になるようにする。

若茎の伸長は温度との関係が深く、最高気温が三〇℃を超えると一日に一〇センチ以上伸びる。気温が上がって

きたら、規格に合わせるために朝と夕方、一日に二回収穫する。後の萌芽を

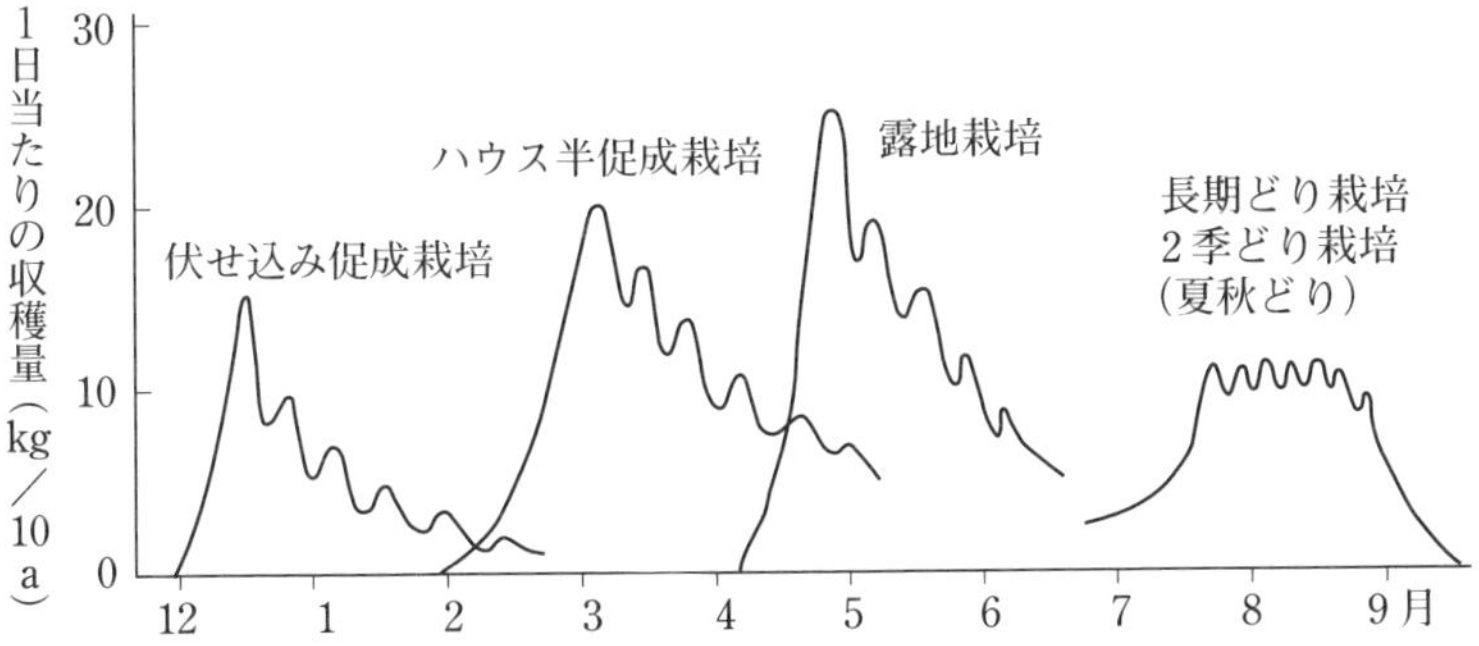

図26　寒冷地における収量パターンのモデル　（丸山進 原図，一部変更）

促すために、販売不能な細茎や曲がり茎なども同時に収穫する。

春どりは一回目の収穫ピークがもっとも大きく、その後、小さなピークを描きながら漸減する（図26）。露地栽培ではこれが明瞭に現われ、ハウス半促成栽培では、最初の萌芽が低温期にかかるため、前半が露地栽培にくらべていくぶんゆるやかに増える。どちらも最初のピークをどれだけ長く続けられるかがポイントで、このことが春どりの収量を左右する。

4　春どり打ち切り後の株養成管理

アスパラガスは、立茎開始直後から茎葉が展開するまでの短期間に急速に貯蔵養分を消費する。それにともない、肥料養分の吸収も行なわれる。茎葉をつくり、同化生産を行なう態勢を整えて、株の力を大きく養うわけである。

いつ春どりを打ち切り、施肥を行なうか。タイミングのとり方と、打ち切った後の素早い肥培管理がこの時期で重要になってくる。

春どり打ち切りのタイミングについてはこのあとⅥ章「株養成へバトンタッチ」で詳しく触れる。ここでは、春どり打ち切り前後の肥培管理について紹介する。

年間の施肥割合、基準量

アスパラガスの年間の施肥時期は、農家によって若干異なるが、普通栽培では春どりの萌芽期までに全体の三〇％、春どりを打ち切って立茎するときに五〇％、茎葉繁茂期に二〇％の割合で行なう。これに対し、長期どり栽培では追肥の割合が増えて、五〇％以上を追肥で補う。元肥は春どり打ち切

表12　各作型別の施肥例（kg/10a当たり）

●寒冷地における露地普通栽培と同長期どり栽培（長野県，JA中野市，いずれも3年目以降）

①露地普通栽培

肥料名	総量	春肥	元肥	追肥	成分量		
		3下～4上	立茎時	8上	N	P_2O_5	K_2O
有機入り肥料（8-10-6）	160		160		12.8	16.0	9.6
NK化成（22-0-14）	40	40			8.8		5.6
化成（18-4-8）	30			30	5.4	1.2	2.4
苦土石灰	100		100				
有機資材	200		200				
合　計					27.0	17.2	17.6

②露地長期どり栽培

肥料名	総量	春肥	元肥	追肥				成分量		
		3下～4上	立茎時	7上	7中	8上	8中	N	P_2O_5	K_2O
有機入り肥料（8-10-6）	160		160					12.8	16.0	9.6
NK化成（22-0-14）	40	40						8.8		5.6
化成（18-4-8）	120			30	30	30	30	21.6	4.8	9.6
苦土石灰	100		100							
有機資材	200		200							
合　計								43.2	20.8	24.8

注）1）有機入り肥料（JA中野市アスパラガス専用肥料「にょきにょき」）は，魚かす・皮粉などの有機20％入りで，苦土（3.5％）・マンガン（0.4％）・ホウ素（0.02％）などの微量要素も含む

2）有機資材（JA中野市アスパラガス専用資材「有機ハツラツ」）は，濃縮した有機物・アヅミンなどがバランスよく配合されている。「有機ハツラツ」の代わりに堆肥4t程度を施用できるが，併用すると効果が高い

3）定植年は化学肥料のみを半量施用し，2年目は80％程度の施用とする

●西南暖地におけるハウス半促成長期どり栽培（香川県）

〈定植年〉

肥料名	総量	元肥	追肥					成分量		
			6	7	8	9	10月	N	P_2O_5	K_2O
堆肥	30,000	30,000								
鶏ふん	1,000	1,000								
熔成リン肥（0-20-0）	200	200							40.0	
化成（10-8-6）	220	120	20	20	20	20	20	22.0	17.6	13.2
苦土石灰	200	200								
液肥（10-3-4）	50		10	10	10	10	10	5.0	1.5	2.0
合　計								27.0	59.1	15.2

〈2年目以降〉

肥料名	総量	礼肥（立茎前）	追肥					冬肥	成分量		
			6	7	8	9	10月		N	P_2O_5	K_2O
堆肥	10,000	5,000						5,000			
鶏ふん	1,000	1,000									
化成（10-8-6）	220	20	40	40	40	40	20	20	22.0	17.6	13.2
リン硝安化成（16-16-10）	120	20	20	20	20	20	20		19.2	19.2	12.0
苦土石灰	140	70						70			
液肥（10-3-4）	50		10	10	10	10	10		5.0	1.5	2.0
合　計									46.2	38.3	27.2

り時に行なう施肥をいい、お礼肥ともいう。

露地普通栽培（春どりのみ）で一〇アール当たり八〇〇キロの収量を上げるために必要な標準施肥量は、堆肥三トン、チッソ三〇キロ、リン酸三〇キロ、カリ二五キロ程度とされるが、株の年生や栽培地帯、作型、草勢などを考えて調整する（表12）。

株の年生別では、一般に寒冷地で定植一年目に標準施肥量の五〇％程度、二年目に七〇％程度、三年目以降は標準量で施用する。西南暖地では、初年に標準施肥量の六〇％程度として、二年目から標準量とする。

元肥と中耕・培土

元肥（お礼肥）の施用は、春どり打ち切りの直前に行なう。堆肥やモミガラ、稲ワラ、廃オガ、鶏ふん、ナタネかすなどの有機物と一緒に化成肥料をチッソで一五～二〇キロ、リン酸一五～二〇キロ、カリ一〇～一五キロ、石灰を五〇～一〇〇キロ程度をうね間を中心に施し（一〇アール当たり、寒冷地の露地普通栽培の例。最近では萌芽期までにチッソ五キロ程度を別に施している）、施用後は、幅六〇センチ、深さ一五～二〇センチほど耕うん機で中耕する。

このとき根は多少切れるが、かえって新根の発生が促されるので問題はない。また、アスパラガスの貯蔵根は、うね間の下斜めに深く張っており、二〇センチ程度までならほとんど影響はない（図27）。

耕うん後は、小型管理機にラセン鋤をつけて培土し、仕上げにレーキでうねの肩をならして、カマボコ型に成型する。最後に、土壌処理型の除草剤を散布する。培上の深さは一五センチ、うねの高さで二五～三〇センチ程度が適当である。

うねを成型したあと、稲ワラやオガクズ堆肥などで三～五センチ程度覆ってやれば、雑草の発生を抑え、かん水や降雨による泥はねを防いで茎枯病の初期感染を減らすことができる（六六頁の写真18）。この堆肥マルチは、西南暖地で多く行なわれている。

有機物の施用効果は高いが……

アスパラガスは豊富な有機物と多肥を好む野菜である。事実、粗大有機物の施用効果は大きく、表13に示すようにオガクズ牛ふん堆肥を一〇アール当たり一〇トン施した畑の上物収量は、無施用に対して一年目で約三倍、二年目一・二倍、三年目一・七倍などときわめて顕著なものになっている（いずれも施肥チッソは四〇キロ）。また、モミガラ牛ふん堆肥の施用効果を見ても、ハウス半促成栽培において一〇ア

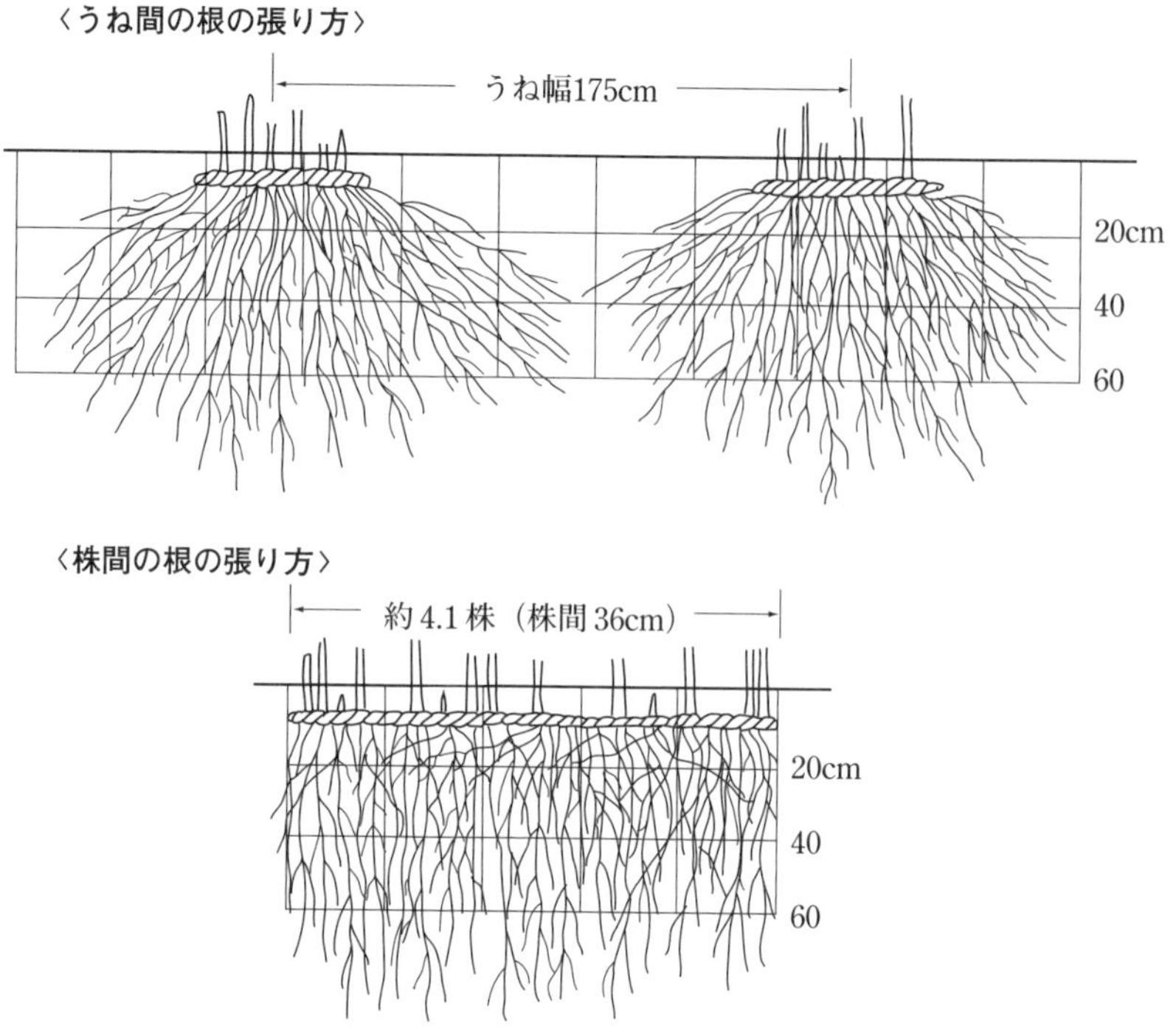

図27　アスパラガス12年株の根系の模式図　（大矢根 原図，1977）

アスパラガスの貯蔵根はうね間の下斜めに深く張っているので，地下20cm程度までなら耕うんしても問題ない

ール当たり一トンの増肥に対して春どりの収量が数十キロ単位で増え、一〇トンで最大の収量になると報告されている（図28）。

しかし、近年はその過剰施用の問題も指摘され、カリが過剰蓄積して土壌の塩基バランスを崩し、適正な肥効を妨げる例も出ている。

カリ過剰のほ場が増えている！

表14は、長崎県のアスパラガス産地

（長崎総農林試）

交換性カリウム (me/100g)			Ca/Mg比		Mg/K比	
<1	1～2	2<	<4	4～	<2	2～
11	29	61	100	0	18	82
0	7	93	64	36	75	25

における土壌の化学的変化を見たものであるが、明らかに近年のカリ過剰の傾向が読みとれる。

ほ場がカリ過剰になると、チッソやカルシウム（立茎後期に吸収増）、マグネシウムなどの吸収が阻害され、減収する可能性さえ指摘されている。北海道で収量が高いほ場と、そうでないほ場とを土壌分析して調べた結果、収量が低いほ場でカリ

表13　各種有機物の施用とアスパラガス春どりの収量比率（%）

（広島農技セ，1983）

区		1年目		2年目		3年目	
		上物	総収量	上物	総収量	上物	総収量
無施用	N-40kg	100	100	100	100	100	100
〃	N-60kg	145	127	97	99	105	107
稲ワラ2t	N-40kg	220	162	121	101	125	112
〃	N-60kg	260	127	97	88	171	136
モミガラ2t	N-40kg	186	130	55	79	85	93
〃	N-60kg	116	154	80	98	126	122
オガクズ牛ふん10t	N-40kg	296	200	126	102	173	143
〃	N-60kg	170	118	107	106	127	112
オガクズ牛ふん20t	N-40kg	193	127	91	88	135	108
〃	N-60kg	76	109	112	98	105	92

注）Nはチッソの量

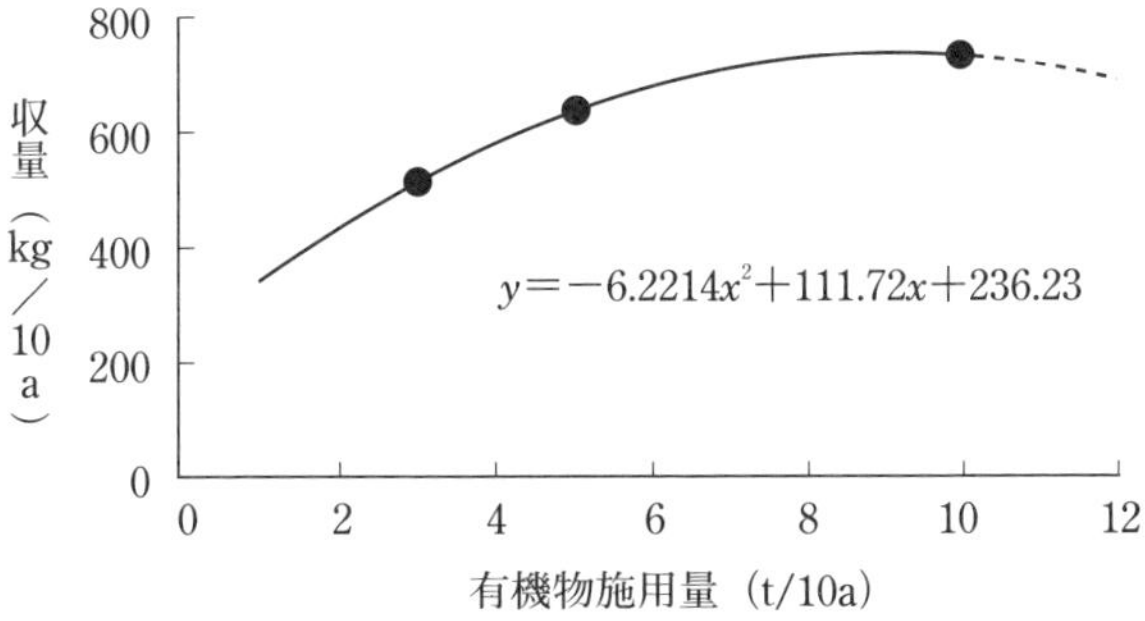

図28　モミガラ牛ふん堆肥の施用量とアスパラガス春どりの収量　（広島農技セ，1990）

表14　長崎県のアスパラガス産地における作土の化学性の頻度分布（%）

明らかにカリ過剰の傾向が見てとれる

年	pH（H2O）			EC（1：5）(mS/cm)			腐植(%)			可給態リン酸(mg/100g)			塩基飽和度(%)		
	＜6.0	6.0〜6.5	6.5＜	＜0.5	0.5〜1.0	1.0＜	＜3	3〜10	10＜	＜20	20〜100	100＜	＜60	60〜100	100＜
1989	11	25	64	93	7	0	18	82	0	4	29	68	0	29	71
1993	43	43	14	54	14	32	11	61	29	0	25	75	0	14	86

注）1989年はハウス半促成普通栽培，1993年はハウス半促成長期どり栽培

過剰の傾向が認められている。西南暖地や北海道だけでなく、長野県でもここ数年、カリ過剰のほ場が増えている。

堆きゅう肥などの過剰施用には注意し、土壌分析をしてカリが多いことがわかったほ場では、追肥のNK化成を二〜三回に一回は尿素や硫安にかえたり（チッソの単肥のみにする）、鶏ふん、魚かす、骨粉などカリ分の多い有機物を使わないようにする。

施用チッソは三〇〜四〇キロで十分

化成肥料についても、増収狙いから、ともすると増肥の傾向になりがちである。しかし寒冷地の露地普通栽培におけるアスパラガスの年間チッソ吸収量は、一〇アール当たり二五キロ程度とされ、七四頁の「標準施肥量」で述べたように、施肥量は年間三〇キロで十分と考えられる。

一方、西南暖地に多いハウス半促成長期どり栽培では多量の有機物が施され、多量の化成肥料も用いられている（一〇アール当たりで八〇キロ以上の例もある）。しかし、こちらも長崎県総合農林試験場が行なった試験から、一〇アール当たりの施肥量は四〇キロが適正と報告されている（図29）。もっとも、これも、腐熟モミガラ堆

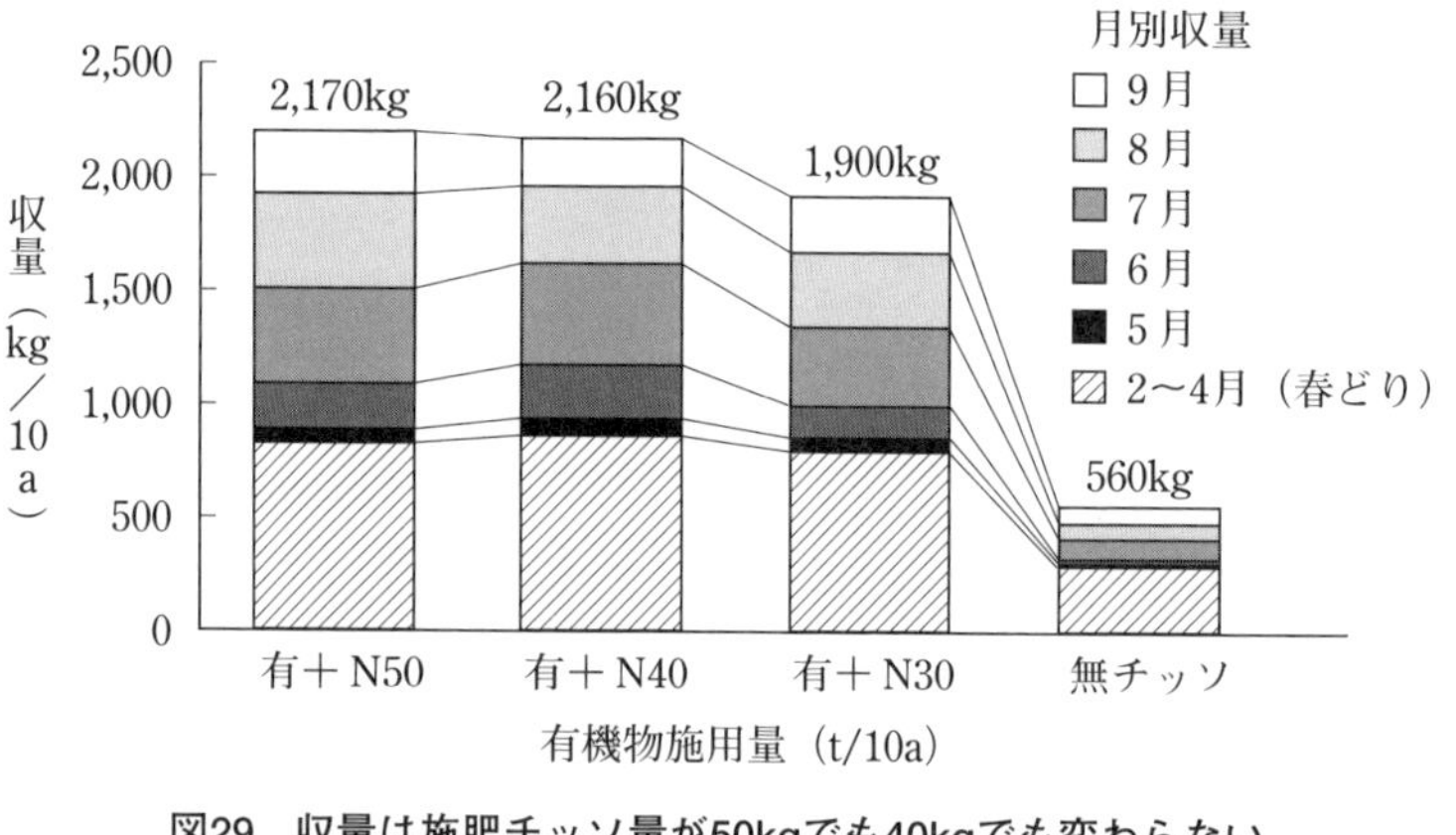

図29　収量は施肥チッソ量が50kgでも40kgでも変わらない

（長崎総農林試，1996）

有＋N50：モミガラ牛ふん堆肥 10t/10a ＋チッソ施肥量 50kg/10a（慣行栽培）
有＋N40：モミガラ牛ふん堆肥 10t/10a ＋チッソ施肥量 40kg/10a
有＋N30：モミガラ牛ふん堆肥 10t/10a ＋チッソ施肥量 30kg/10a
無チッソ：モミガラ牛ふん堆肥なし＋チッソ施肥量 0kg/10a
ハウス半促成長期どり栽培，ウェルカム２年株，栽植密度 2,500 株 /10a

肥を一〇アール当たり一〇トン施したうえでの施肥チッソ量なのであるが、けっして、多肥すればよいのではない。

アスパラガスの実際の収量は、チッソの施肥量より、かん水量に負う部分が大きい。経験的にも、施肥量はチッソ三〇キロ程度とし（寒冷地の露地普通栽培の例）、これにかん水を組み合わせることで高い肥効が得られている。アスパラガスの生理と肥料の効率的な利用、経済性の面をふまえ、過剰施肥に注意する必要がある。

緩効性肥料による減肥と省力

アスパラガスの養分吸収は、立茎直後の茎葉展開期がとくに旺盛だが、養分が必要なのはこの時期だけではない。生育中期から後期にチッソが不足すると光合成能力が低下し、若茎の萌芽数が減少する。また、貯蔵養分は秋季に蓄えられるため、長期どり栽培では夏秋どりを打ち切った後の株養成期の前まで肥料切れをさせないことが重要である。そのためにアスパラガスでは各時期に追肥が行なわれてきたが、このことが過剰施肥をまねき、カリ過剰などの問題を生む原因ともなっている。

そこで、ここ数年、肥効調節型肥料を用いた元肥全量施用が注目されている。

これは、作物の養分吸収特性に応じて成分が溶け出すように調整された肥料（緩効性肥料、被覆肥料、硝酸抑制剤入りチッソ肥料）を萌芽前に一回施肥して、ほぼその一作をまかなうというもので、ムダなく、効率的に養分を供給できる。

たとえば、萌芽始め一カ月前の三月までに被覆リン硝安カリ（ロング180型）をうねの表層一〇センチに施用すると、慣行施肥より一五％程度増収し（図30、31）、追肥労力の軽減にもなることがわかっている。

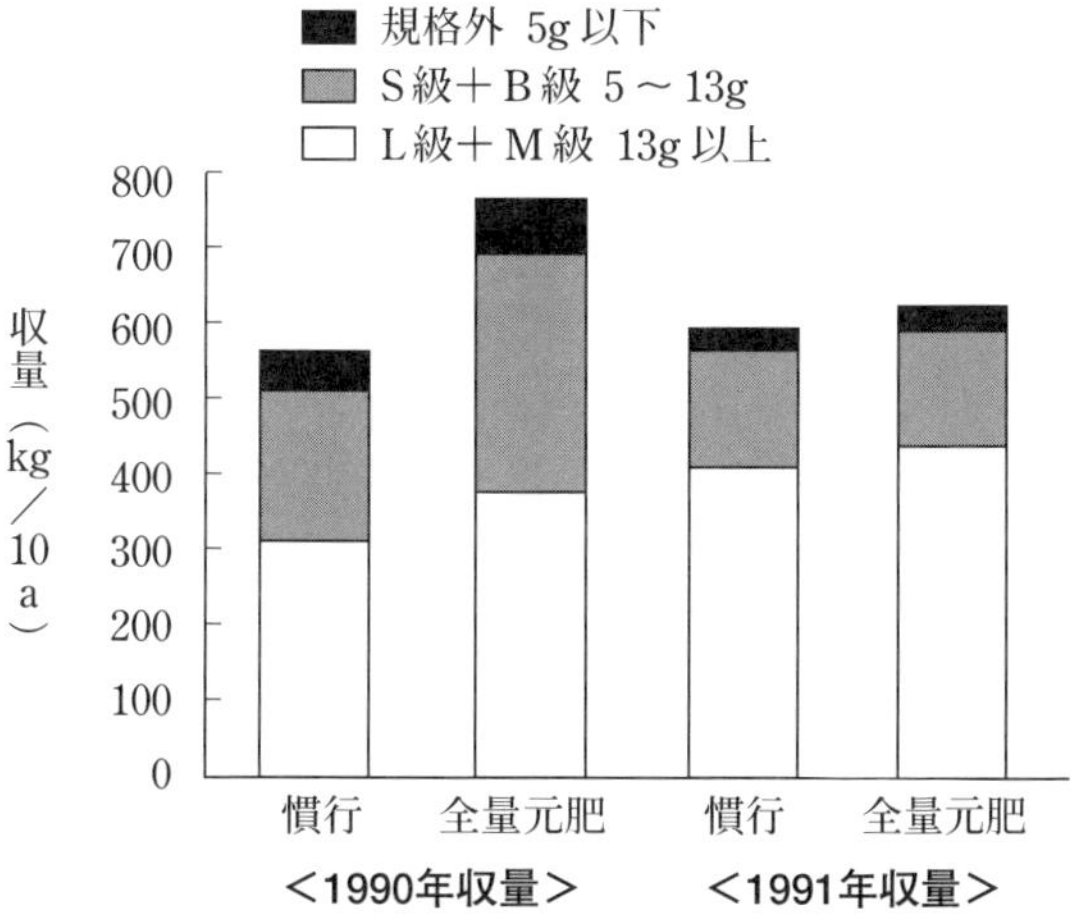

図30　アスパラガス当年どり栽培における肥効調節型肥料による全量元肥施肥法の増収効果

（長崎総農林試，1992）

かん水は積極的に行なう

アスパラガスの生育を促進し、収量を高めるためには、周年的に安定した水分の供給が必要であり、夏季の高温多日照時の、とくに雨よけハウス内での水分不足は生育や収量への影響が大きい。

この時期のかん水は、茎葉に水がかからないような方法がよい。チューブやホース、パイプを用いた表面かん水や、うねに水を引き込むうね間かん水である（写真20）。養液土耕栽培で使われているドリップチューブは水のはね上がりがなく、茎枯病の発生を軽減することができる。

高温多日照時は吸水量が著しく増加する。表面かん水とうね間かん水を適宜併用したり、腐熟した堆肥やモミガラ、稲ワラなどでうね表面を覆い、乾燥を防ぐといった工夫も必要である。

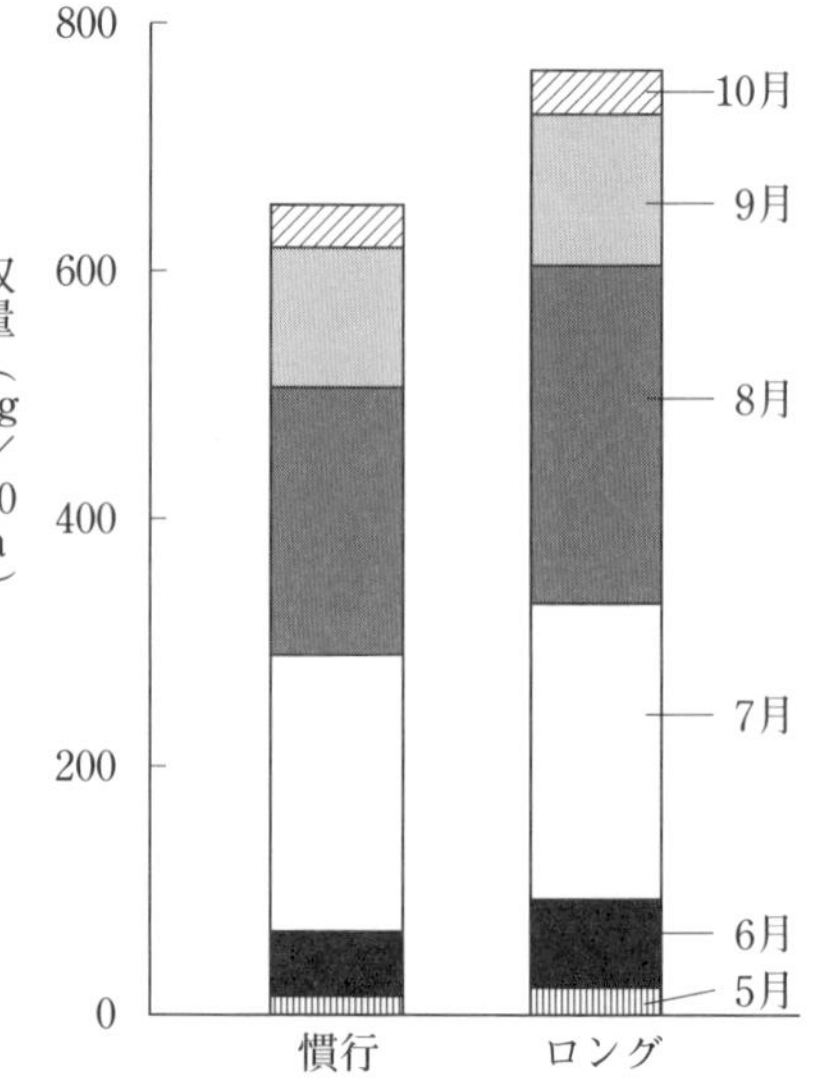

図31　緩効性肥料による施肥法が月別の収量に及ぼす影響

（広島農技セ）

写真20　水口から水を引き込み，通路に流す（広島県世羅町）
茎葉などのゴミを一緒に流しながら，うね間に十分に水がしみ込んだら終了する

5 雑草防除のタイミング

アスパラガスは、いったん植え付けると長期間栽培するので、ほかの野菜にくらべると雑草防除が重要な作業となる。

イネ科雑草の多い畑では、トレファノサイド乳剤を、広葉雑草の多い畑ではロロックス水和剤を全面散布する。イネ科雑草と広葉雑草が混在する場所では、両方を混用散布する。散布後、イネ科雑草が残った場合にはナブ乳剤が効く。雑草の二〜五葉期まで、展着剤を加用して雑草の茎葉全体に十分に散布する。このときアスパラガスの若茎にかからないように注意する。

また、長期どり栽培を行なわない二季どり栽培や普通栽培では、春どり打ち切り後に、成型したうねにセンコル水和剤など土壌処理型の除草剤が有効である。センコル水和剤はスギナを除く多くの雑草（四〜五葉期まで）に効果があるうえ、アスパラガスへの影響が少なく、使い勝手のよい除草剤である。

そのほか、アスパラガスのほ場でよくみられるのがスギナである。スギナの根はかなり深いところまで張っている。地上部を枯らしても、残った根からまた新しい芽が再生してくる。そこでスギナの防除は、側枝が十分伸びる前に散布する（図32）。スギナにはバスタ液剤が有効で、速効性がある。ただし、低温時には殺草効果の発現が遅いため注意する。また、薬剤がアスパラガスの茎葉にかからないように十分に注意しながらスポット散布する。

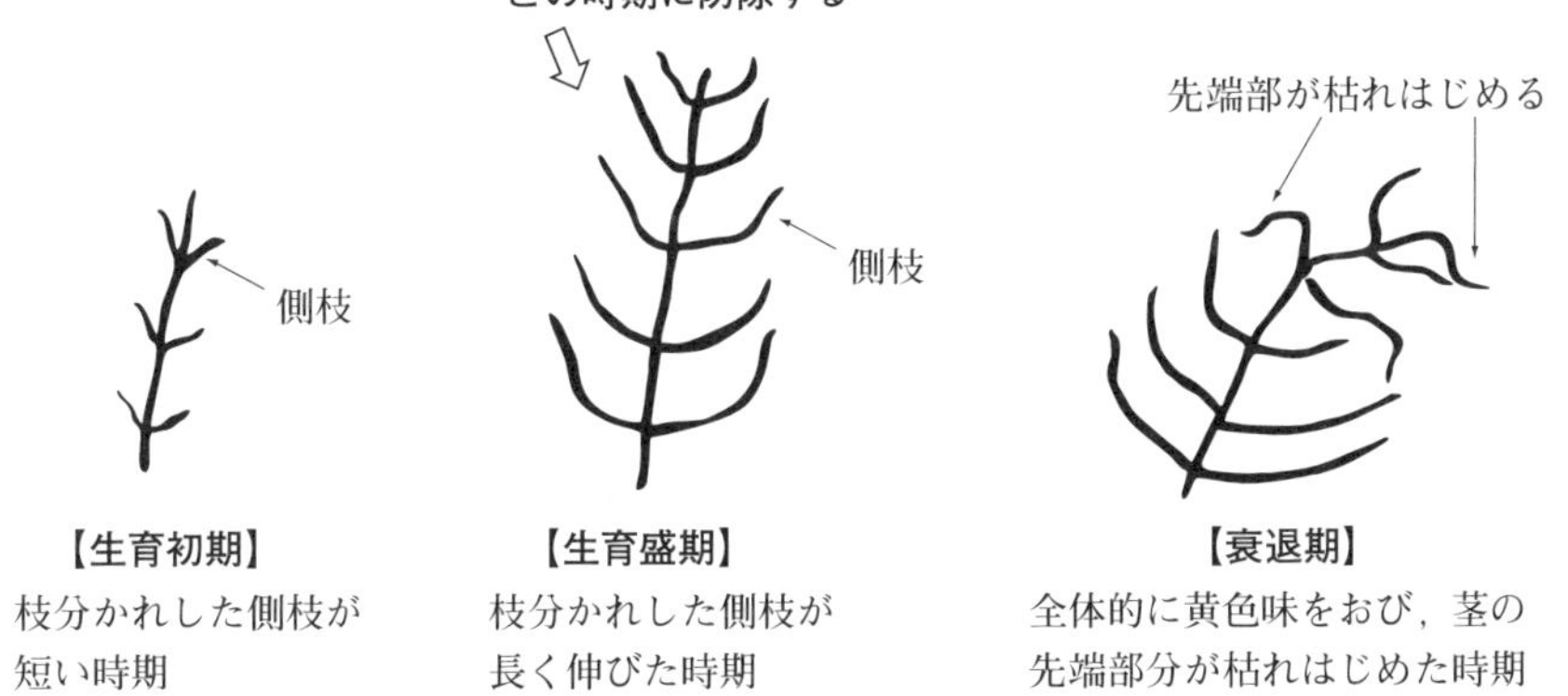
この時期に防除する

図32　各生育ステージでのスギナの形態

Ⅵ 株養成へバトンタッチ
——立茎の判断と方法

1 立茎時期の考え方

早くても遅くてもダメ

アスパラガスは、前年の秋に養分を貯蔵根に蓄え、翌年の春、その養分を使って萌芽してくる。春どりではこれを収穫する。しかしそのまま収穫し続けると養分はいずれ消耗し、萌芽も止まる。こうなると、株として同化生産を担うものがなくなり、養分不足となって枯れてしまう。そこで、適当なときに春どりをやめ、同化生産を行なう親茎を養成する。これが「立茎」である。

立茎した親茎（養成茎）は、生長すると、自身や株の生育を維持する以上の養分を貯蔵に回すようになる。立茎してから四〇～五〇日目ぐらいのことで、この頃から新たな萌芽も始まる。養分が貯まると萌芽する、というアスパラガスならでは生育特性である。

問題は、その春どりをいつ打ち切って、株の養成に移ればよいか、つまり「立茎」のタイミングである。早すぎれば、収量も減るが、それ以上に、株が繁りすぎて、かえって立茎管理が大変になる。とくに春どりだけの普通栽培ではそうである。逆に春どりの収穫を引っ張りすぎると今度は養分を消耗し、思い通りの立茎ができなくなる。弱々しい若茎しか萌芽しなくなるのである。

あまり早くてもいけないし、遅すぎてもダメ。この兼ね合いがむずかしく、アスパラガスを始めた人がよく間違うのである。

立茎開始のタイミング
——作型、年生、地域条件別

春どりの萌芽は、初めは太めの若茎が出て、しだいに細くなっていく。一日当たりの収穫量のピークが過ぎる頃から、頭部の開きが目立つようになり、品質が劣るようになる。立茎開始は、収穫するアスパラガスのこうした形態を見て判断する。

一般的には、

①一日の収量が、最高収穫時の三〇%程度に低下したとき

②M級や細い若茎の比率が、六割以上と高くなってきたとき

③頭部の開きが目立ってきたとき

④斜めや曲がった若茎の萌芽が多くなったとき

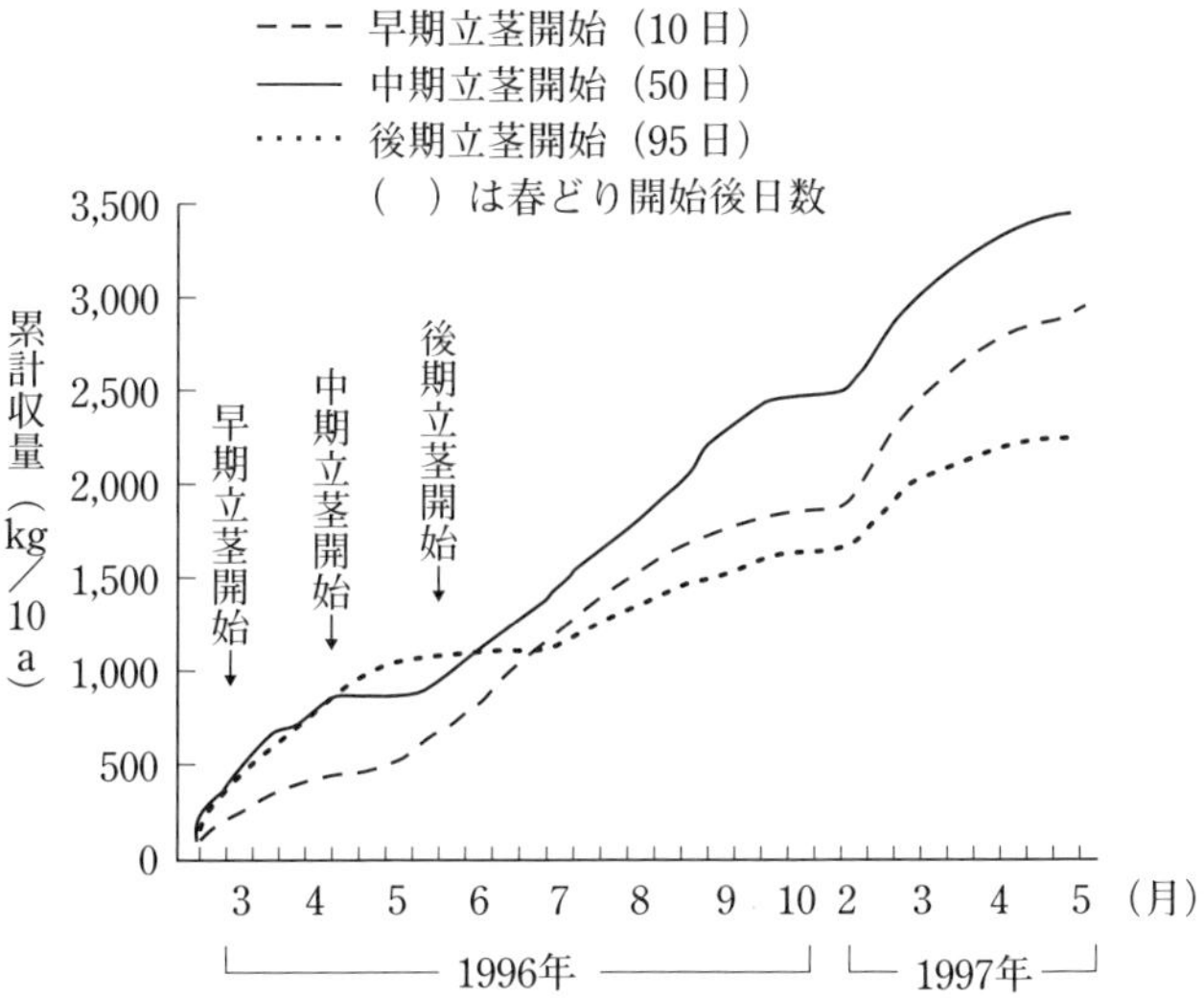

図33　アスパラガスの立茎開始時期と累計収量
（長崎総農林試，1997）

などが、春どり打ち切りの目安になる。

ただし、長期どり栽培では、春どりだけの普通栽培より二〜三週間早く収穫を打ち切る必要がある。長期どり栽培は立茎しながら収穫を続けるため、養分蓄積が不足しがちである。そこで余裕をもって切り上げる。しかしあまり早いと、逆に養成茎の草勢が強くなりすぎ、その後の収量が伸び悩むことになる（図33）。春どりの収量も減ってしまう。

また、二季どり栽培では、あいだに株養成を四〇日以上とることを念頭に、春どり打ち切りのタイミングを逃さないようにする。現在主流の「ウェルカム」「グリーンタワー」は草勢が強い品種で、初心者は採りすぎてしまいがちなので、アスパラガスの導入当初は早めの立茎に心がける。

春どり打ち切りのタイミングは、慣れないとなかなかむずかしい。初めは、春どりの収穫期間を決めておいたほうが、思い切って打ち切ることができるかもしれない。

寒冷地の露地普通栽培と、西南暖地のハウス半促成長期どり栽培における春どりの収穫可能期間の目安を、表15と表16にそれぞれ示した。

株の年生によっても異なるが、生育良好な株であれば、露地普通栽培で、

四年株は三〇～四〇日程度、西南暖地のハウス半促成長期どり栽培では、標準的な春どりの期間が一年株で四〇日程度、二年株で五〇～八〇日程度、三年目以降の多年株で五〇～八〇日程度である。ただ、この作型では立茎時期が夏秋どりの収量に大きく影響するので（図34）、春どりの収穫期間は短く、五〇日程度とすることが増収の決め手である。

表15　露地普通栽培における株の年生による春どりの収穫期間の目安（長野県）

株の年生	育苗別の収穫期間の目安		備　　考
	ポット苗	セル苗	
2年株（収穫1年目）	7～10日間	0～5日間	作型，株の状態により加減する
3年株（収穫2年目）	15～20日間	20～30日間	
4年株（収穫3年目）	30～40日間		
5年株（収穫4年目）以降	60～90日間	50～70日間	

表16　西南暖地におけるアスパラガスのハウス半促成長期どり栽培産地の立茎開始時期

（1996）

県名＼項目	株の年生	春どり：春どり開始	春どり：収穫期間	立茎作業：開始時期	立茎作業：終了時期
香川	2年株	1月上旬	80日	3月下旬	4月下旬
	3年以上	1月中旬	80	4月上旬	5月上旬
福岡	2年株	1月中旬	50	3月上旬	4月下旬
	3年以上	2月上旬	50	3月下旬	5月上旬
佐賀	2年株	1月上旬	80	3月下旬	4月下旬
	3年以上	1月中旬	80	4月上旬	5月上旬
長崎	2年株	2月上旬	50	3月下旬	4月下旬
	3年以上	2月中旬	60	4月中旬	5月上旬
大分	2年株	2月下旬	60	4月下旬	5月中旬
	3年以上	2月下旬	60	4月下旬	5月中旬

注）大串和義の生産状況アンケートによる
（1996年農水省野菜茶試課題別研究会資料）

2 長期どり栽培の立茎方法

順次立茎か一斉立茎か

長期どり栽培の立茎には、「一斉立茎」と「順次立茎」（西南暖地では「だらだら立茎」とか「逐次立茎」とか呼ばれている）がある（図35）。

一斉立茎は、一週間くらいの短い日数で一斉に立茎させて、必要な立茎数を確保したら収穫を始める方法で、一斉に立茎数を確保するため、養成茎の太さは揃えにくい。茎葉が展開する間は収量は落ちるが、同化作用が盛んになるとともに増えてくる。

順次立茎は、立茎の初めから養成茎

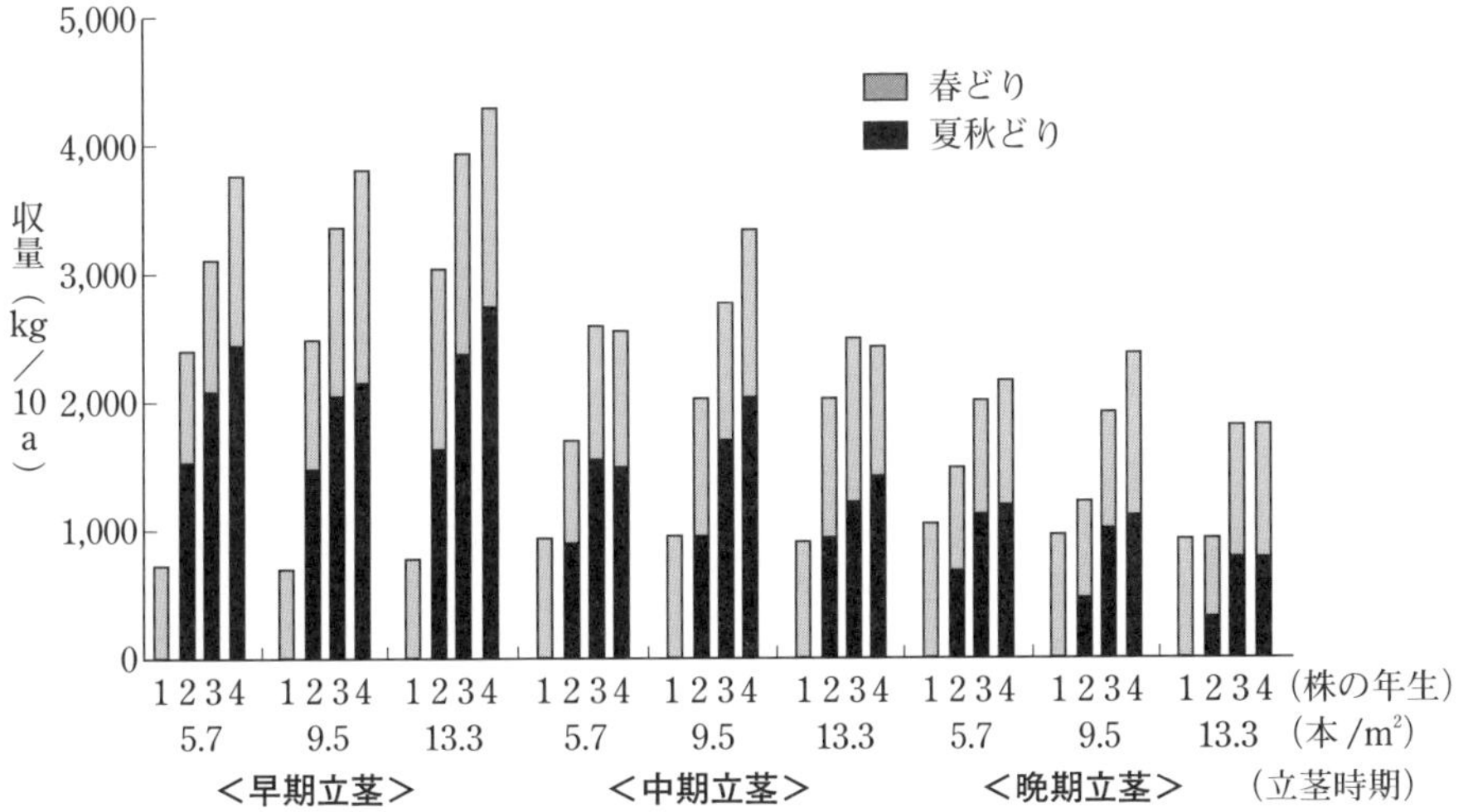

図34　立茎方法の違いによる株年生別の春どり・夏秋どりの収量

品種：ウェルカム

立茎時期　早期：春どり開始後 45 ～ 50 日，中期：同 70 ～ 75 日，晩期：同 90 ～ 105 日

（佐賀農研セ，1997）

の確保まで三週間～一カ月かけて、一週間に一本くらいずつ増やしていく方法である。立茎しながら収穫を行なうので、養成茎の太さや配置は揃えやすい。順次立茎では、生育不良の株ほど早めに立茎させるのがポイントである。立茎中、やはり収量は減るが、それは一斉立茎も同じである。どちらを選んでも、収量の差はない。

慣れてきたら順次立茎に

作業的には一斉立茎のほうが、順次立茎にくらべて簡単である。しかし立茎した養成茎が曲がったり、形質が悪かったりすると、新たに立茎しなければならず、やり直しの時間がかかる。また、アスパラガスは株の個体差が非常に大きく、一斉立茎を続けると生育差が大きくなり、ほ場のバラツキが増す原因にもなる。長期どり栽培を始める場合、初心者は一斉立茎から入れば失敗が少ないが、慣れてきたら、順次立茎に移行することを勧める。株の差を小さくし、草勢を揃えることが増収のポイントになる長期どり栽培では、順次立茎のほうが有利である。

年間通して立茎し続ける「全期立茎栽培」

広島県の露地栽培で行なわれている

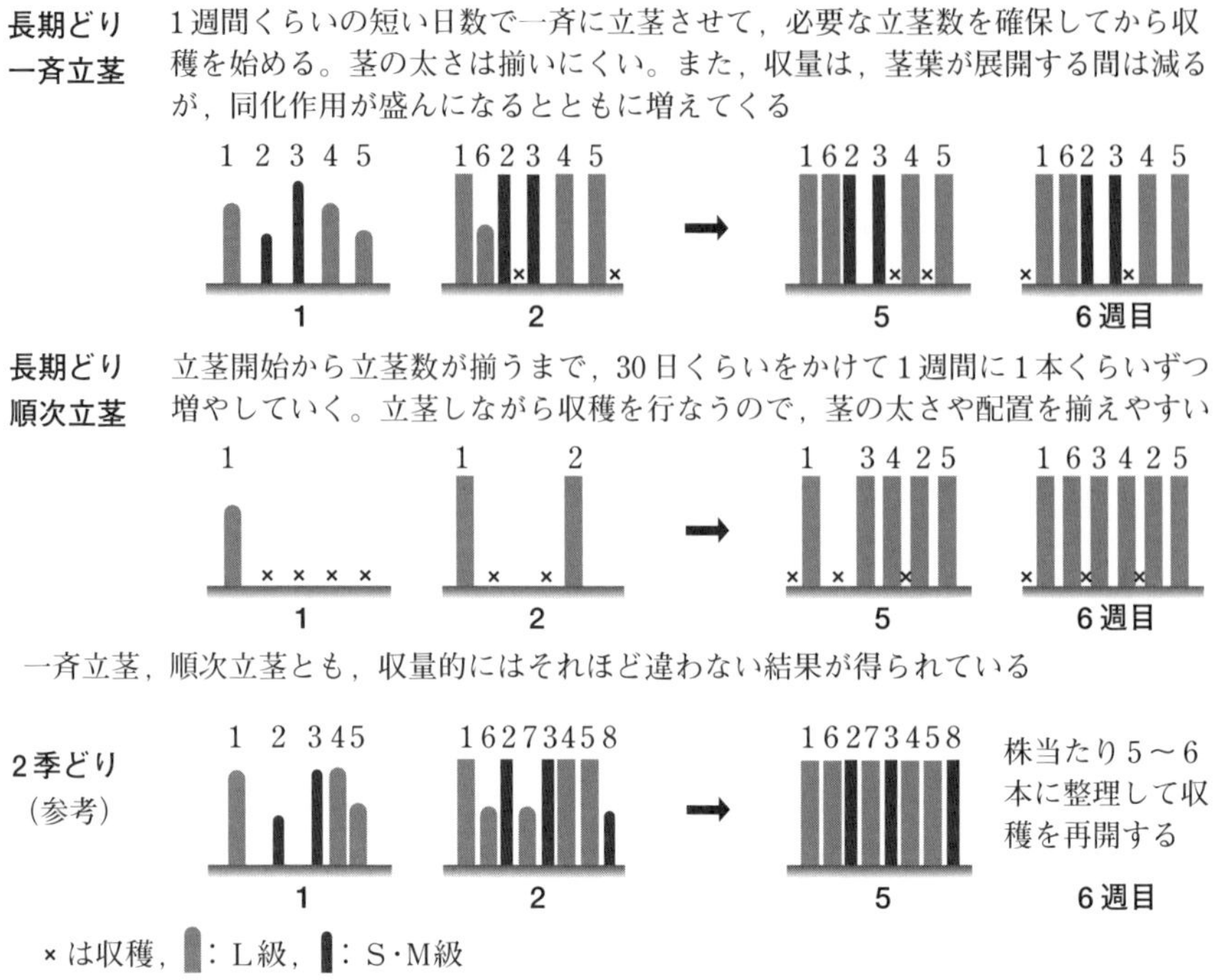

図35　長期どり栽培の一斉立茎，順次立茎と，2季どり栽培の立茎との比較

「全期立茎栽培」は長期どり栽培の一手法だが、文字通り、通年立茎しながら栽培し続ける栽培法のため、春どりの収穫をいつ打ち切るかで頭を悩ます必要がない。

全期立茎栽培は、晩霜のおそれがなくなってから、茎径一〇～一四ミリ程度の若茎をうねの長さ一メートル当たり一〇本（一株当たり三～四本）程度立茎し、それ以外に萌芽する若茎を十月まで長期どりする。

立茎時期が早いぶん、春どりの収量は従来の長期どり栽培や普通栽培より少なくなるが、早く立茎した養成茎がちょうど光合成の盛んになる時期に繋ってくるので七～八月は増収し、また全体の収量の波も小さくなる。広島県の場合、立茎時期が晩霜後の比較的天候が安定して、降雨が少ない四月下旬～五月上旬にあたるので、茎枯病がうまく避けられる利点もある。

全期立茎栽培は長期どり栽培の管理にほぼ準じるが、施肥は全量元肥で施すので、施肥作業が省力化される。

途中で二季どり栽培に移る場合は……

長期どり栽培を試みたが、途中、やむを得ず収穫を休んで、二季どり栽培となってしまう場合がある。二季どり栽培の株養成には一株当たり五～六本の立茎数があれば十分で、それ以上は立茎密度が高まり、かえって減収になる。

立茎数が一株当たり八～一〇本を超えたら、異常茎、ついで細茎や生育不良の茎を取り除いて、必要な茎だけを残す。また、凍霜害やスリップスの被害で伸長が止まってしまった若茎も早めに取り除くと、あとからの萌芽が促され、増収する。

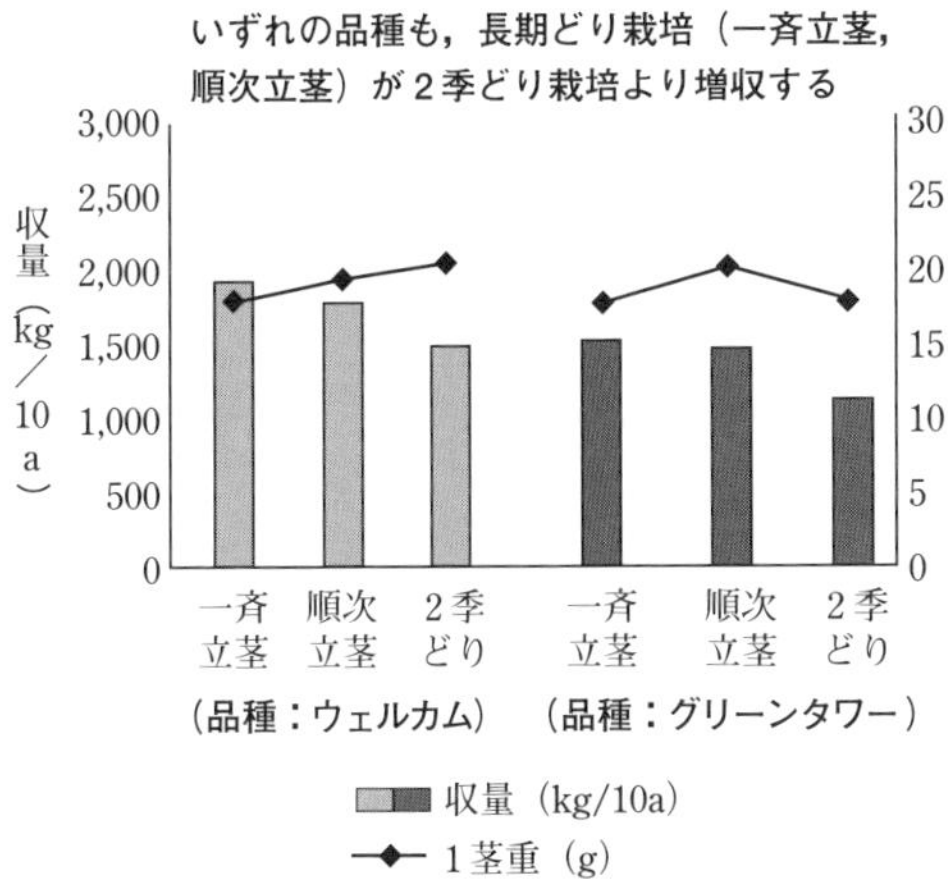

図36　ハウス半促成長期どり栽培における立茎方法と年間収量

（長野野菜花き試，2000）

長期どり栽培が増収するわけ

長期どり栽培の株養成量は、二季どり栽培より多い。これは両者の立茎密度の違いによるもので、二季どり栽培では立茎期間中、収穫を休むため比較的込み合い、光合成が低下するのに対して、長期どり栽培では収穫が続くために適度に空間が開いて、かえって光合成能が高く維持されるためである。一斉立茎も順次立茎も株養成量は大きく変わらない。長期どり栽培は、収穫し続けることで株の力が維持され、増収する作型ともいえる（図36）。

逆にいうと、二季どり栽培でも株養成中は適度に間引いて、あまり株を込ませないようにするとよい。

3 立茎の実際

立茎数は何本がよいか

立茎数や、茎の太さは、どれぐらいが適当なのだろうか。

西南暖地におけるハウス半促成長期どり栽培の産地では表17に示す通り、立茎する養成茎はだいたい太さが一〇ミリ前後、本数は一平方メートル当たり一〇～一二本程度だが、県によってバラツキも見られる。

大分県農業技術センターでは、定植二年目から三年間、立茎数を一平方メートル当たり九・一本、一八・二本（二倍）、二七・三本（三倍）として収量性を検討した（茎径は一〇ミリ程度、保温開始二月下旬）。その結果、一平方メートル当たり九・一本の収量がもっとも高かった（表18）。この立茎数は、かりにベット幅を七〇センチとすると、うね一メートル当たり一二～一三本となり、一株当たりでは三～四本である。

立茎数と収量の関係は、立茎数の少ないほうが夏秋どりの収量が多く、春どりは立茎数の多いほうがやや多いが、それほど差は出ない。とすると、夏秋どりを長期間行なう西南暖地では立茎数は少なめにしたほうがよく、一

表17　アスパラガスのハウス半促成長期どり栽培産地の立茎方法　(1996)

県名	本数/m^2	太さ(mm)
香川	12	10～12
福岡	12～15	8～10
佐賀	6.6～11	8～10
長崎	8～11	8～11
大分	10～13	6～12

注）大串和義の生産状況アンケートによる（同前資料）

表18　アスパラガスの立茎数が収量に及ぼす影響（kg/10a）

（大分農技セ，1991～1993）

立茎数	2年株			3年株			4年株			平均		
	春どり	夏秋どり	計	春どり	夏秋どり	計	春どり	夏秋どり	計	春どり	夏秋どり	計
9.1本/m^2	480	1,200	1,680	370	680	1,050	700	1,040	1,740	520	970	1,490
18.2本/m^2	480	810	1,290	470	470	940	650	670	1,320	530	650	1,180
27.3本/m^2	480	520	1,000	450	320	770	800	800	1,600	580	550	1,130

注）養成茎の太さは10mm程度

写真21　西南暖地の立茎数は少なめに，1株当たり3～4本程度とする（長崎県波佐見町）

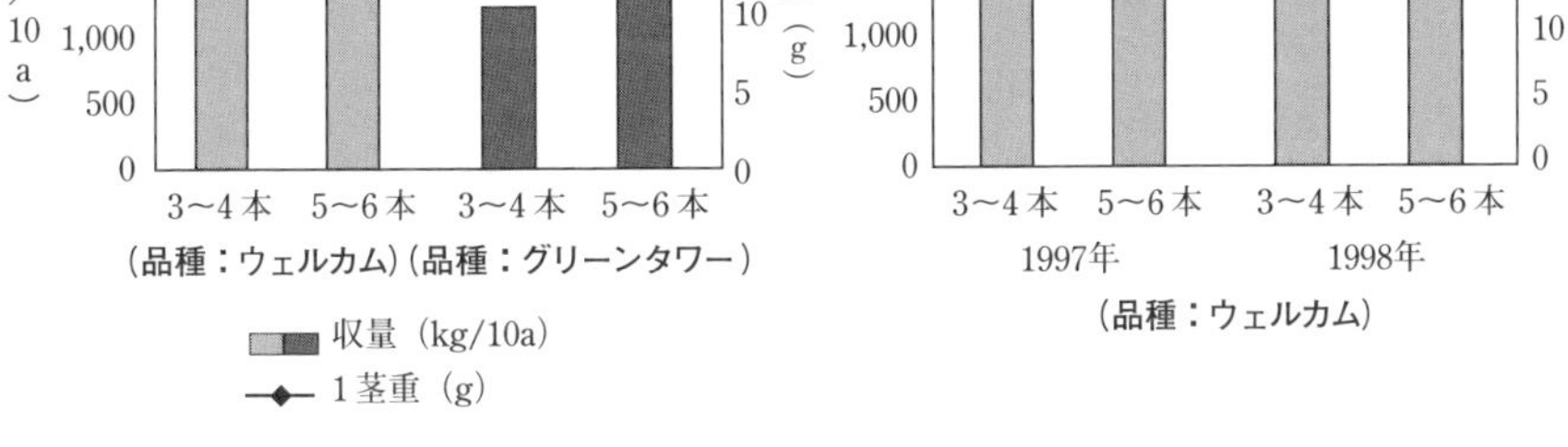

図37　寒冷地における立茎数と収量

（長野野菜花き試，1997～1999）

株当たり三～四本程度とする（写真21）。

　西南暖地では立茎数が多いと過繁茂になり、同化能力が落ちて減収するが、春どりの収穫が遅く、秋冷が早い長野県などの寒冷地は西南暖地と同じ立茎数では株養成量が不足する。露地普通栽培が一株当たり八～一〇本（うね一メートル当たりでは二四～三〇本程度）、二季どり栽培と長期どり栽培では、西南暖地よりやや多い、一株当たり五～六本程度（うね一メートル当たり一五～一八本程度）の立茎数は必要である（図37、写真22）。

写真22　寒冷地の立茎数は1株当たり5～6本（上），下は少なめの1株当たり3～4本

（長野野菜花き試）

　なお、アスパラガスは年生が進むにしたがい、定植時の株の位置がわからなくなり、立茎数も株当たりを目安に調整するのはむずかしくなる。多年株ではうね一メートル当たりなど長さ当たり、ないし一定の面積単位で目標を定めると立茎しやすい。

養成茎の配置

　夏秋どりで萌芽してくる若茎の位置を見ると、多くは立茎した養成茎の隣から萌芽している。地下にある「りん芽群」と呼ばれる芽が集まった場所から、順番に萌芽してくるためである。

　りん芽群は、一年株で一株当たり四～五個程度で、年生が進むにしたがって徐々に増えてくる。立茎は、一りん芽群に対して一本程度を立たせるようにする。長期どり栽培や二季どり栽培では、一株当たり五～六本立茎するが、一カ所からまとめて立たせるのではなく、りん芽群の広がりを見ながらできるだけ均等な配置を心がける（図38、

写真23）。

養成茎の配置は、どちらかといえば太い茎はうねの中央部に、細い茎はうねの外側に配置するほうがよい。太い茎ほど側枝がよく伸びて通路をふさぎやすくなり、その部分を強く整枝せざるを得ないからである。なお、うねの肩の部分には中耕などの作業性の面から立茎させないようにする。

養成茎の太さ

養成茎には、生育良好なL級の細めの若茎を選び、ほかはすべて収穫する（写真24）。長野県の出荷規格でいえば、一〇〇グラム束で六～八本、直径がおよそ一一～一二ミリ程度の若茎である。このクラスが少ない場合は、M級の太めの若茎（直径九～一〇ミリ程度）か、L級の中程度の若茎（直径一二～一三ミリ程度）を選ぶ。しかし、2L級以上（直径一六ミリ以上）になると、生育が旺盛で過繁茂になりやすく、生産力も劣るので用いない。無理して立茎しても、その株からは同じような太さの若茎が萌芽し、毎年立茎で頭を悩ま

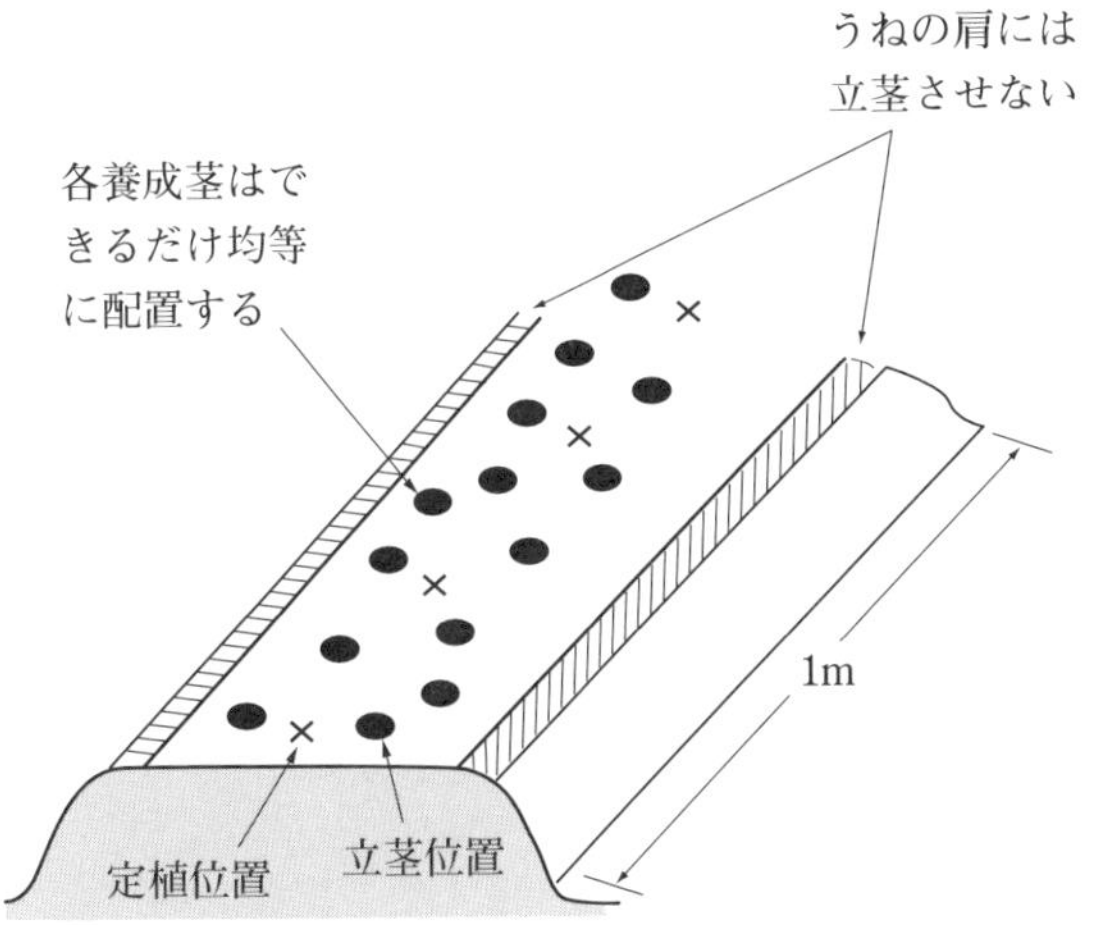

図 38　アスパラガスの養成茎の立茎位置
（池内隆夫 原図，一部変更）

写真23　養成茎の立茎位置はりん芽群ごとに1本程度とする
（長野県箕輪町）

せることになる。

つまり、養成茎と収穫する若茎との間には密接な関係があり、立茎した養成茎が太いと、萌芽してくる若茎も太く、収穫本数は少なくなる。逆に細いと、収穫本数は多いけれど、細い若茎が多くなる（図39）。

近年は太ものに人気があるため、養成茎の選択も太めに傾きがちである。あまり太いものを立茎すると、前述のように側枝の生育が旺盛すぎて過繁茂になり、夏秋期に乾湿の差が激しいと「爆裂茎」（一〇二頁）が発生する可能性もあるので、注意したい。

写真24　立茎は生育良好なL級の細めの若茎を選んで，均等に配置する
（長野野菜花き試）

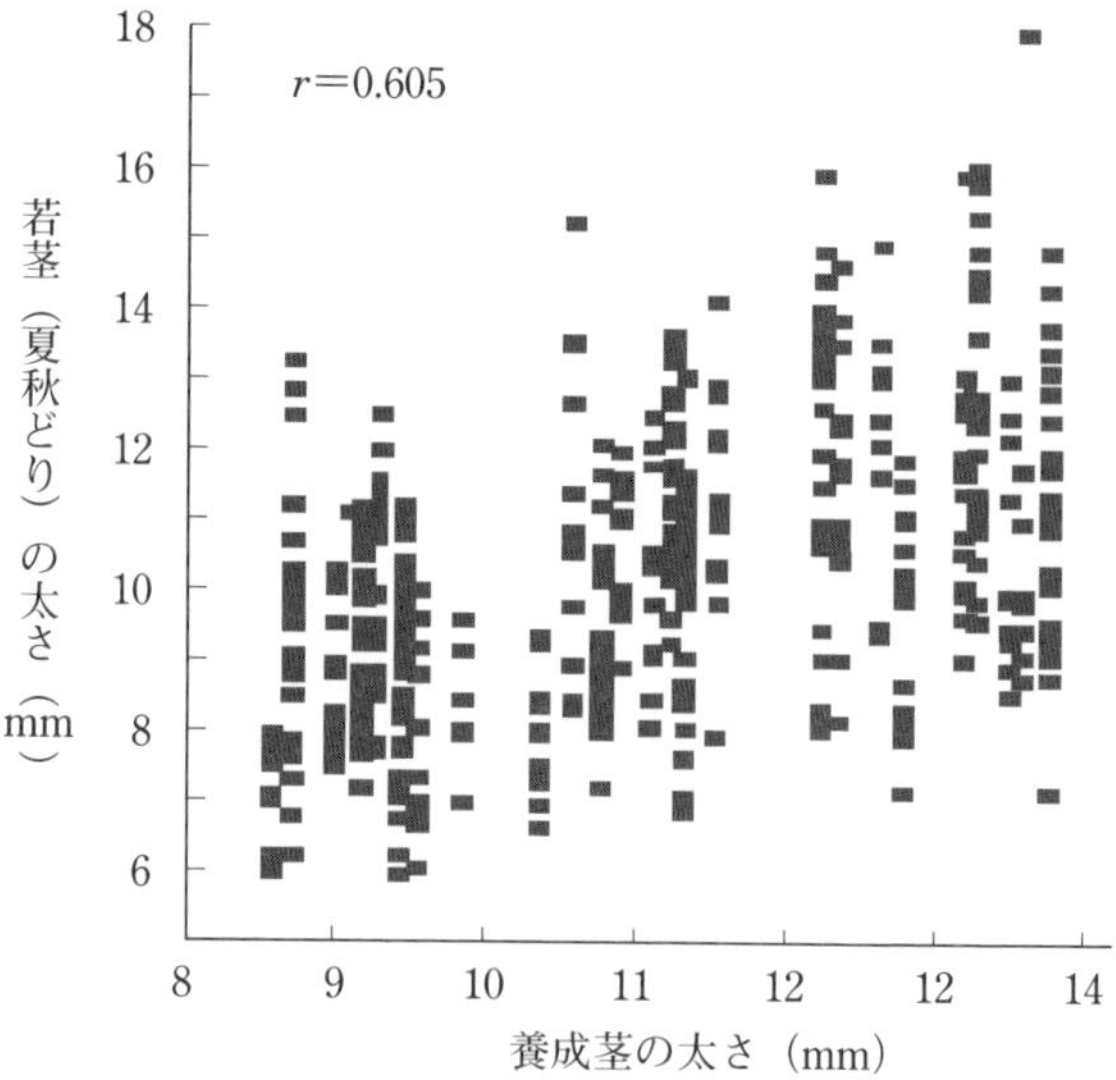

図39　養成茎が太いほど若茎も太くなる（5～8月）
（長崎総農林試，1997）

養成茎（45本）と同一りん芽群から萌芽した若茎の太さを収穫時に測定した

4 立茎の失敗と対策

立茎技術に不慣れな場合、立茎はしたものの養成茎の、

①数が足らない
②バラツキが目立つ
③草勢が劣る
④配置に偏りがある

などの問題が生じることがある。一番の原因は、春どりの打ち切りの遅れで、立茎のタイミングを逃したことが大きい。

立茎数が足らなければ追加立茎も必要だが、夏秋どりの減収は避けられない。また、若年株でつまずくと、後々まで影響を引きずり、株を維持できず欠株となることもある。一度欠株となると、アレロパシーの関係でなかなか後継株が育たず、補植しても活着しない。

立茎は早すぎる失敗よりも遅すぎる失敗のほうが影響が大きい。初心者は立茎作業が遅れないように、慣れるまでは〝気持ち早め〟に、春どりの収穫を打ち切ったほうがよい。

また、初心者の中には、立茎すべき茎を間違って収穫してしまい、あらためてよい茎を待っているうちに時期を逸するという例も多い。長野県野菜花き試験場では、収穫しながら株の状態を観察し、立茎のタイミングになったら、輪ゴムを立茎すべき若茎に萌芽と同時にかけて、収穫すべき若茎と間違わないようにしている（図40）。これだけでも随分立茎がうまくなったと現場でも評判になっている。試してみてはいかがだろうか。

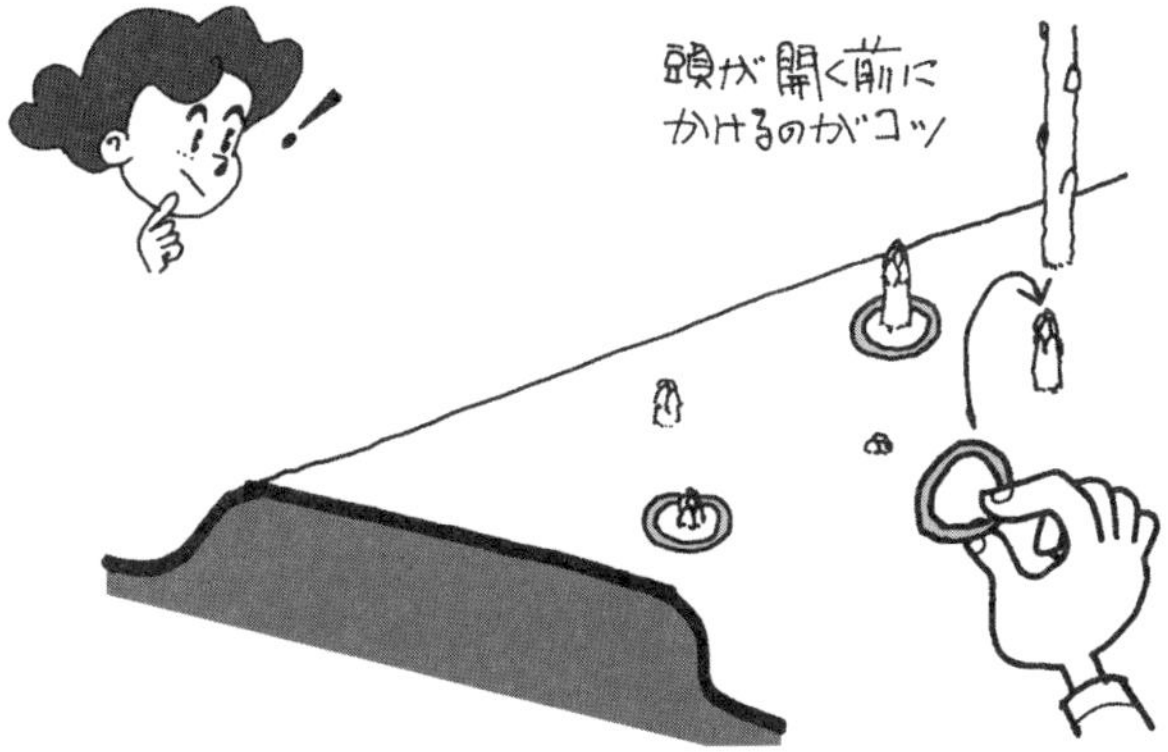

図40　立茎のタイミングをはずさないために輪ゴムで目印をつけておく

追加立茎や立茎の更新はしない

アスパラガスの茎葉管理でよく質問されるのが、養成茎の更新方法、すなわち更新をいつ、どのように行なえばよいかということである。

基本的には、一度立てた養成茎は晩秋期の茎葉刈りとりまで更新せず、追加立茎もしないのが一番よい。立茎当初の養成茎を生育終了まで維持する立茎法がもっとも多収で、更新作業も省け、長期の生育期間にも対応できるのである（図41）。

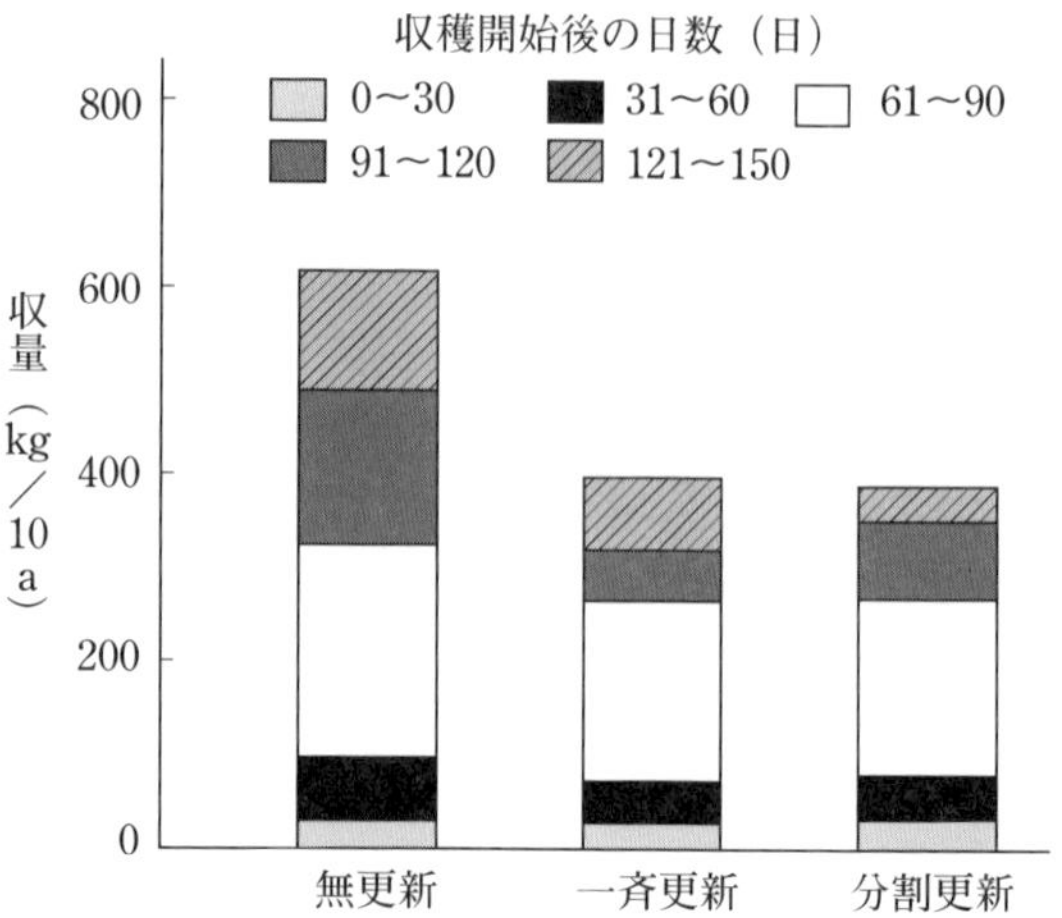

図41　アスパラガス立茎更新が収量に及ぼす影響
（広島農技セ）

無更新：障害茎のみ随時除去
一斉更新：7月28日に一斉更新
分割更新：7月28日と8月23日に半数ずつ更新

以前は、アスパラガスの茎葉の同化能力は立茎後二〜三カ月がピークで、その後は減少するので、養成茎も途中で更新したほうがよいとされた。しかし実際は、アスパラガスの同化能力は七〜八カ月以上あり、途中で立茎を増やすと萌芽数が減少して、かえって夏秋どりの収量が減る。また、追加立茎は、春どり打ち切りの時期が遅すぎて立てる茎がなくなり、やむなく夏秋どりの時期に行なうというパターンが多いが、伸長するりん芽群が確定している夏秋どりの時期に追加立茎を行なうと、そのりん芽群からの萌芽が遅れ、収量が伸び悩むことになる。

茎枯病にやられた養成茎は随時除去する必要があるが、それ以外は、できるだけ立茎当初の養成茎を生育終了まで維持するのがよく、長期どり栽培の安定多収には、立茎の追加も更新も行なわないのが基本である。

台風などの被害でやむを得ず追加立茎や更新が必要な場合も、次のことに留意する。

まず、大前提として、立茎後、同化養分が転流し、続いて萌芽が始まるまでには四〇〜五〇日程度かかるということである。茎葉が黄化して刈りとる時期まで最低二カ月以上ないときは、立茎しても養分を浪費するだけに終わる。何もしないほうがかえってよいくらいである。まずこのことを念頭においておく。

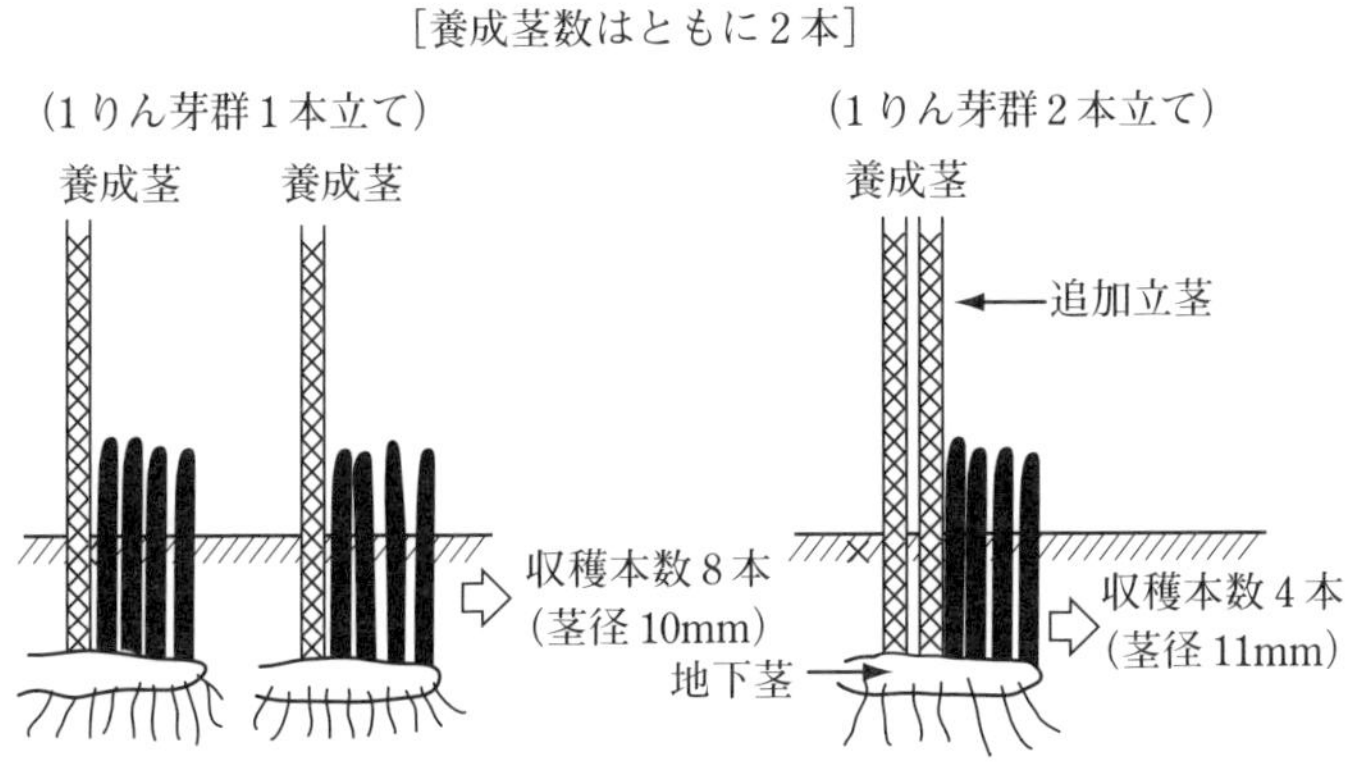

図42　１りん芽群１本立てと１りん芽群２本立てがアスパラガスの夏秋どりに及ぼす影響　（重松武 原図）

そのうえで立茎は一りん芽群に一本とし、二本以上立てない（図42）。二本以上立てると減収が避けられない。

立茎中は茎枯病に注意

ひとたび立茎したら茎葉刈りとりまで株を維持する、ということは、その間の立茎管理も万全でなければいけない。とくに長期どり栽培は立茎しながらの収穫が長く、立茎数も少ないので一本でも枯れると株に与えるダメージが大きくなる。

なかでもこの時期注意したいのは茎枯病である。アスパラガス栽培でもっとも被害の大きい病害である。この防除は、茎葉が展開したらただちに行なう。初めは一週間間隔で三回程度散布し、以降は一〇～一四日間隔で散布する。このとき使用する農薬はそのつど変え、同一薬剤の連続散布は避ける。

長野県の露地栽培では、春どり打ち切り後三日目にまず一回、四日おいて二回目を連続散布することで高い防除効果を出している。

もちろん、耕種的な防除も有効で、①罹病して黄化した茎葉は刈りとり、ほ場外に持ち出す、②切り株を残さないよう地際部まで刈りとって、培土する、③茎葉刈りとり後、バーナーで株元を焼却するなどの方法がある。株が込まないよう、厳密に立茎数は守るようにすることも重要である。

VII 夏秋どりから収穫切り上げまで

1 夏秋どりの収穫の意味

収穫し続けることで増収する

アスパラガスは立茎し始めると急激に萌芽数が減少し、ふたたび増加してくるのは四〇～五〇日後からである。春どりを打ち切ったあとの本格的な夏秋どりの収穫は、ここから始まる。

アスパラガスは、立茎数を制限したり、摘心や下枝かきなど茎葉を整理したりすることで、りん芽から萌芽促進物質が分泌される。若茎を収穫し続けることによって萌芽能力も維持され、増収につながるのである。これを止めてしまうと、夏秋どりだけでなく、翌年の春どりまで影響を及ぼし、収量水準を下げてしまう。二季どり栽培が長期どり栽培ほど収量が伸びないのも一時的に収穫を休むからで、立茎から夏秋どりの収穫開始までに五〇日以上あけてしまうのが減収要因である。

多収を目指すなら、立茎後、期間をおいて夏秋どりを始めるより、間をおかず収穫し続けるのがよく、その意味でいえば、長期どり栽培こそアスパラガスの生理に則してもっとも多収できる作型である。作型の選択は個々の経営の事情にもよるが、安定多収を優先するなら、できたら長期どり栽培に移行したい。

また、やむを得ず二季どり栽培を行なう場合も、収穫を休んでいる間に伸びた若茎を、夏秋どりの開始に先立って思い切って整理する。寒冷地では、一株当たり立茎数は五～六本程度がよい。伸長した若茎を放任すると過繁茂となり、株の光合成量が低下するとともに病害虫の発生が多くなる。換気やかん水、施肥など株の養成管理も忘れないようにしたい。そして、立茎後四〇～五〇日で萌芽が増えてきたら、機を逃さず収穫に入る。早ければ早いほど長期どり栽培に近づく。いったん収穫を始めたら、なるべく休まない。で

写真25　夏秋どりはいったん収穫を始めたら，なるべく休まずとり続けるのがよい
ハウス半促成長期どり栽培の夏秋どりの萌芽（長崎県波佐見町）

きるだけ続けるのがコツである（写真25）。

株も充実する

夏秋どりの時期は気温が高く、収穫を放置すると、萌芽後二～三日か、遅くても三～四日で出荷規格に達して（長野県の一般的な出荷規格でいえば二六センチ以上になって）、規格に合った出荷ができない。頭部も早く開いて商品価値をなくす。

収穫し続けることが収量確保のうえからも実際的だし、前述のように翌年

写真26　夏秋どりは，立茎数が確保されていれば萌芽しなくなるまで，しっかり収穫する
ムラサキアスパラガスの露地長期どり栽培の夏秋どりの萌芽　（長野野菜花き試）

の株養成のためにも、夏秋どりは積極的に行なうことが重要である。

このあと、九月中旬以降は気温の低下とともに収量が減っていくが、早く収穫を打ち切って立茎しても擬葉の展開まで時間がかかり、そのぶん同化養分は浪費される。株養成のうえからはマイナスである。目標とする立茎数が確保されていれば、萌芽がなくなるまでしっかり収穫したほうがよく、翌年の春どりへの影響も小さくできる（写真26）。

2 夏秋どりの上手な管理、ポイント

茎葉整理で若茎の着色をよくする

アスパラガスの栽培は、春どりだけの作型から長期どりの作型まで、地域に応じて多様化しており、収穫茎の品質も時期によって異なる。夏秋どりの若茎が春どりにくらべて緑が淡いなどはその顕著な例であり、若茎の内容成分も収穫時期により異なる（表19）。

しかし市場評価はアスパラガスの若茎の色についてとりわけきびしく、淡いものの評価が低い。とくに西南暖地のハウス栽培で生産される夏秋どりにとっては、一番の課題になっている。

若茎の色は日射量が多ければ濃くなり、少ないと淡くなる。そこで、夏秋どりでは、株の下枝を五〇センチ程度かきとり、垂れた枝先をカットして、光を株元まで入れてやる。こうすると、緑色のきれいな若茎が得られるようになる。あまり過度に整枝すると光合成による同化生産を低下させ、株の力をそぐことになるので、受光態勢を考えた整枝が必要である。なお、具体的な茎葉の整理方法については、このあとの一〇九頁から紹介する。

表19　収穫時期の違いが収穫時の若茎の色および内容成分量に及ぼす影響

（佐賀農研セ，1997）

収穫時期	若茎の色	総クロロフィル量	総ビタミンC量	可溶性糖含量
3月期	9.7	10.0	31.6	2.81
7月期	3.8	3.5	36.4	2.86
9月期	3.6	3.2	35.4	3.06

注）調査日　3月期：3/1～3/31の平均値，7月期：7/7～7/31の平均値，9月期：9/2～9/24の平均値

若茎の色　日本園芸植物標準色票を基に緑色を1（淡緑）～14（濃緑）の14段階にランク分け

総クロロフィル量，総ビタミンC量（以上，mg/100gf.w.），可溶性糖含量（g/100gf.w.）

遮光、換気、散水で高温対策を

夏秋どりの管理作業で重要なのは、高温対策である。

一五～二〇℃が光合成の適温であるアスパラガスにとって、夏季の栽培環境はただでさえ有利な条件ではないうえに、ハウス半促成栽培などでは、熱くなったハウスの天井に茎葉がふれて焼けてしまったり、通路まで繁った茎葉のためにハウスの中がムレて、病気が発生しやすくなったりする。高温が続くと、異常茎も増加しやすい。

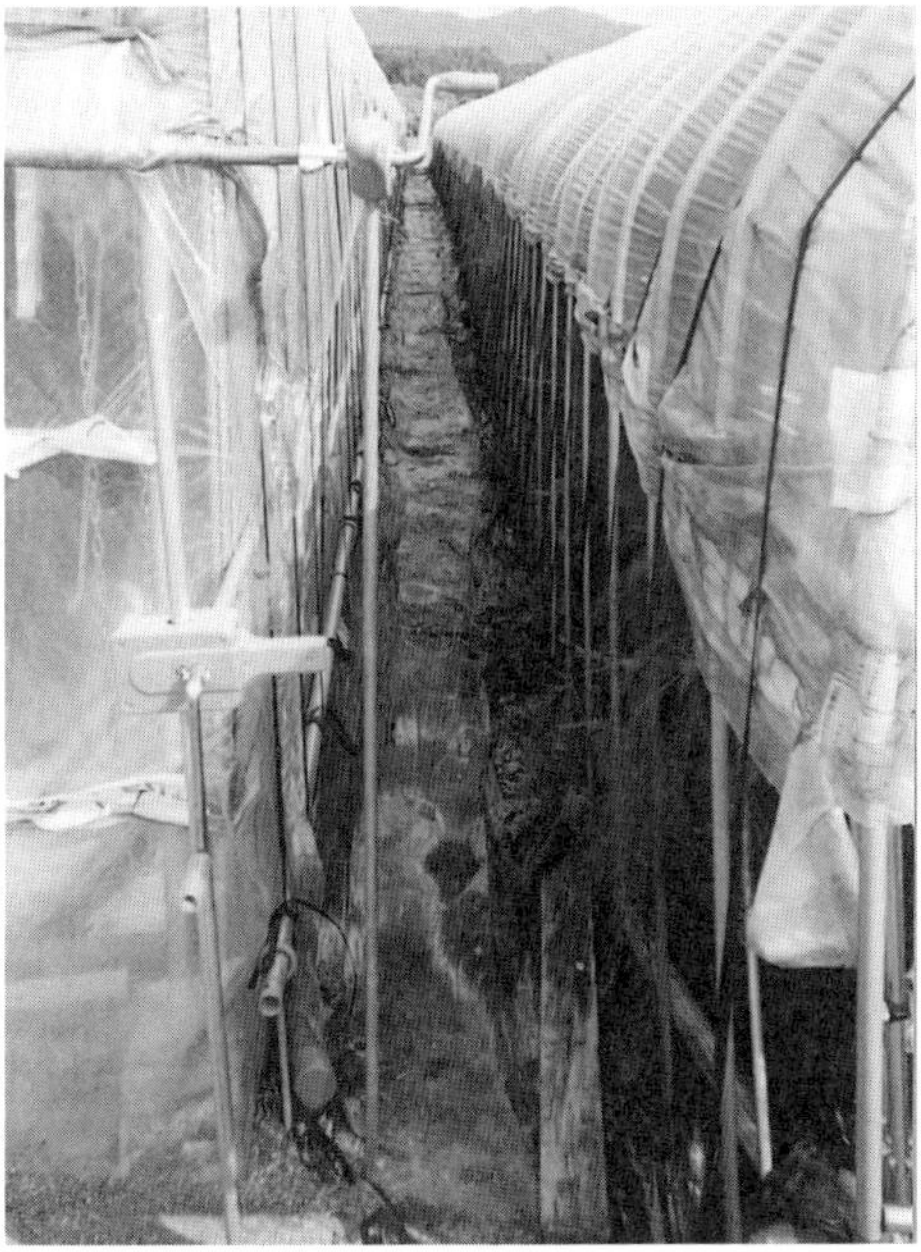

写真27　ハウスサイドの開放（熊本県菊鹿町）

夏季の高温対策としては、遮光、換気、散水などが有効である。遮光は「レディソル」のような遮光剤を水で希釈してハウス表面に吹き付けたり、寒冷しゃを使って光量を調整するが、注意して行なわないと日射量を減らして、収穫期の品質を落としたり収量を低下させることになる。

また、ハウス半促成栽培では換気が有効であり、換気の方法には換気扇による強制換気方式と、自然換気方式がある（写真27）。

自然換気はハウス内外の温度差と自然の風力を利用して行なうもので、換気の効率はハウスの大きさなどによっても異なり、連棟より単棟が、また換気窓が高い位置で大きいほど効率がよい。

夏季の高温期には茎葉頂部の位置では五〇℃程度まで上昇する（一三七頁の図65参照）。換気窓はハウスサイド面に加えて効率を上げるために妻面にも設置するのがよい。もっとも効率的な換気はハウス天部の開放、つまりフルオープン化であり、とくに寒冷地の間口二・四メートルのハウスでは夏季はハウス被覆をはずす農家も多い。

間口六・〇メートル程度の大型のハウスでも、近年、ハウス天部のビニールを巻き上げるフルオープンハウスが建てられている。ただし、フルオープン化した場合、茎枯病などの病害の発生が被覆しているハウスより多くなるため、病害防除を徹底する。

散水は、かん水として行なうことが多い。水の気化熱を利用してハウス内の温度を下げるもので、地下水などを利用すればさらに効果が高まる。朝から昼までにかん水すると、気温の高い日中に盛んに蒸発して効果が高い。

冷水がかかるとパープルスポットがこわいが、高温対策が必要なほどのこの時期には、直接、株にはね上がりがなければ、春や秋ほどの影響はないと考えられる。茎枯病、斑点病も同じである。

収穫は朝夕二回行ない、ムレに注意する

この時期、アスパラガスの若茎は急速に伸びる。一五センチまで伸びると、あとは夜間に一気に伸びる（図43）。このことが若茎の着色を悪くする原因の一つになっている。そこで、夏秋どりは一日に朝夕二回収穫する。

また、品温が高いと呼吸など生理代謝活性が強く、品質が低下しやすいので、とくに夕方に収穫するぶんについては、予冷や保冷を行なう。出荷資材も気温が上昇しだしたら段ボールから発泡スチロールに替えて鮮度保持に努めるなど（写真28）、品質の維持を図ることが重要である。長野県ではゴールデンウィークを境に段ボールから発泡スチロールに切り替えている。

また、朝露程度なら調製中に乾くが、降雨時などに収穫して若茎に水滴がつい

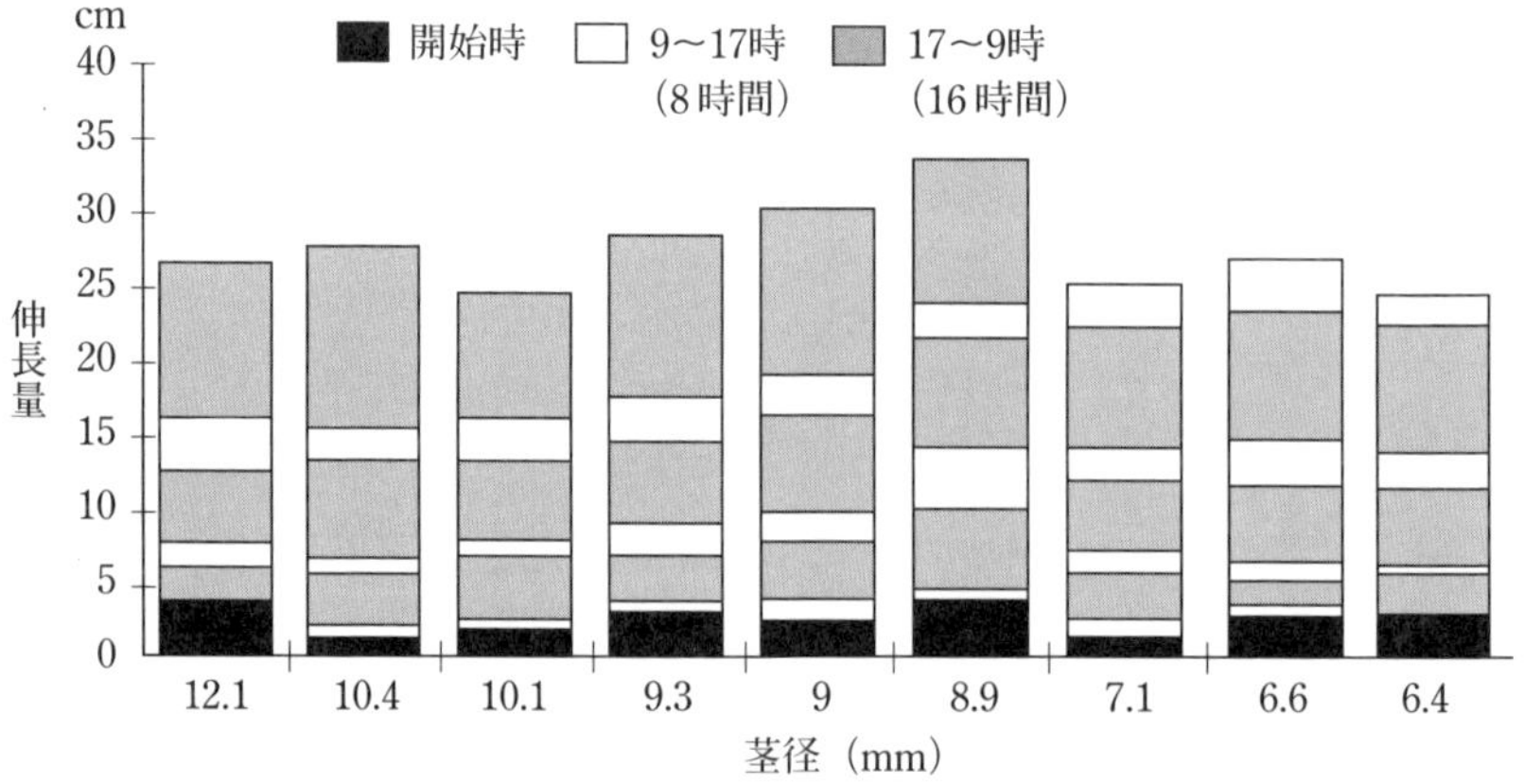

図43　アスパラガスの茎径の違いと時間別伸長量　（1996.7/29 ～ 8/4）
（香川農試三木分場，1996）

品種：ウェルカム

てそのままにしていると、出荷箱の中でムレて品質が低下しやすい。収穫後は、調製段階まで穂先を上にして水切りをよくしておく。ただし、若茎の水分含量が二〜三％失われると、しおれやツヤの低下に結びつくので注意する。

秋田県の露地長期どり栽培で、夏秋どりの流通中に軟腐病の発生が報告された（二〇〇二年）。二五℃以上の高温多湿条件下で発生が多く、発症すると悪臭をともなって軟化、腐敗する。詳細は不明だが、ほ場の排水性を改善するとともに、整理した茎葉はほ場外へ持ち出し、収穫時に穂先が傷んでいるものはとり除くことが必要である。

写真28　断熱効果の高い発泡スチロールを使った出荷
（JA北信州みゆき産，東京大田市場）
アスパラガスは寝かせておくと，穂先だけが上へ伸びるので，軸を立てて詰める

異常茎の発生を抑える

近年、ハウスによる長期どり栽培の普及や異常気象の多発にともなって若茎の生育異常が多く報告されている。異常茎は、大きくは若茎の頭部と、若茎全体の症状とに分けられ、前者は頭部の開き、裂開、曲がり、発達不良、後者は、細茎、曲がり、扁平、捻転、空洞、パープルスポットなどがある。

異常茎についてはまだ不明な点も多いが、露地栽培にくらべてハウス半促成栽培で、普通栽培にくらべて二季どり栽培や長期どり栽培で、寒冷地にくらべて西南暖地で発生が多くなっている。異常な気温や地温、土壌の乾湿、土壌養分の過剰やアンバランス、同化養分の転流バランスの悪化などが影響していると思われる。

①若茎の頭部の開き

頭部の異常茎の過半がこのりん片葉の開きで、とくに夏秋どりの行なわれる高温乾燥期と、春どりでは収穫が進んで貯蔵養分を消耗した頃に発生が増える。春どりでは、茎葉を展開して、早く生殖活動を行なおうとするためである。

高温乾燥時には、収穫回数を増やして適期収穫に努め、かん水を行なって過度の乾燥を防ぐ。春どりでは、若茎の頭部の開きが多くなってきたら早めに春どりを打ち切るなどで対応する。
なお、夏秋どりの若茎の頭部の開きはスリップスがりん片葉に入りこんだ場合にも起こり、やはり商品性が低下する。

写真29　若茎の頭部がはじけとんだような爆裂茎
（長野野菜花き試）

②爆裂茎とタケノコ茎

爆裂茎は若茎の頭部が裂開する生理障害で、梅雨期から夏秋期にかけて発生が多くなる。一年株や一〇年株以上の多年株に少なく、生育が旺盛な二～六年株程度の若年株に多いのが特徴である（写真29）。

乾湿の差が激しい場所で発生しやすく、かん水直後に多くなる。とくに水口では発生が多い。

爆裂茎の株を見ると、赤い実をつけた雌株であることが多い。雌株は、雄株にくらべて若茎の太さが揃わず、太茎が出やすい。立茎時も太い茎を残しがちである。そのために、雌株では高温下で土壌水分や土壌養分のバランスがくずれると、爆裂茎が出やすい。爆裂茎が発生した株は、翌年の立茎時になるべく細めの養成茎を立てるようにするとよい。若茎の横肥大が異常に進行するタケノコ茎も、極端に太い茎を立茎した場合に発生が多く、この症状が進むと爆裂茎となることが多い。やはり細い茎を立茎するようにすることで防げる。

③パープルスポット

パープルスポットは露地栽培に発生が多い生理障害で、若茎の基部を中心に紫色の小斑点が見られ、天候がよければ一週間程度で消える。しかし発生した若茎は販売できない。早めに収穫し、後からの萌芽を促すのが得策である。

パープルスポットは一八℃以下の低温条件下で、降雨後に発生することが多いので、敷きワラをして降雨のはね返りを防いだり、かん水時、水が直接に若茎にかからないようにする。うねの間かん水を行なったり、かん水チューブを使う場合、下向きに水が出るように調節する。ドリップチューブによるかん水もよい。また、冷えた水でのかん水は避ける。

生育診断の観察ポイント

夏秋どりの生育は、一つは日収量が安定しているか、増加傾向にあるかどうかで判断できる。目標とする収量を下回り続けるようだと何か問題がある（①減収）。

また、養成茎の色や側枝の伸びも判断のポイントである。晩秋期に黄化するまで濃緑色でツヤがあり、側枝は擬葉が長く伸びだし、茎葉をゆすっても落葉がなければ順調な生育と判断してよい。若茎の色が不良でツヤがなく（②）、茎葉が落葉する場合は（③）、問題がある。

萌芽する若茎の太さも重要な生育診断指標である。L級以上の割合が低い場合には、株の草勢が弱いか（④草勢不良）、養成茎が全体的に細めである（⑤立茎不良）と考えられる。

健全な生育を妨げる原因として、①②③④は病虫害が、①④は高温障害、かん水不足、排水不良による根の障害や強風による物理的損傷などが考えられる。②③もその程度がひどければ発生する。また、⑤は立茎の失敗であり、場合によっては追加立茎や立茎の更新を行なう必要がある。

もちろん、ケースバイケースであり、原因をひとくくりにすることはむずか

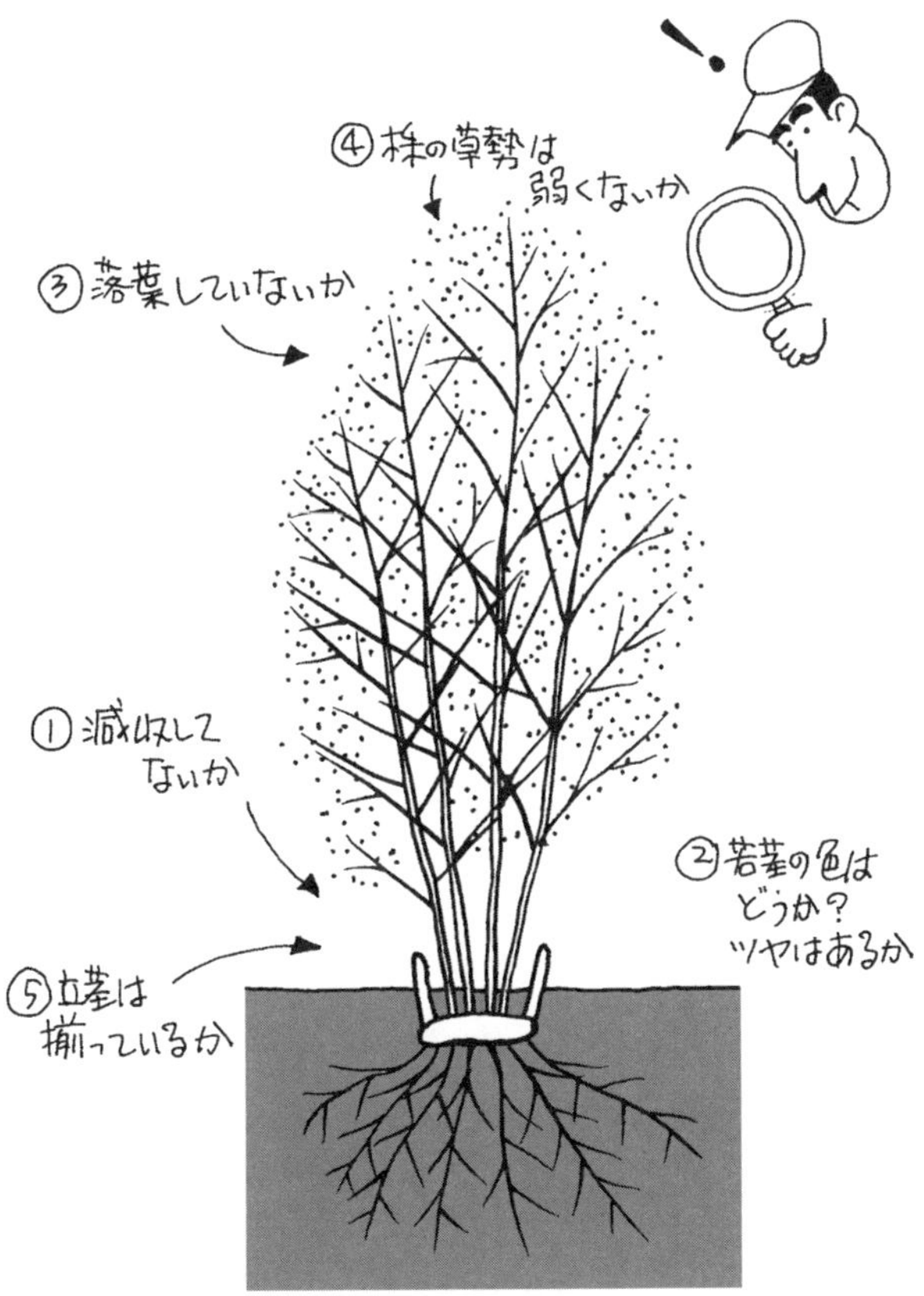

図44　生育診断の観察ポイント

しいが、生育不良と判断された場合には早めに対策することである（図44）。

3 かん水と施肥

追肥より大きいかん水の増収効果

アスパラガスにとって、かん水は追肥以上の力を発揮する（図45）。

アスパラガスは、若茎の水分含量が九三％ほどあることからもわかるように水を潤沢に必要とし、株全体の水収支（吸水～蒸発散）が大きい作物である。夏の晴れた日で一日四ミリ、一週間で三〇ミリ程度は必要とし、水が十分ないと株は乾燥してりん芽が一時的に休眠状態となり、萌芽数も減ってくる。こんな状態で施肥したとしても、ほとんど効果は見られない。

したがって夏秋期の草勢を維持するには、重要度としては、かん水→施肥という順序で考える。

夏季のかん水は少量多回数で行なうのがよく、一五～二〇ミリ程度を週二回程度はかん水する。土壌水分計を設置し、pF一・八～二・〇程度で管理するとよい。また、梅雨明け後の高温日照下では茎葉からだけでなく、土壌からの蒸発散量も増加するので、ときおりうね間かん水も組み合わせて、積極的に水を供給する。

萌芽停止以降のかん水も大事

アスパラガスは、秋になり萌芽が止まってからも光合成をやめていない。この同化養分の蓄積を続けている。この貯蔵養分が翌年の萌芽につながるのである。したがって、秋季には茎葉の整理は行なわず、一定の繁茂状態を維持する。そしてこの草勢を保つために、やはり十分なかん水が欠かせない。アスパラガスは、気温が下がり、霜が降りるなどして自然に枯れるのがもっともよい。途中で乾燥して、霜も降りないうちに黄化するようでは翌年の生産はおぼつかない。

また、萌芽停止後のかん水は、りん芽の生育も促す。りん芽は若茎が萌芽してくるその起点になる部位である。その形成にかん水は大きく関わる。翌年の収量と品質を大きく左右するのが、とくに萌芽停止後のかん水なのである（図46）。

排水性のよいほ場に

アスパラガスは停滞水に比較的強いが、二四時間以上となると根に障害が発生し、根腐病の原因になる。台風や集中豪雨などで株が長時間冠水したときは、水が引いたあとただちに茎葉を

■前年の施肥量・かん水量の違いによる翌年の春どりの収量差

（収穫期間　1992. 2/1～4/13）

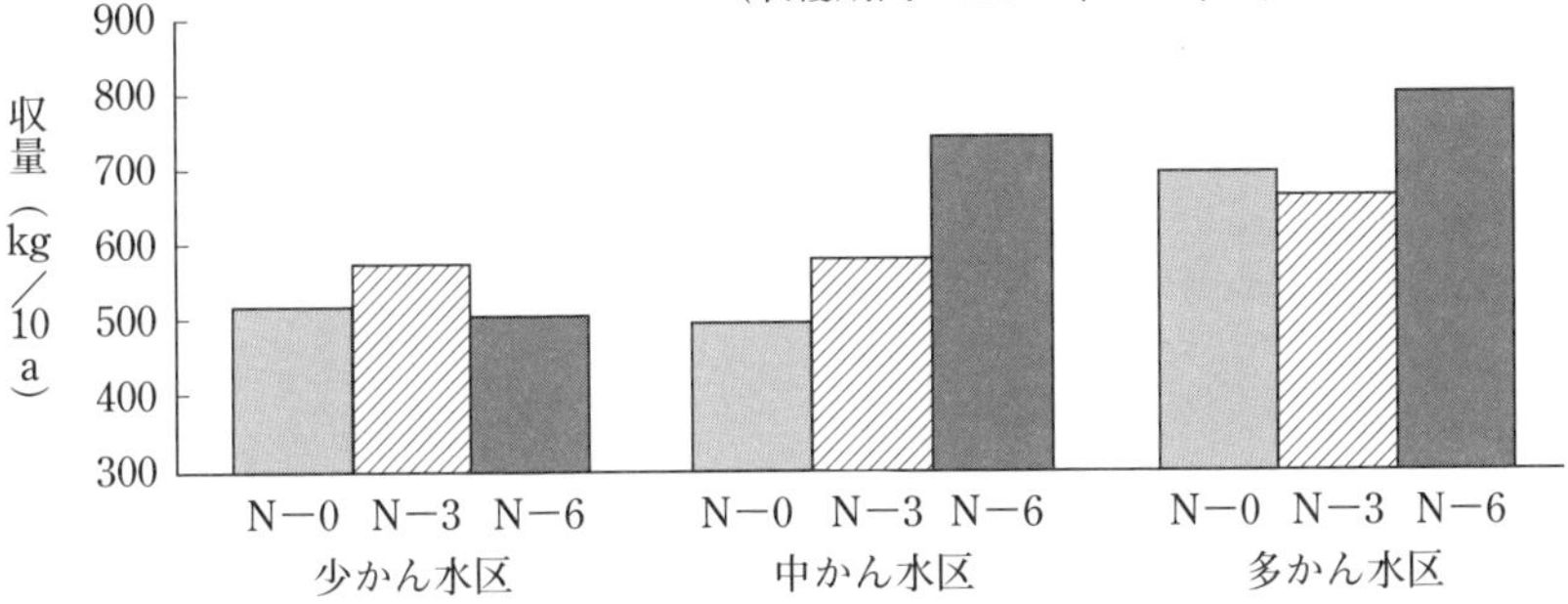

注1）少かん水：週1回，中かん水：週3回，多かん水：毎日1回2lとし，かん水期間は8/6～12/31

2）N－0：チッソ0kg，N－3：月1回チッソ合計12kg，N－6：月2回チッソ合計24kg，1回にチッソ成分で3kg/10aとした

■施肥量・かん水量の違いによる夏秋どりの収量差（2年株）

（収穫期間　1993. 5～10月）

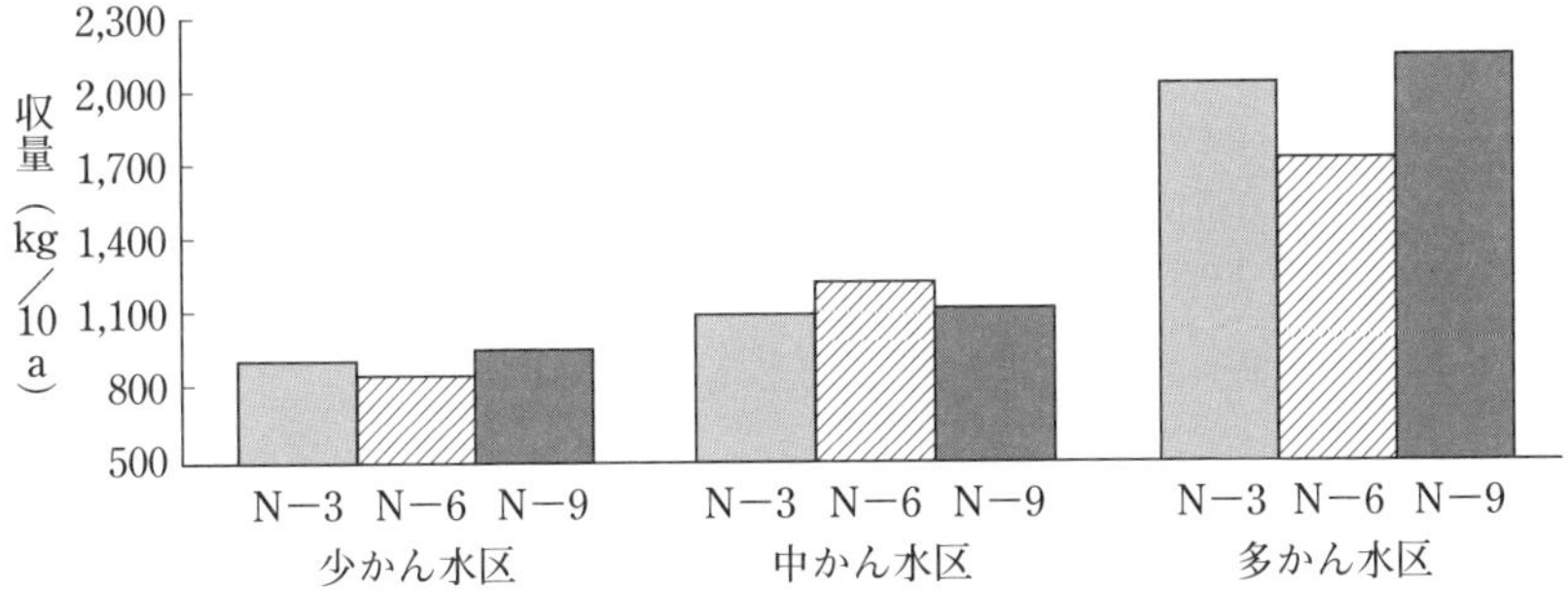

注1）少かん水：週1回，中かん水：週3回，多かん水：毎日1回2lとし，かん水期間は5/1～11/20

2）N－3：チッソ3kg/回で合計24kg，N－6：チッソ6kg/回で合計48kg，N－9：チッソ9kg/回で合計72kg

施肥は5～9月に21日間隔で施用した

図45　施肥量・かん水量による収量の変化（佐賀農研セ，1992～1993）

洗い流して、殺菌剤を散布する。葉面散布剤を混用すると株の回復に有効である。また、排水の悪いほ場では暗きょを設けるなど、排水対策を事前に行なっておく。排水のよいほ場のアスパラガスは増収する。

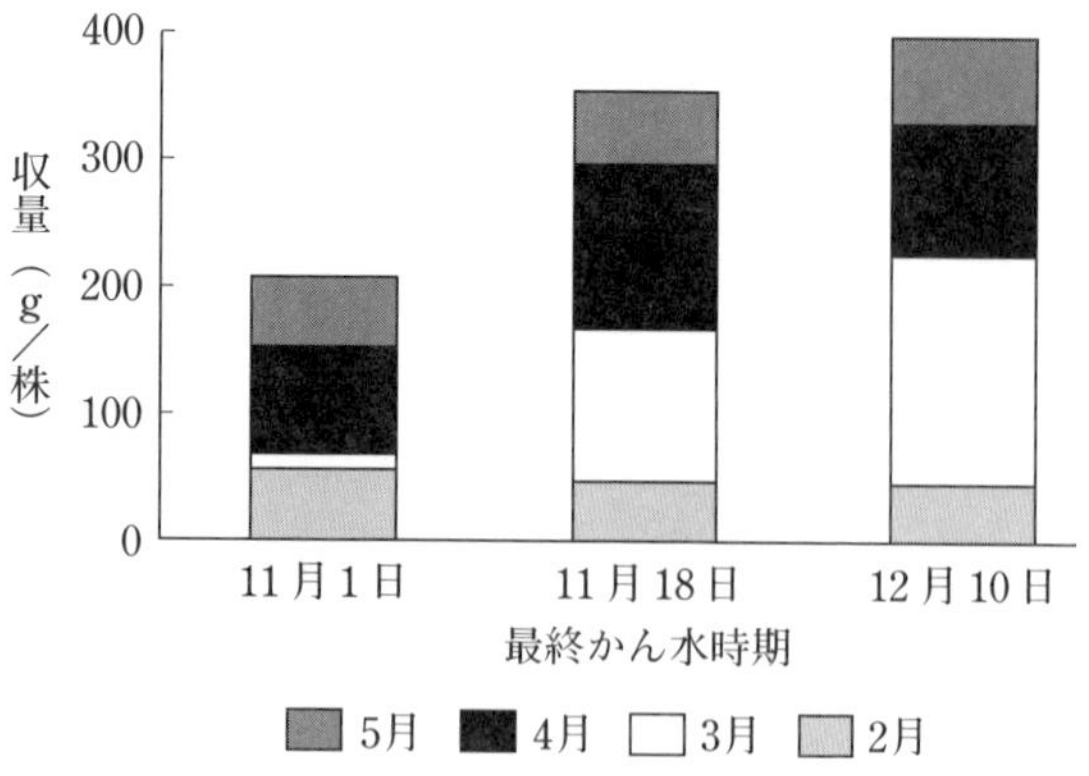

図46　前年の最終かん水時期の違いと春どりの月別収量
（佐賀農研セ，1994～1995）
品種：ウェルカム，1aの1/2000のポット

追肥の判断

以上のかん水管理を前提に、夏秋どりでは定期的な追肥も必要である。追肥は、草勢の維持と、新しいりん芽の形成に用いられる。

アスパラガスの根は、地上部の環境を受けやすい浅いところに多く分布するため、追肥はチッソ成分を主体にした速効性のものがよく（NK化成や、カリ過剰の場合は尿素や硫安など）、肥効を高めるために、追肥後に必ずかん水を行なう。一回に多くやるより、少なくてもよいから回数を分けたほうがよい。一回に一五～二〇ミリ程度、週に二回程度は実施する（pFで一・八～二・〇が目安）。また、下からの施肥とともに上からの葉面散布も効果的で、擬葉の色が薄くなってきたらメリットなどを散布する（表20）。

追肥は、立茎開始後三〇日を過ぎた頃から始めて、寒冷地では八月下旬まで、西南暖地では九月下旬に終えるようにする。施肥量は、寒冷地では半月にチッソ成分で一〇アール当たり五キロ、西南暖地では月に七～八キロ程度が目安である。あまり遅くまで肥料が効いていると、同化養分の転流が悪くなり、株養成にマイナスになるので、夏秋どりの収穫が終わる頃には、追肥も打ち切ったほうがよい。これ以降の草勢の維持はかん水で対応する。かん水量は先ほど述べた程度でよい。

追肥とかん水がセットの養液土耕栽培

こうしたアスパラガスの追肥作業を効率的に行なえるのが「養液土耕栽培」で、労力軽減にもなる（図47、写真30）。

表20　アスパラガス雨よけ栽培における葉面散布肥料の施用と春どりおよび夏秋どりの収量・品質（6.0m²当たり）　　（長野南信農試，1996）

〈春どりの収量・品質〉

試験区	総収量		上物重量比率（%）	上物収量（kg）	上物1茎重（g）	下物本数比率（%）			
	本数	重量(g)				細茎	曲がり	開き	その他
1. A肥料	67	1,396	86.1	23.3	20.9	25.4	2.4	1.5	1.1
2. B肥料	52	1,059	85.2	17.7	20.2	33.2	0.0	1.3	1.8
3. C肥料	47	1,012	86.4	16.9	21.4	32.2	2.4	1.4	2.0
4. D肥料	52	1,132	85.1	18.9	22.1	28.5	1.9	3.2	1.3
5. 無処理	55	1,281	87.9	21.4	23.3	23.4	2.6	2.6	2.0

〈夏秋どりの収量・品質〉

試験区	総収量		上物重量比率（%）	上物収量（kg）	上物1茎重（g）	下物本数比率（%）			
	本数	重量(g)				細茎	曲がり	開き	その他
1. A肥料	51	1,001	85.7	16.7	19.6	11.4	6.9	2.8	6.4
2. B肥料	43	744	72.3	12.5	17.5	23.2	9.2	2.1	5.7
3. C肥料	50	1,006	77.2	16.8	19.7	9.9	8.5	2.0	6.8
4. D肥料	39	810	73.2	13.5	20.8	11.1	11.6	4.3	8.2
5. 無処理	31	667	78.1	11.2	21.9	14.5	7.9	3.3	5.8

注）上物は6g以上で正常なもの
収穫期間：春どりは4月29日～5月29日，夏秋どりは8月15日～9月27日
供試品種：ウェルカム（3年株），栽植密度：うね幅150cm，株間40cm
供試肥料と成分量
1. A肥料：葉面散布用リン酸マグネシウム（リン酸55%，マグネシウム15%）
2. B肥料：N 7.0，P_2O_5 4.0，K_2O 3.0，Mn 0.1，B 0.05，Fe 0.08，Cu 0.02，Zn 0.05，Mo 0.011%
3. C肥料：N 30，P_2O_5 10，K_2O 10，Mn 0.1，B 0.05，Fe 0.02，Cu 0.01，Zn 0.05，Mo 0.011%
4. D肥料：N 46%
処理方法：500倍液，30l/aを背負い噴霧器で全面茎葉散布，処理回数5回（月/日：前年の8/7，8/22，9/4，9/18，10/2）

養液土耕栽培は、点滴チューブでかん水しながら、同時に施肥もしていくというシステムだが、かん水との「組み合わせ効果」が高いアスパラガスの施肥、とりわけ追肥作業にはもってこいといえる。実際、増収効果も高い。

長野県南信農業試験場が行なった慣行栽培との比較試験では、立茎時から利用しても、追肥として利用しただけでも、どちらも増収している（図48）。かん水量、施肥量とも同じ条件ということから考えると、単なるかん水の効果というより、施

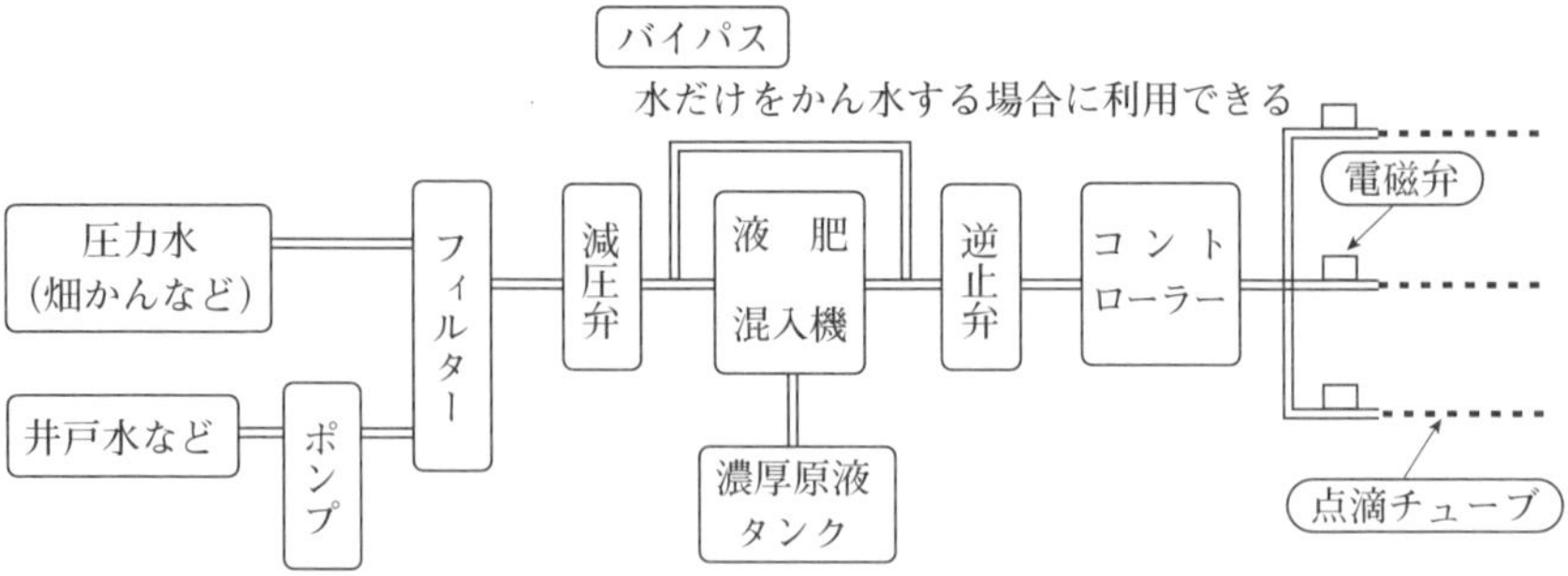

図47　養液土耕システムの基本的模式図

写真30　施肥効率が高く，省力的な養液土耕栽培(長野県飯田市)
右は，簡易コントロール装置の「らくらく栽培システム」
(長野南信農試)

肥効率のよさによる増収効果と思われる。

養液土耕栽培を、完全なシステムとして導入しないまでも、点滴チューブやかん水チューブなどを用いて、かん水の際に液肥を加えて流すといった工夫は試してみるとおもしろい。

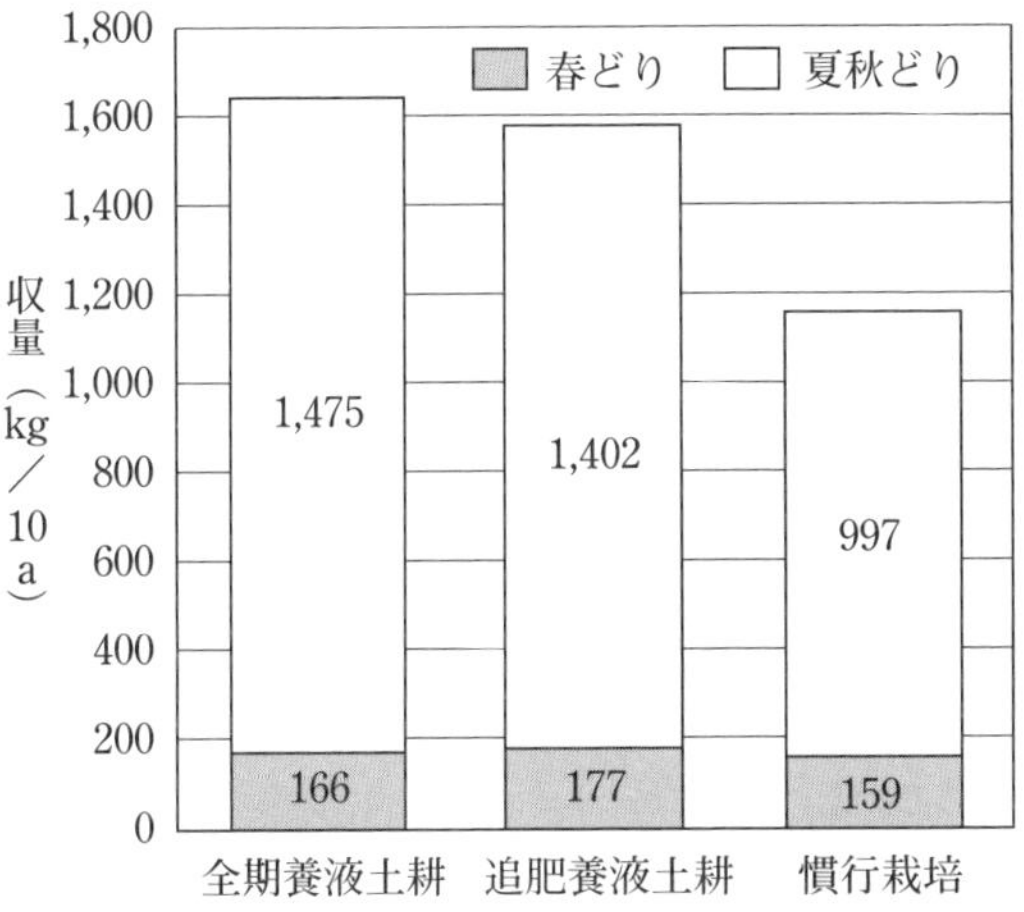

図48　アスパラガスの養液土耕栽培における収量
（長野南信農試，2001）

4 倒伏防止と茎葉管理

株はゆらさず、倒さない

夏秋どりの期間は、収穫と株養成を同時に行なう。茎葉に太陽光を十分に受けさせ、同化作用を活発に行なわせる重要な時期である。同化作用が十分でないと若茎の発生が減少するばかりか、翌年の春どりの収量も減収してしまう。その意味で株の受光態勢が大事だし、姿勢の維持がこの時期の管理のポイントになる。

ところが、アスパラガスはゆれに極端に弱い作物である。放任すると草丈が一五〇～二五〇センチにも伸び、倒伏して通路をふさいで、ほ場にも入れなくなってしまうほどである。立茎する前に、株をしっかり支える準備が必要である。

まず、春どりの収穫を打ち切る数日前、培土や除草剤散布などの土壌管理がすんだら、株の両脇に支柱を二～三メートル間隔で立てる。支柱には直径一九ミリ、長さ一三五～一五〇センチ程度の直管パイプなどを用いる。

次に、この支柱に、マイカー線やフラワーネット、フラワーネットを改良したアスパラガス専用の「アスパラネット」（JA北信州みゆき・JA中野市で購入できる）を二段張る（図49）。マイカー線やネットは、一段目はうね面より五〇～六〇センチ上、ちょうど下枝かきをする位置に、二段目を一〇〇～一二〇センチ程度の高さに水平に

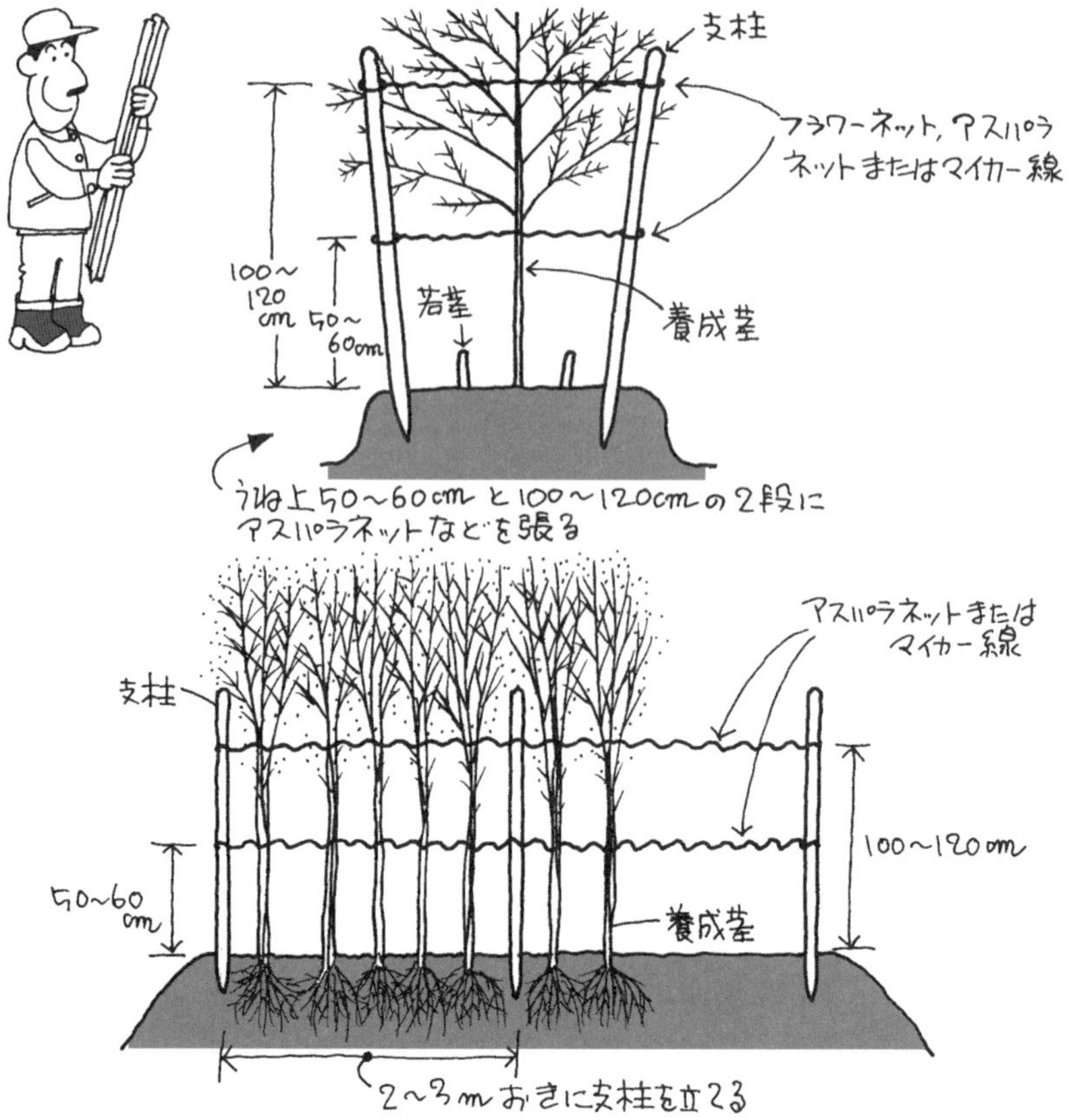

図49　アスパラガスの倒伏防止対策（茎葉支柱の立て方）

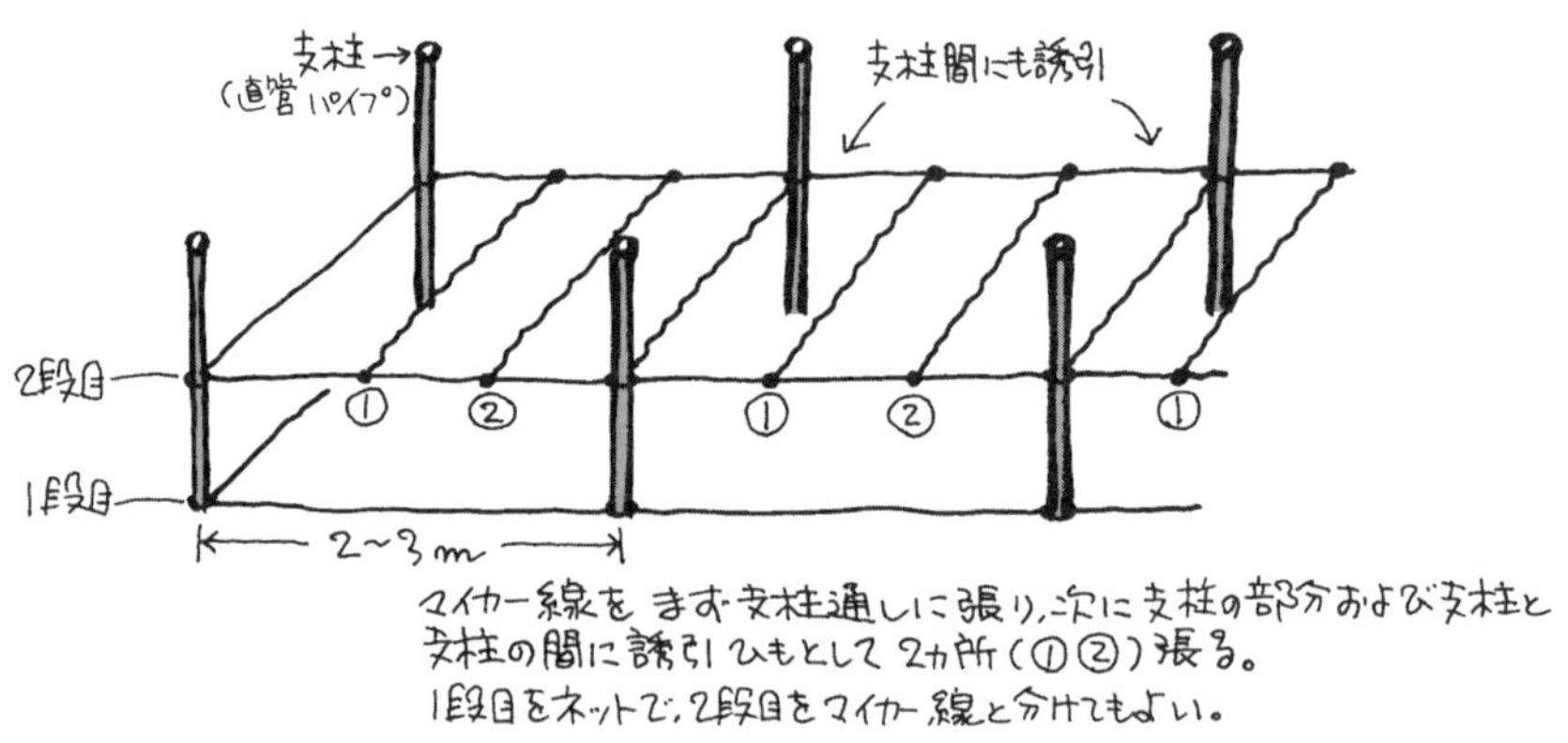

図50　倒伏防止用のマイカー線の張り方

張る。マイカー線の場合は図50のように、まず周囲に張ったうえで、支柱間に二〜三本程度引っ張りを入れる（一本は向き合う支柱同士に張り渡す）。

こうしたネットやマイカー線を張って株の姿勢を支えることで、夏秋どりの作業性は向上する。広く空間があくところがあったら、そこを埋めるように茎葉を誘引する。受光態勢がよくなって、同化生産も高まる。

夏秋どりの後半は秋雨や台風シーズンと重なる。この頃からアスパラガスは翌年の株養成に入るため、倒伏するとダメージが大きい。支柱を点検し、茎葉の重さに耐えられるかを確認しておく。

なお、ネットは毎年張りかえて、片付ける。定植初年は、アスパラガスの生育に合わせて徐々に引き上げるが（六二頁参照）、二年目以降は立茎の前に二段張っておく。

茎葉整理の実際

夏秋どりの時期は株が込みやすい。適宜、腋芽かきや下枝かきを行ない、過繁茂にならないように注意する。また、摘心や間引きを十分に行ない、株元まで光線が入るようにする。作業はいずれも晴天の日を選び、切り口が早く乾くようにしたい。

摘心や間引きなどを行なうと、草勢が落ちやすいので、処理の前後には、かん水、追肥を行なって、草勢の回復に努める。病害のある茎葉や黄化した茎葉は、整枝の時期にかかわらず早めに除去する。

摘心はごく軽く、あまり低い位置で処理しない

摘心は、伸びてきた養成茎の先端を軽くカットして、一時的に伸長を止めるもので、受光態勢や通風の改善、台風被害の軽減、薬剤散布効果の向上などを目的に行なわれる。

しかし、摘心は、露地栽培では基本的に実施しない。摘心を行なうと茎葉が二次的に生育して、かえって株が込んでしまい、収穫茎の品質の低下や病害虫の発生をまねきやすいからである。

受光態勢や通風の改善を狙って摘心する人もいるが、しっかりと支柱を立て、フラワーネットを張って倒伏防止を徹底すれば問題はないし、葉面積の確保も、摘心より、茎葉の誘引で対処したほうがよい。倒伏防止でどうしてもというときも、垂れ下がった先端を軽くハサミでカットする程度にとどめる。摘心位置から伸びてきた側枝もハサミで切除する。

雨よけ栽培やハウス半促成栽培では、とくに夏秋どりで収穫茎の品質改善、作業性の改善のために、株の込み

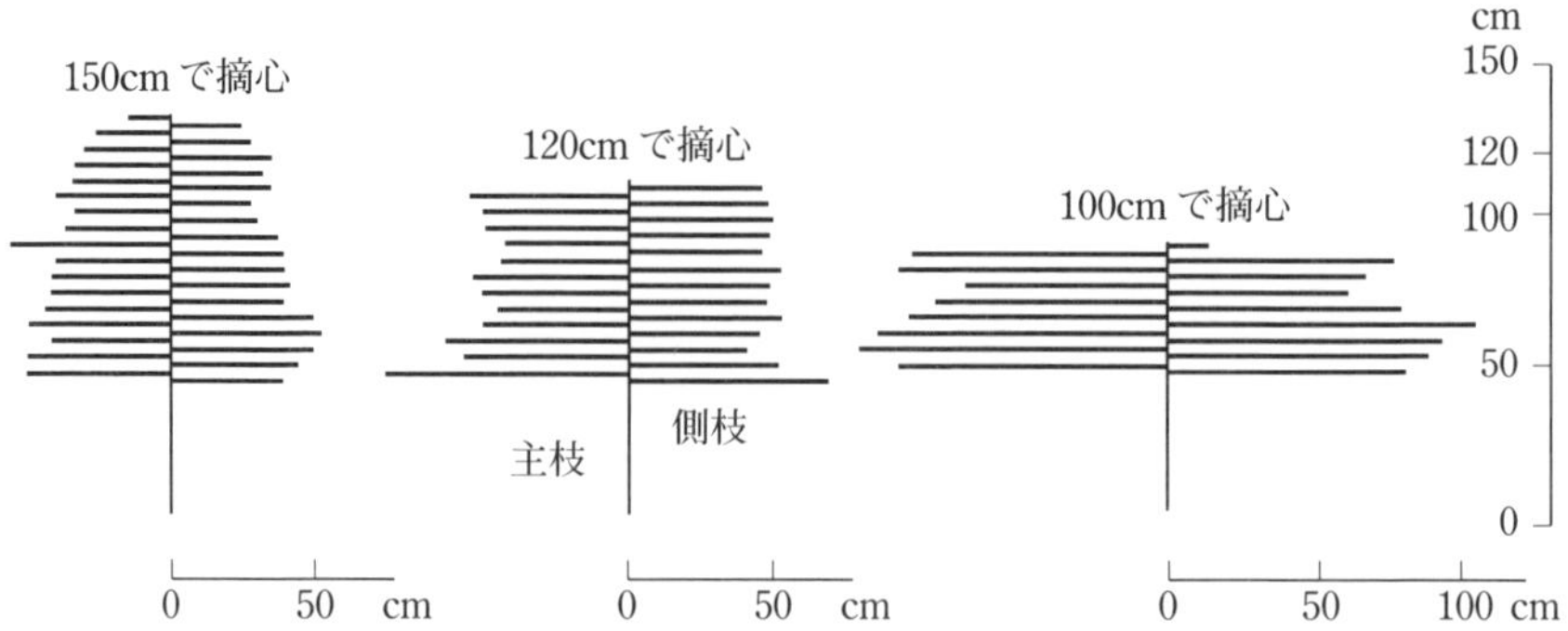

図51　摘心位置の違いによるアスパラガスの草姿　（長崎総農林試，1994）

中庸の養成茎の調査によって作図した。立茎開始は4月5日，調査は7月14日。摘心は先端が摘心予定位置に達した時点で行なった

具合によっては一定の摘心が必要な場合もあるが、このときも過度にならないようにする。

摘心の位置は、株元から一二○～一七○センチ程度とし、この高さに養成茎が伸び、摘心位置の側枝の擬葉が展開したあとに実施する。

図51は、摘心位置によって株の姿がどのように展開するかを見たものである。低くなるほど側枝の数が少なくなり、横に長く伸びている。こうなると受光態勢は悪くなり、収穫茎の品質の低下（とくに着色の低下）が避けられない。通風が悪くなるので株がムレて、病害虫も発生しやすい。作業性も悪い。摘心する位置をあまり低く下げないことが大事である。

露地栽培でやむなく摘心する場合も、あまり低い位置で処理せず、一二○～一五○センチ程度とする。ただし、一○○センチ以下になると減収するので、注意する。

通路が見通せる程度に側枝を整理

夏秋どりの収穫が始まってしばらくすると、株の中段から上の茎葉が込んでくる。放置すると受光態勢を悪くし、薬剤のかかりを悪くし、収穫の邪魔にもなる。そこで、立茎開始後六○日目頃からフラワーネットをはみ出て通路に垂れ下がっているような茎葉はハサミで切って整理していく。

整理は立茎状況に合わせて行なう。細く弱い立茎なら残す部分が多いし、草勢が強ければ、フラワーネット近くまで強く刈り込む場合もある。様子を見て判断する。その後は、月一回程度の割合で、うね間に伸び出た側枝を整

写真31　この程度に通路が見通せるとよい
（長野県飯田市，ハウス半促成長期どり栽培。7年株ほ場）

表21　アスパラガスの刈り込み方法の違いと作業時間
（香川農試三木分場，1997）

整枝方法	作業時間（分）
刈り込み鋏	350
ヘッジトリマー	120

注）作業時間：10a当たり2人で算出

写真32　下枝かきの目安は50cm程度とする（香川県観音寺市）
この高さにフラワーネットを張っておくと，うね中央の側枝の垂れ下がりを防ぐとともに下枝かきの目印にもなる

理する。香川県では電動のヘッジトリマーを利用して省力化している（表21）。

このほか、草勢が強い株からは盛んに腋芽が吹き出すが、こまめに手で摘まんで早めに除去する。

一度に強い整枝を行なうと草勢の低下をまねいたり、腋芽をさかんに発生させて、かえって過繁茂になったりする。整枝は片うねずつ、何回かに分けて行ない、うね間の手前から奥が適度に見通せる状態を維持する（写真31）。

五〇センチまでの下枝は整理

若茎が萌芽し伸長する空間をあけるため、下位側枝は一定の高さまで除去する。除去位置が高いほど株元まで光がよく入り、若茎の着色程度は上がるが、逆に収量性は劣り、若茎の頭部も開きやすくなる。収量や品質に下枝を除く高さが大きく影響する。

下枝かきの高さは五〇センチ程度である（写真32）。

この高さに倒伏防止のフラワーネットを張っておけば、うね中央の側枝の垂れ下がり防止とともに、下枝かきの目印にもなり、便利である。

5 注意する病気と害虫

アスパラガスは、霜にあたって自然に枯れるまで茎葉を健全に繁茂させることが、安定生産の一番のコツである。そのため、病害虫防除の適否が大きなカギを握る。

長野県におけるおもな病害虫の年間の発生消長は、図52に示す通りで、病気では茎枯病と斑点病が、害虫ではオオタバコガとスリップス（アザミウマ類）などがとくに問題となっている。西南暖地では、このほかハスモンヨトウが大きな問題になっている。

茎枯病と斑点病（写真33）

茎枯病はとくに露地栽培で被害の大きい病気で、立茎開始後に発生が多い。病原菌が活動しやすい気温になるうえ（一五〜二五℃）、茎葉が繁ってきて高湿度条件になるからである。雨やかん水のしずくにのって胞子が若茎の頭部に侵入して発病させ、茎葉が繁ってくると新しい病斑から二次感染する。感染した株は病気の進行にともなって枯死に至る。

一方の斑点病は、梅雨期や秋雨期など、とくに気温が徐々に低下し始めた頃から発病が顕著になる病気で、やはり過繁茂と降雨によるムレが感染を助長する。

これらの病気は、切り株や残さについた病斑で越冬し、翌年の伝染源になる。

防除対策としては雨よけが有効で（写真34）、かん水もなるべく茎葉に水

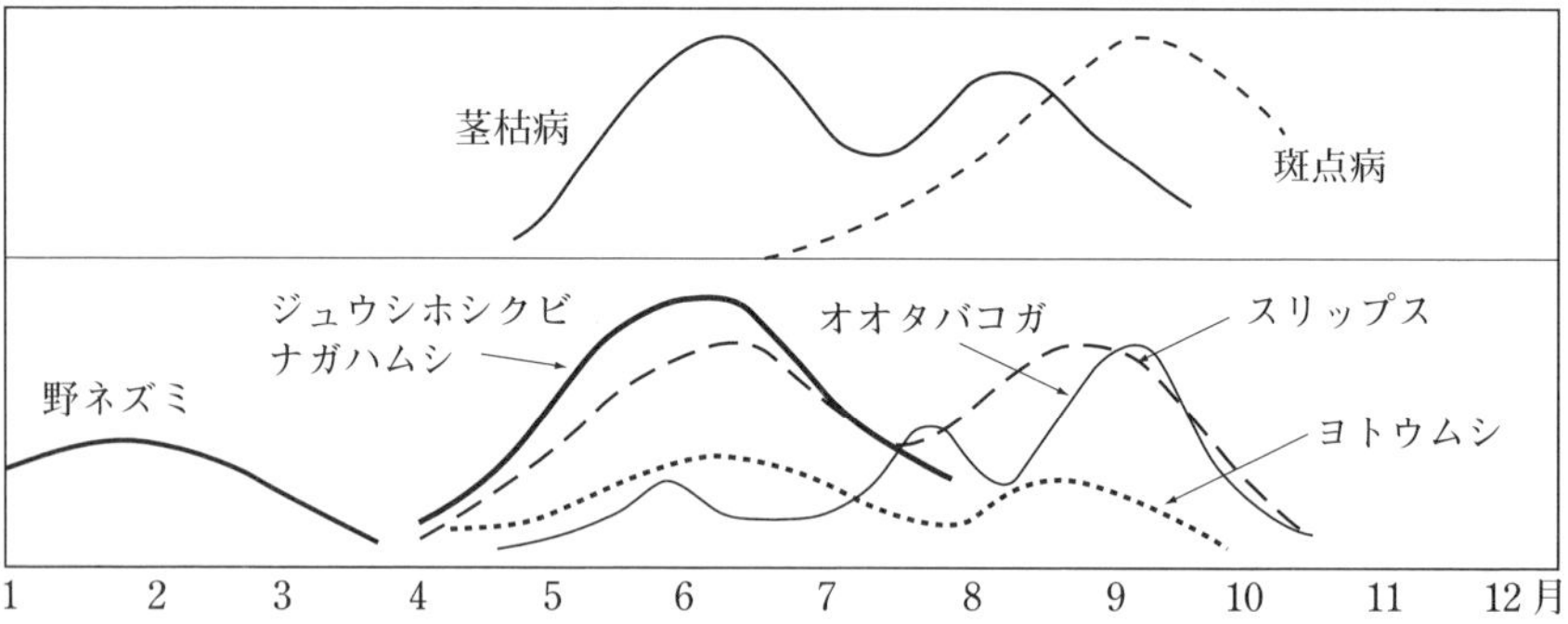

図52　年間のおもな病害虫の発生消長　（長野県）

がかからないように行なう。立茎開始後二五〜三〇日間はかん水をやや控えめにすることで、茎枯病の発生を軽減できる。

また、過繁茂を防止し、春どり打ち切り後はすぐに支柱を立てて倒伏防止に努め、一株当たりの立茎数も五〜六本程度に制限するとよい。そのうえで下枝をきれいにかいて、風通しを確保する。とくにハウス半促成栽培では、夏場のハウス妻面上部とサイドの開度を大きくして通風条件を改善する。こうすることで株の中がムレず、病気の発生が抑えられる。薬剤散布の効果も高まる。

薬剤散布は、茎枯病菌の侵入しやすい春どり打ち切り直後（立茎開始時）や梅雨期、秋雨期に集中して行なうと効果的である。逆に、梅雨明けからお盆の頃までは気温が高く、降雨もほとんどなくて、病勢が停滞するため、茎

写真33　茎枯病（上）と斑点病

茎枯病は梅雨時期からの集中防除が有効である。斑点病は，梅雨期や秋雨期を中心に防除する

写真34　露地長期どり栽培における簡易雨よけ

茎枯病，斑点病対策に有効（長野県飯田市）

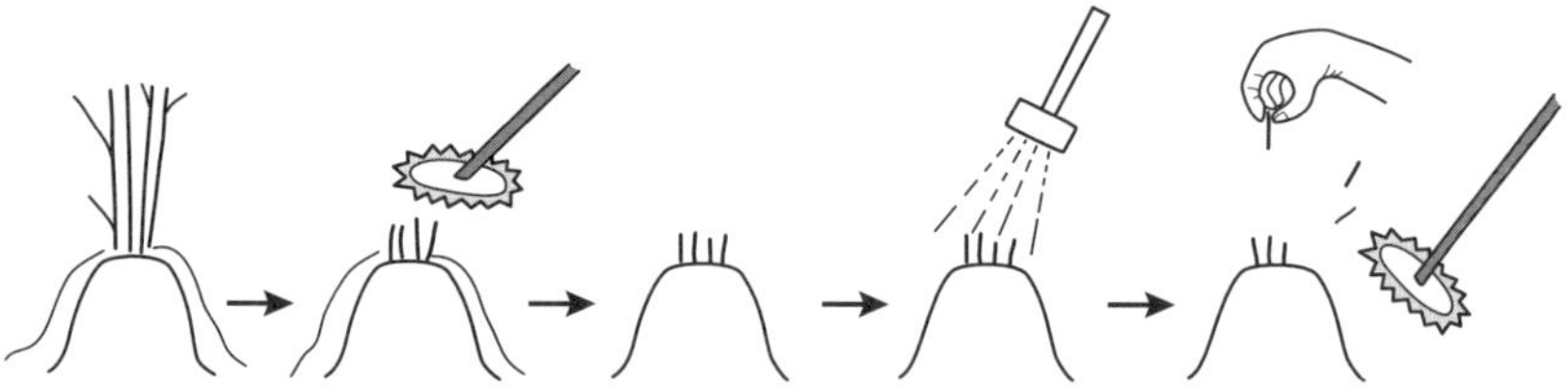

図53　休眠期の株の管理

残さはできるだけきれいに片付ける

枯病の薬剤散布を省くことが可能である。

　そのほか、被害茎葉を見つけたら刈りとってほ場外に持ち出すとか、切り株を抜きとって培土する、あるいは秋に地上部が枯れて残さを処理するときにバーナーで株元を焼却するなどの耕種的防除法がある（図53）。

アスパラガスの土壌病害

　アスパラガスの土壌病害には、おもに立枯病、根腐病、紫紋羽病の三つがある（写真35、36、37）。

　各病害とも発病すると有効な防除対策がなく、同一ほ場で何年も栽培するアスパラガスにおいては難防除病害といえる（表22）。

　立枯病の病原菌はフザリウム菌（*Fusarium oxyaporum*）によるもので、典型的な土壌病害である。多発すると至るところで欠株がでる。株を更新してもまた発生するため、厄介である。

写真35　立枯病の被害

（平子喜一 撮影）

生育期間中の若茎に発生する場合と，株養成期に発生して立枯れ症状を起こす場合がある。若茎に発生した場合は茎枯病と区別しにくい。写真は後者の場合

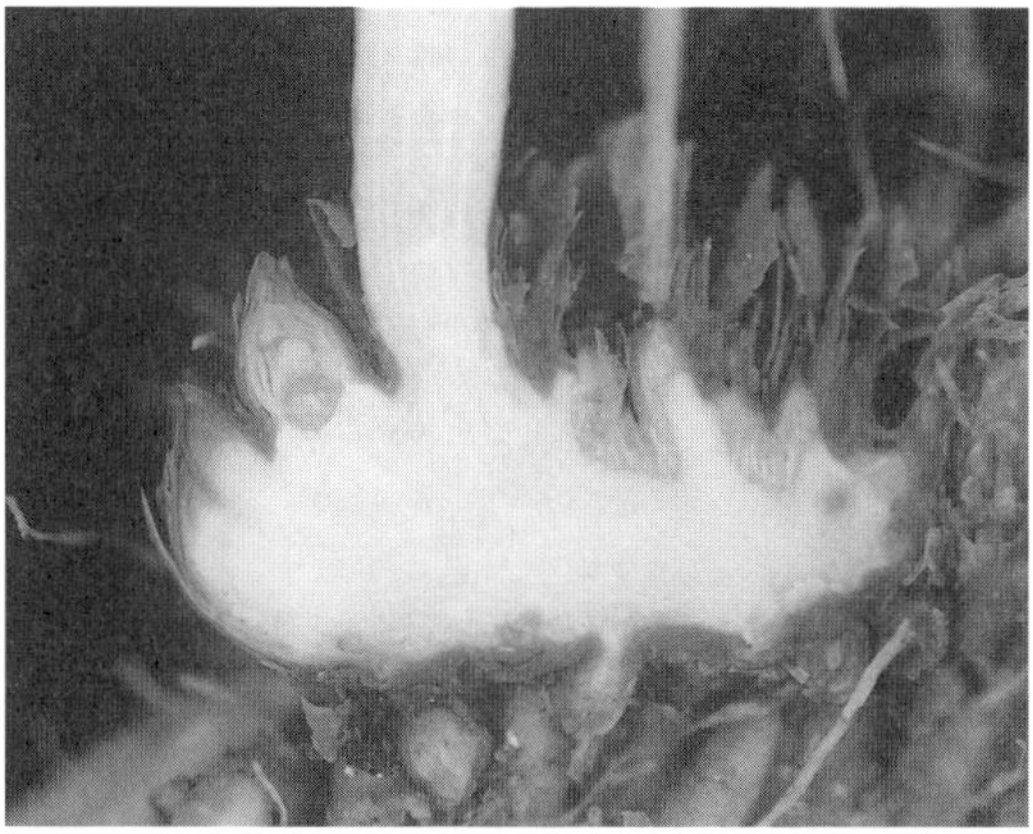

写真36　根腐病の病徴

（園田高広 撮影）

りん芽部に著しい褐色腐敗が認められるのが特徴。立枯病とよく似ているが，根部や茎部維管束の褐変は認められない（写真は，りん芽部の断面）

写真37　紫紋羽病の被害

（平子喜一 撮影）

根部を掘り上げてみると（左の写真）表面に紫褐色の菌糸や菌糸束がからみついているのが観察される

表22　長野北信農改管内の土壌病害の発生状況

（長野北信農改，2002）

調査箇所数	立枯病	根腐病	紫紋羽病	病原菌未検出	その他
12	3	4	1	3	1

注）調査方法は，地上部に立枯れ症状が現われている罹病株について菌の分離検査を行なった。病原菌の未検出は土壌病害でないと断定できないが，茎枯病の全身感染や湿害などによる土壌の物理性不全と考えられる。その他はフザリウム菌であったが，種の同定ができなかった

発生に注意し、発病株は早期に抜きとる。

耕種的防除としては排水をよくし、高うね栽培を行なう。薬剤防除では、トリフミン水和剤一〇〇〇倍などのスポット的なかん注処理が有効である。また、無病苗の使用や定植前のクロルピクリン剤による土壌消毒の徹底なども重要である。

根腐病は立枯病と同様、フザリウム菌（*Fusarium moniliforme*）による病害で、症状もよく似ている。見ただけで両者を区別することはむずかしい。防除対策は、立枯病と同様である。

紫紋羽病は、感染から発病まで数年かかることが多く、長年連作したほ場や桑園跡などに栽培した場合に発生しやすい。病原菌は、*Helicobasidium mompa*で、一度発生すると有効な手段がない。

スリップスとハダニ

害虫では近年、スリップスやハダニの発生が問題となっている（写真38、39、表23）。とくに夏場の高温時に、乾燥した条件で両種は急激に増える。雨よけ栽培やハウス半促成栽培などは、まさに打ってつけの環境になりやすい。ほ場は、その周辺も含めて草刈りをできるだけこまめに行なって、きれいにしておく。

ハダニ防除には、殺ダニ効果のある除草剤（アスパラガスの登録農薬ではバスタ液剤）を周辺の雑草防除に合わせて散布する方法が有効である。ただし、このときにアスパラガスにはかからないよう、十分に注意する。

スリップスの防除には、一ミリ目合いの寒冷しゃを一・五メートル程度の高さでほ場の周囲に張っておくと、外からの侵入を少なくすることができる。ハウス半促成栽培では、一ミリ目合いの寒冷しゃによる遮へいで、成虫の侵入を七割程度阻止できたという報告もある。スリップスの防除ではリサージェンスに注意して、作用性の異なる殺虫剤をローテーションで使用する

ことが望ましい。

オオタバコガ、ハスモンヨトウ、ジュウシホシクビナガハムシ

ハウス半促成栽培でハスモンヨトウやオオタバコガなどの害虫が多く見られたほ場では（写真40）、冬季にビニールをはいで低温に十分にあわせることで越冬虫を減らすことができる。

このうち、ハスモンヨトウは南方系の害虫のため、発生は西南暖地ほど多く、寒冷地に行くにしたがって少なくなる。生長が早く、

写真38　ナミハダニ（左上）とその被害
（ナミハダニの写真は，豊嶋悟郎 撮影）
寄生されると擬葉の緑色が淡くなり，被害が進むと黄色くなる

写真39　スリップスの成虫（右）とその被害茎
（スリップスの成虫は，豊嶋悟郎 撮影）
若茎の頭部が被害にあうとカスリ状になり，生長がとまって伸びなくなる

表23　アスパラガスに寄生するスリップスの分類
（長野北信農改，1999）

	ネギアザミウマ	ヒラズハナアザミウマ	ミカンキイロアザミウマ	不　明
7月29日	75.2%	2.8%	0.7%	21.3%
9月 9日	79.7%	0.2%	0.6%	19.5%
平　均	77.5%	1.5%	0.7%	20.4%

夏季に高温多照だと九～十月に大発生することが多い。

ハスモンヨトウやオオタバコガの防除は、幼虫の生育が進むと薬剤の効果が落ちるので、専用のフェロモントラップを設置して成虫の発生消長をよく見ておき（図54）、増えてきたら防除の準備する。成虫が増えてきたら産卵が始まり、防除時期の目安になるのである。

スリップス同様、薬剤散布はタイプを変えてローテーションで使用する。ハウス半促成栽培の場合には、四ミリ目合い以下のネットを張っておくと侵入防止効果が高い。

ジュウシホシクビナガハムシはほ場周辺の雑草や落葉下で越冬し、春になると、萌芽したアスパラガスに寄生して食害を始める（写真41）。気温が低い時間帯は株元の土塊の間や残茎にいて、気温が上がってくると若茎に上がってくる。防除にはこ

写真40　オオタバコガの被害

夏～秋に多く発生し，幼虫が若茎や擬葉を食害する

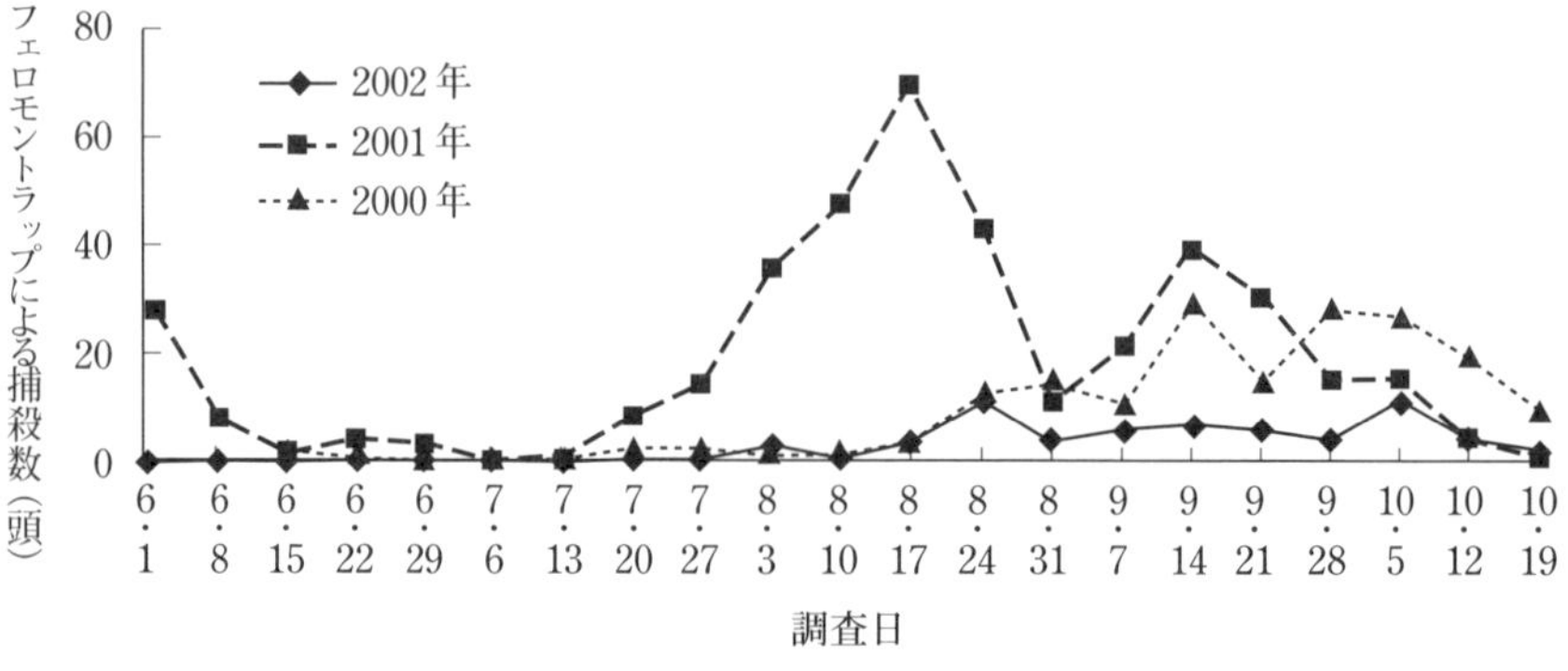

図54　最近3カ年のオオタバコガの発生状況（長野北信農改：長野県中野市）

の成虫が活動している暖かい日中に、薬剤を散布する。九月上～中旬頃に防除を徹底すると越冬量が減って、翌春の被害を抑えるのに効果的である。

写真41　ジュウシホシクビナガハムシの被害
（中澤斎 撮影）
春，萌芽が始まると寄生して食害する

安全な病害虫防除のために

アスパラガスは通年栽培されるため、ほかの野菜にくらべると、薬剤の散布回数が多い。また、茎葉が繁った株の姿も大きいので、一回当たりの被爆量も多く、一〇アール当たり五〇〇リットルの散布で一三・五ミリグラムの薬剤が全身に付着するという報告がある。

夏の高温時に、繁茂しているアスパラガスに薬剤散布をするのは大変な重労働だが、必ずマスク、ゴム手袋、ゴム長靴、フード付き防除衣を着用して散布し、散布後はうがい、洗顔、手洗いを行なう。散布直後は空気中にまだ薬剤が飛散しているため、ほ場での作業は散布後一時間以上経過してから始めるようにしたい。

手散布に代わる防除手段として、スピードスプレヤーや自走式アスパラガス専用防除機がある。薬剤の付着量は手散布にくらべて二六分の一程度で、手散布と変わらない防除効果が得られる。また、長野県での試験の結果、茎枯病や斑点病に用いられるZボルドーがラジコンヘリコプター用に登録がとれ（八倍液を一〇アール当たり八リットル）、現場で活用されている。

ラジコンヘリコプターを使った農薬散布
（長野県飯山市）

6 株の充実と茎葉刈りとり

夏秋どりは萌芽が停止するまで行なう

気温の低下に伴い、アスパラガスは萌芽量が減り、養分の転流・貯蔵が盛んになってくる。寒冷地の例でいえば、立茎開始から九月頃まではアスパラガスは光合成を行ない、養分を蓄えながら萌芽する。しかし十月を過ぎて、平均気温が一六℃以下になると、同化養分は萌芽にまわらず、ほとんど根に転流して翌年のために蓄えられる（図55）。長野市では、平年だと九月下旬頃に平均気温が一五℃を下回り、露地長期どり栽培の夏秋どりの萌芽は終了する（図56）。

一方、西南暖地の香川県では、夏秋どりの収穫最盛期は七月上旬〜九月上旬で、このうちL級規格の若茎（一八グラム以上）の最終収穫は最低気温が一五℃をつねに下回る十月上旬、収穫終了は十月下旬である（図57）。

最近は秋の気温が高めに推移することが多く、かなり遅くまで萌芽が続くことがあるが、あまり遅くまで収穫していると十分な養分の蓄積

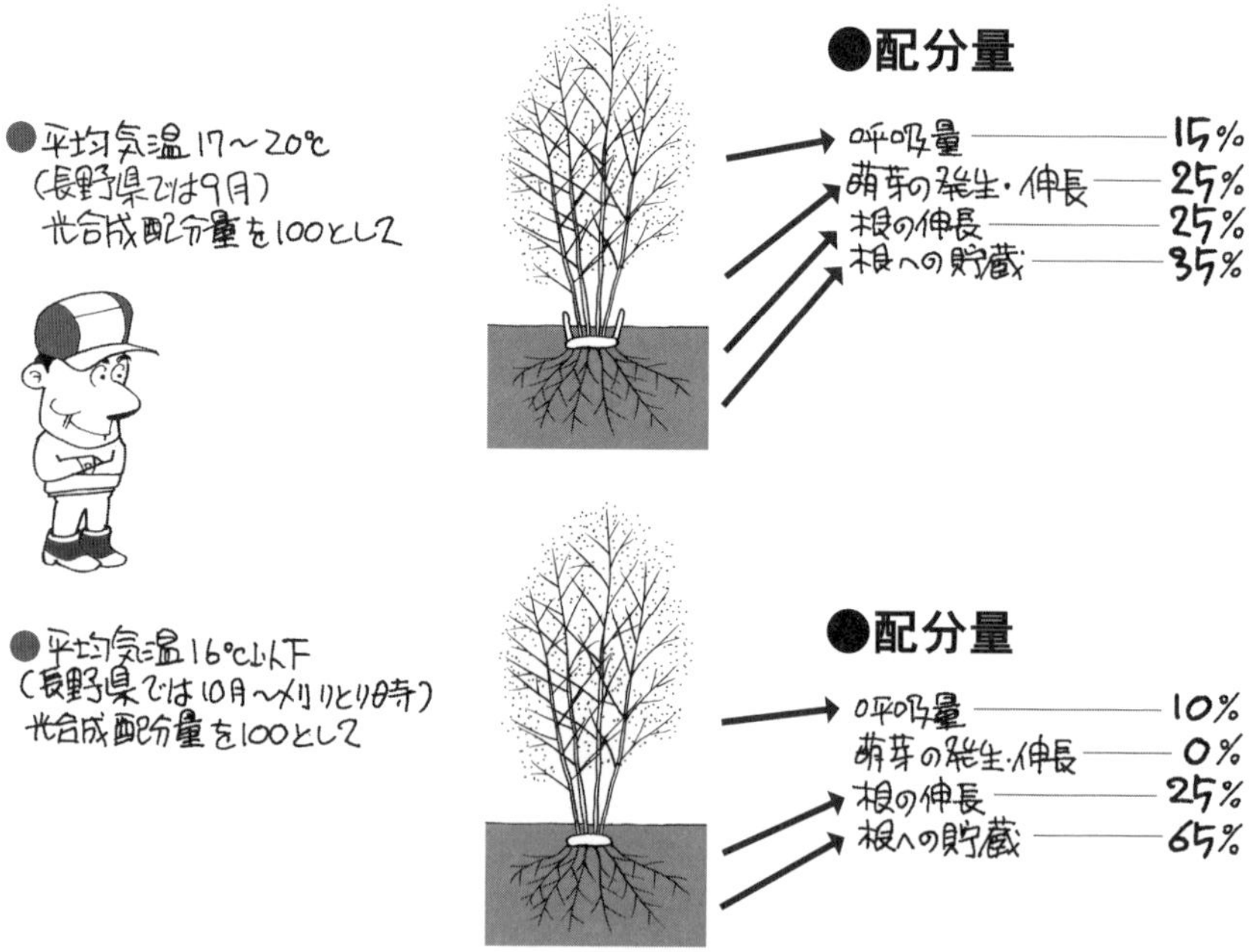

図55　気温とアスパラガスの光合成との関係　（清水敬自 原図，一部変更）

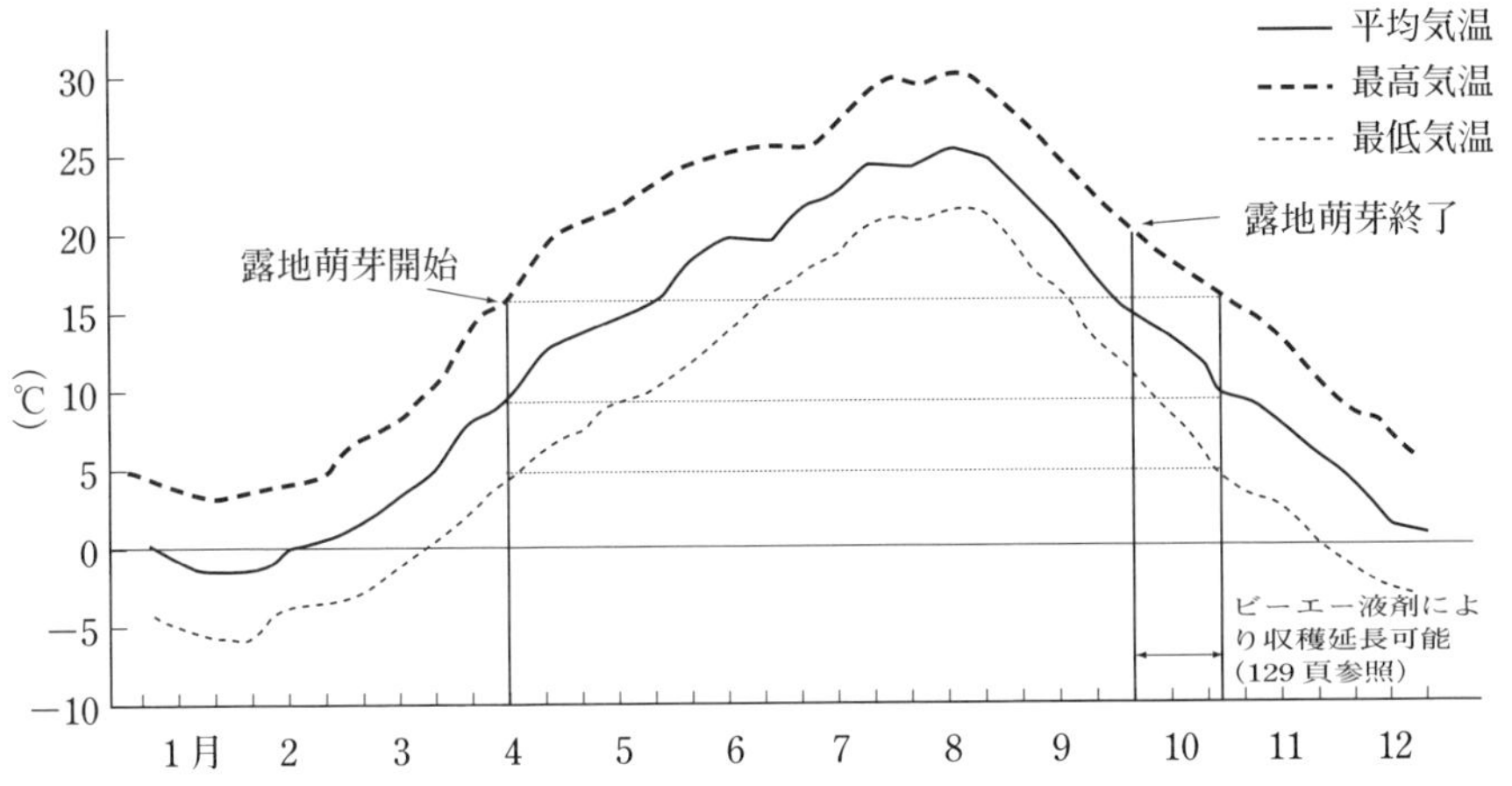

図56　寒冷地における旬別気温の平均値とアスパラガスの萌芽

（長野野菜花き試，長野市，標高346m）

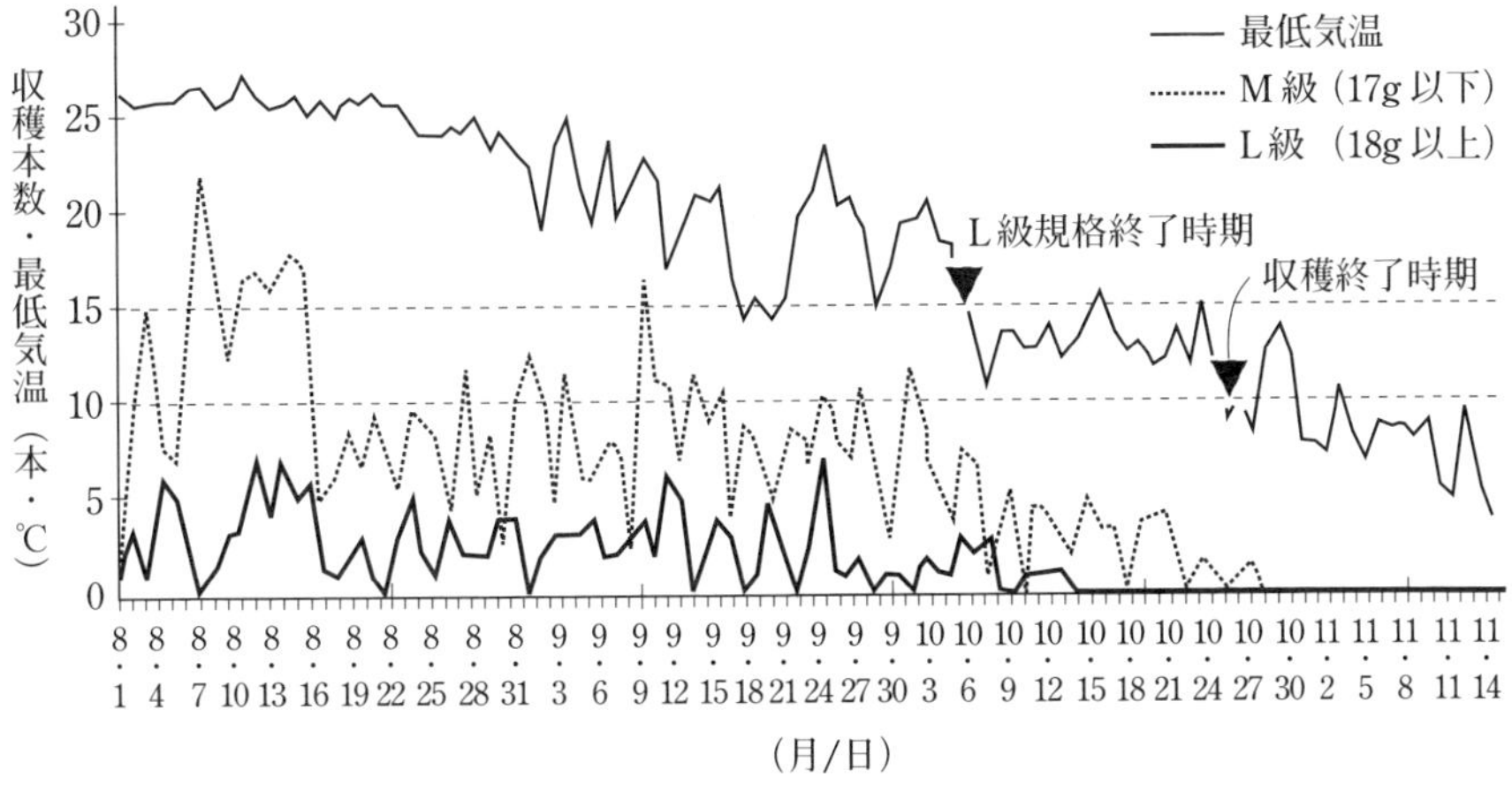

図57　西南暖地における夏秋どりの規格別収穫本数と最低気温の推移（18株当たり）

（香川農試三木分場，1995）

品種・年生：ウェルカム，2年株

ができず、翌年の春どりの収穫にひびく。かといって、中途半端に収穫を打ち切っても、同化養分はその後展開する茎葉に消費され、株養成にプラスに働くわけでもない。

そこで、九六～九八頁でも述べたように、夏秋どりは、萌芽が停止するまで続けて、その後は刈りとりを遅くして貯蔵根への養分蓄積を促すようにする。少なくとも株養成期間は二カ月以上確保したい（写真42）。

写真42　露地長期どり栽培の夏秋どり打ち切り時点の養成茎　（長野県飯山市）

写真43　1998年の台風7号による被害　（長野野菜花き試）

気温の低下だけで株を黄化させる

アスパラガスの春どりの収量は、貯蔵養分が蓄積される九～十一月の気象条件に大きく影響される。この時期の日照時間が長いほど茎葉の同化養分がよく転流して、貯蔵根への養分蓄積が多くなる。

しかしここ一〇年、異常気象のために、この間の株養成がままならなかった年が何回かある。

長野県では、一九九八年の九月二十二日に台風七号が襲来して、多くのアスパラガスほ場で養成株が傷んだ（写真43）。この年はまた、夏から秋にかけてが日照不足、秋から初冬にかけては高温で推移し、おかげで翌一九九九年の春どりが大きな減収となった。そしてこの影響は二〇〇〇年まで二年間続いた。

同じように、日照不足で雨量が多いうえに、秋の気温が高めに推移した翌年の春は、大きく減収したという報告が多い。反対に、九～十一月が天候に恵まれ、養分の転流がスムーズにいった年の翌年は、春からアスパラガスが順調な出荷となる。

写真44　8～9割方黄色くなったら茎葉を刈りとる

（長野野菜花き試）

もちろん、この間の株の状態によっても受ける影響は違ってくる。いかに好天に恵まれようと、その条件を生かせる同化能力や、生産した養分を根に効率よく転流する力がうまく働かなければならない。茎枯病、斑点病など病害虫の防除や、うまくこの時期に肥効が切れているような肥培管理に注意して、気温の低下だけで自然に株が黄化していくようにする。

茎葉刈りとり時期の判断

茎葉の刈りとりは、茎葉の黄化の程度や、貯蔵根中の糖含量を測定することで判断する。

一般的には、株の黄化の程度を見て決めるが、二～三回強い霜が降りて、八～九割方黄色くなった時点で刈りとれば間違いない。緑色が残っているうちは養分の蓄積が行なわれているので、茎葉の緑が抜けてから刈りとる（写真44）。

北海道では、貯蔵根中の糖含量は、立茎後、八月頃までやや減少傾向で推移し、その後急反転して上昇する（図58）。糖含量で判断する場合、こうした変化を見ながら、同化養分が十分蓄積された頃を見計らって刈りとる。

いずれにしても、茎葉の刈りとりを遅くして、茎葉の黄化を促進させたほうが、貯蔵根の糖度は高くなり、翌春の春どりは増加する（図59）。この作業は、「毎年この時期に刈っているから刈る」とか「お隣で刈っているからうちでも」というのではなく、自分のほ場のアスパラガスの状態をしっかり見て判断し、けっして早すぎないようにする。

とくに、寒冷地のアスパラガスは西南暖地にくらべて、夏秋どりの品質低下が少ない反面、秋冷が早いために株養成量が少なくなる欠点がある。十分な養成期間が確保しにくい寒冷地では刈りとりを翌春に延ばすのも一つの手である。

西南暖地でも株養成が不十分な場合は、茎葉の刈りとりを年明けまで遅らせ、保温開始を二月以降として春どりの収穫期間を短縮し、立茎を早める対策をとっている。

刈りとった残茎はきれいに片付ける

茎葉を刈りとった後の残茎では病害虫が越冬する。できるだけ地際部近くで刈りとって、長く残さないようにする。

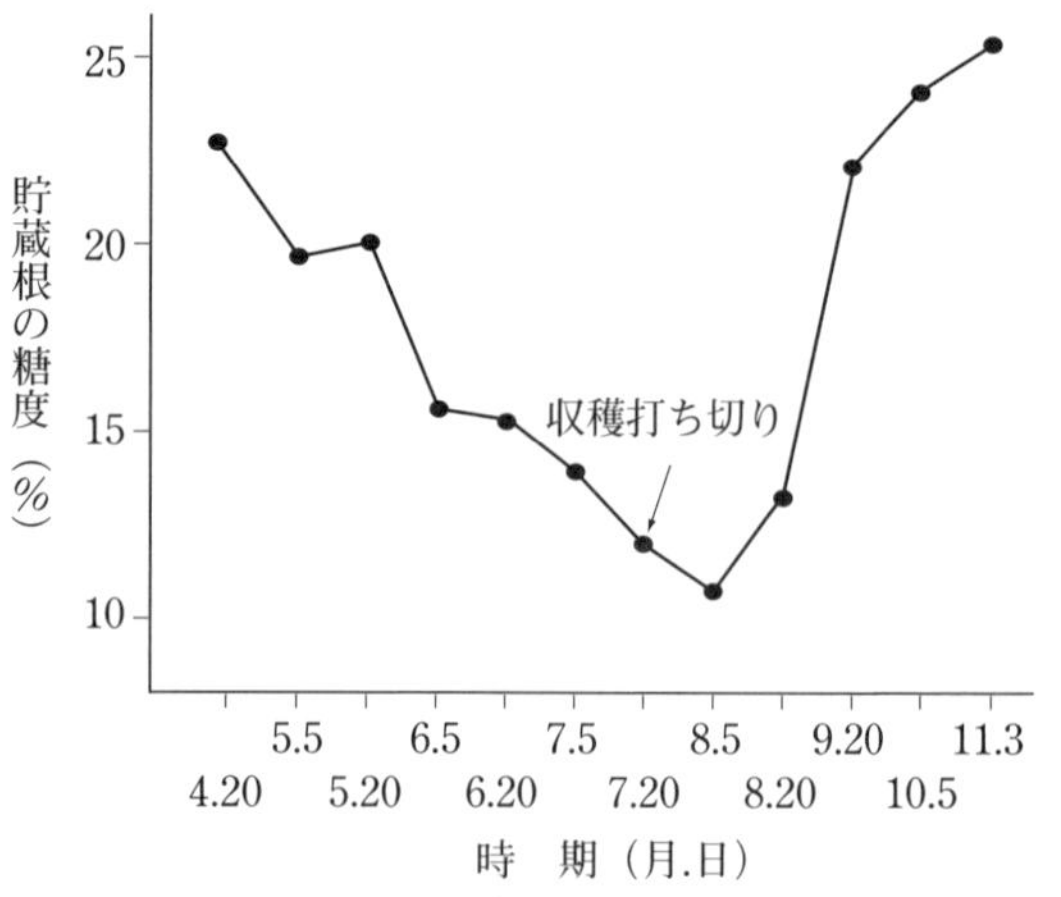

図58　アスパラガスの貯蔵根の時期別ブリックス値の推移

（北海道製缶研，1975～1976）

上の図は北海道の露地普通栽培で，糖含量の上昇期は本土の寒冷地では9月頃まで，西南暖地ではさらに10月頃までのびる

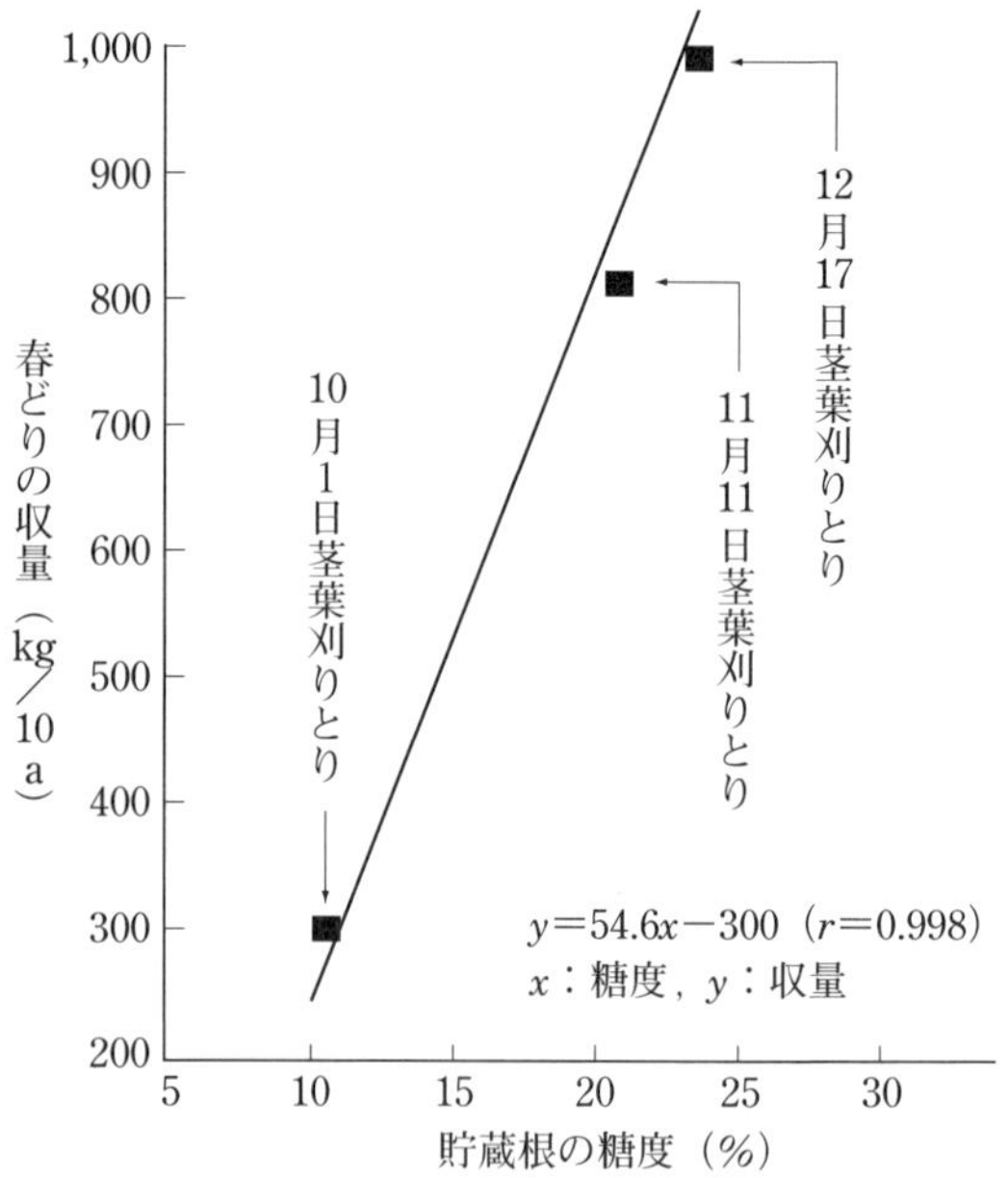

図59　前年の貯蔵根の糖度と春どりの関係

（長崎総農林試，1998）

茎葉を処理したあとは、株元の培土をうね間に戻して、除草を兼ねた中耕を行なう（図60）。このときに切りとった残茎を片付け、有機物や石灰類などの土壌改良資材を施す。

刈りとった茎葉は焼却せず、うねの上で乾燥させ、扱いやすくなったところで、ほ場の外に持ち出すか、石灰チッソなどで処理したうえでほ場にすき込む。近年、環境問題への意識が高まっている。焼却処理には注意する。

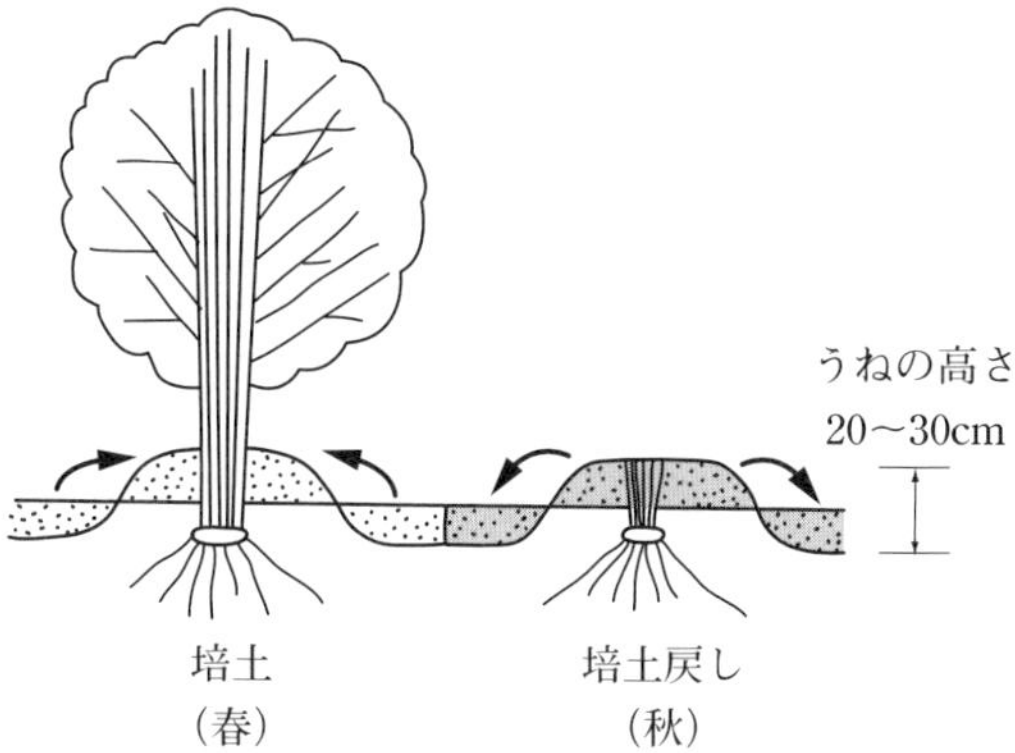

図60　培土と培土戻し
（丸山進　原図）

北海道や東北、中部高冷地の積雪地帯では、タイミングよく茎葉を刈りとることがむずかしいため、茎葉が雪の下に埋まったままで年越しすることが多い。翌春の雪どけ後、茎葉が乾きしだい、刈りとって処分すればよいが、残茎はしっかり片付ける。中途半端に残ると萌芽する若茎を傷つけ、その傷が原因で若茎が曲がったりする。残茎で病害虫が越冬している可能性もあるので、しっかり片付けることである。

モグラやネズミの対策

アスパラガスは未熟な有機物にも比較的強いために、ほかの野菜にくらべると多投される傾向がある。しかし、こうした未熟な有機物の投入は、モグラやネズミのかっこうの棲みかを提供して、貯蔵根が食害されることがある。

未熟な有機物はできるだけ完熟したものに替え、茎葉を刈りとったあとの残さもきれいに片付けて、ほ場に残さないことである。残さをほ場にすき込む場合も、石灰チッソなどを散布して腐植させてからにする。石灰チッソは一〇アール当たり四〇～六〇キロ程度散布し、培土くずしの土をかぶせておけば、春までによく腐熟する。また石灰チッソ自体にモグラやネズミの忌避効果がある。アスパラガスに影響が出ないよう、うね間やハウスの周囲を中心に降雪前に散布しておくと効果がある。

直接の防除対策としては、モグラの場合、よく通る穴を確かめ、そこにスギの葉や臭いのきつい廃油などをぼろ

表24　翌年の収量予測の項目（長野県）

(1) 気象条件	(9～11月の気温，日照時間，雨量，台風など)
(2) GI´	(生育指数＝地上部の生育量)
(3) 貯蔵根ブリックス	
(4) 根量調査	(健全根と腐敗根の貯蔵根数)
(5) 株養成期間中の茎葉の状況	(病害虫の発生，落葉，黄化など)
(6) 前年の夏秋どりの収穫量	
(7) 1年養成株の生育調査	

GI´＝（有効草丈×茎葉基部の断面積）/調査株数
貯蔵年ブリックス＝太い貯蔵根を地下茎の際から15cmで切りとり，5カ所から1カ所当たり2本（計10本）をATAGO屈折糖度計で測定
根量調査＝平均的に生育しているところを50cm角の立方体の穴を掘り，健全根と腐敗根の貯蔵根数を深さ10cmごとに調査

布にしみ込ませたものや、ネマモールなどの忌避剤を置く。

ネズミに対しては、茎葉を刈りとったあと、活動穴を見つけて、殺鼠剤を入れる。殺鼠剤にはヤソヂオン、リン化亜鉛などがあるが、いずれも劇物や毒物扱いであり、使用にあたっては十分な注意が必要である。また ネズミの駆除は、広域的な対応が必要である。

収量予測をもとに栽培計画を練る

株養成量の把握を誤ったために収穫で追い込みすぎ、株を疲れさせて、その後の生産を不安定にしてしまう例が少なくない。見込み違いによる失敗である。逆にちゃんと把握できていれば、別な対応ができる。

たとえば、例年にくらべて株養成量が少なく、翌年の収量が減収と判断された場合には、早めに元肥を施したり、春どりの早期打ち切りと早期立茎、かん水や追肥の徹底、長期どり栽培や二季どり栽培への移行などである。

株養成量の正確な把握には、株を掘り上げ、貯蔵根の糖含量（ブリックス値）を測って算出するが（株養成量＝（地下部重×貯蔵根ブリックス）／一〇〇）、現場では無理である。長野県では、毎年十一月中旬に、同一ほ場のアスパラガス株の生育調査を行ない公表している。現地ではこのデータと、表24に示す調査項目を併せて収量予測をたて、作業管理に役立てている。

なお、伏せ込み促成栽培を行なっている産地では、養成株を伏せ込み、その収量を例年とくらべることで、ほかの作型の露地栽培やハウス半促成栽培での萌芽量がある程度把握できる。

ビーエー液剤利用による増収と収穫期間の延長

長野県の代表的な作型は露地二季どり栽培だが、この作型は春どりは収穫が集中するため単価が安く、また夏秋どりは秋冷が早いために収穫期間が短くなり、収量が上がらない問題があった。栽培面積は年々減少し、生産量も低下する現状にあった。

収益性を高めるには、ハウス半促成栽培への移行が考えられる。しかし、雪が多い長野県北部ではそれもむずかしい。そこで、夏秋どりの収穫期間を延長する方法が検討されてきた。

アスパラガスの萌芽量は、植物ホルモンの一種であるアブシジン酸（以下、ABA）の含有量の多少により左右される。露地普通栽培の場合、春先はABAの含有量が少なく、徐々に増加して、八月頃まで増える。その後、九〜十月にかけていったん減少し、茎葉の黄葉期の十一月頃にふたたび上昇し、十二月に最大になる。ちょうど、アスパラガスの萌芽と裏腹である。つまり、体内のABAの濃度が低いときには萌芽が促進されるのである。

ABAは、植物生長調整剤のビーエー（ベンジルアミノプリン）液剤を散布すると含有量が低下し、萌芽が誘起される。ふたたびABAが蓄積されるまで萌芽は続いて、収量を増やすことができる。

実際、夏秋どりの最終収穫予定日の一〇〜三〇日前に、ビーエー液剤の三〇〇倍液を一〇アール当たり一〇〇〜二〇〇リットル散布すると二〇日程度収穫期間が延長でき、増収できる。JA中野市が行なった現地試験では、八月十〜二十日に低濃度の八〇〇〜一〇〇〇倍を一〇アール当たり二〇〇リットル散布した程度でも、収穫延長に効果があった。

ただし、高濃度で若茎に直接散布すると、翌年の春どりが減少したり、夏秋どりでも若茎の割れや曲がり茎などの異常茎が発生するため、注意が必要である。

VIII 作型別管理と作業のポイント

1 露地栽培

導入にあたって

露地栽培は、アスパラガス本来の自然の生育サイクルに基づいた作型であり、施設などの費用がほとんどかからず、管理労力も比較的少なくてすみ、導入がもっとも簡単である（図61、写真45）。

露地栽培でとくに重要な管理は、雑草防除と病害虫防除であるが、これをクリアできれば、長期どり栽培を導入して、低コストで収益性の高い作型として生かすことができる。

露地栽培の欠点は、春どりの収穫期が集中することと水田や果樹などの複合経営では労力が重なることである。気象などの地域性や労力を考慮した収穫期の設定が基本であり、品質のよい若茎を短期間により多く生産することがポイントとなる。そのためには、多収品種を用い、無理のない収穫期間の設定により、九～十一月の養分蓄積期までに茎葉を十分発達させることが重要である。

凍霜害対策が決めて

露地栽培では春先の凍霜害対策が毎

写真45　水田転作による露地長期どり栽培
（福島県喜多方市）

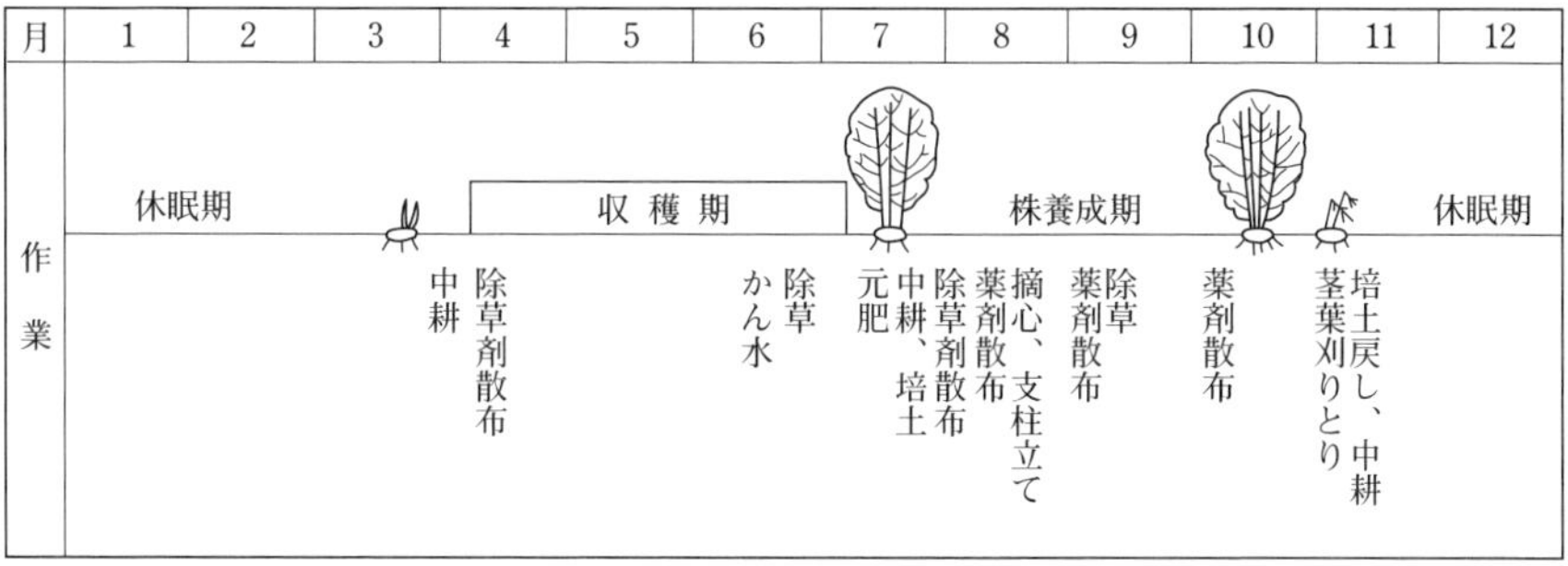

図61　アスパラガス露地普通栽培の生育相と栽培暦
（上杉壽和　原図，一部変更）

年の課題となっている。晩霜被害にあうと、七～一〇日程度収穫が遅れる。凍霜害対策としては、タフベルやビニロン、ラブシートといった被覆資材をトンネル状にかぶせる方法がある。被覆資材には、長波放射（熱が天空に向かって逃げる放射、三〇〇〇ナノメートル以上の放射）の透過率が低く、吸収率の高いもの、ある程度通気性があり、安価なものがよい。また、年に二～三回程度降霜がある常襲地帯では防霜ファンの導入を検討したい。

萌芽後に、凍霜害を受けて生育を停止している若茎があったら即座に除去する。残しておいても、貯蔵養分の消耗につながるだけでなく、病害虫の巣になる。除去すればその後の萌芽伸長が促進される。

栽培地域別の特徴と管理のポイント

①寒冷地では立茎数を多くして、株養成量を確保する

寒冷地の露地栽培は、春の気温の上昇が遅いため萌芽開始時期が遅く、凍霜害の心配が大きい。また、秋冷が早いため、西南暖地にくらべて収穫可能期間や生育期間が短く、株養成量が少なくなる。寒冷地で露地長期どり栽培を導入する場合は、西南暖地にくらべて立茎数をやや多くして株養成量を確保する。

一方で寒冷地は、夏季の気温が低く、呼吸による貯蔵養分の消耗が少ないので、高温による若茎の品質低下が少ない。西南暖地にくらべて若茎の緑着色がよく、夏秋どりも有利に販売できる。適切な防除は必要だが、病害の発生は西南暖地にくらべて少ないのも有利な

点である。

②西南暖地は茎枯病対策を万全に

ハウス半促成栽培にくらべて、低コストで所得率は高いが、茎枯病など病害の発生の危険性が高くなる。病害防除対策が栽培管理上、最大のポイントとなる。

2 ハウス半促成栽培

導入にあたって

ハウス半促成栽培は、無加温ながら施設の中で栽培することで、露地栽培より二～三カ月早く収穫でき、また収穫期間を長く設定することができる。しかも雨よけの効果で、露地栽培で問題となる茎枯病を軽減することもできる（図62）。施設経費は、パイプハウスを用いるので安く抑えられる（写真46）。

しかし、ハウス半促成栽培はほかの作型とくらべて作業時間が多く、とくに収穫・調製作業に多くの時間を要するため、ほかの作物との労力配分や経営規模を考慮して、作型を選ぶ必要がある。

出荷の谷を小さくするため、立茎時期が一斉にならないように株の年生や作付け規模により保温開始時期をずらし、計画的な生産に努める。

また茎葉が過繁茂になりやすいので、株の整理や病害虫防除などの管理を徹底する。

パイプハウスの大きさ

パイプハウス（以下、ハウス）の建設は、寒冷地の場合はとくに土壌の凍結や降雪前の年内にすませておく。天

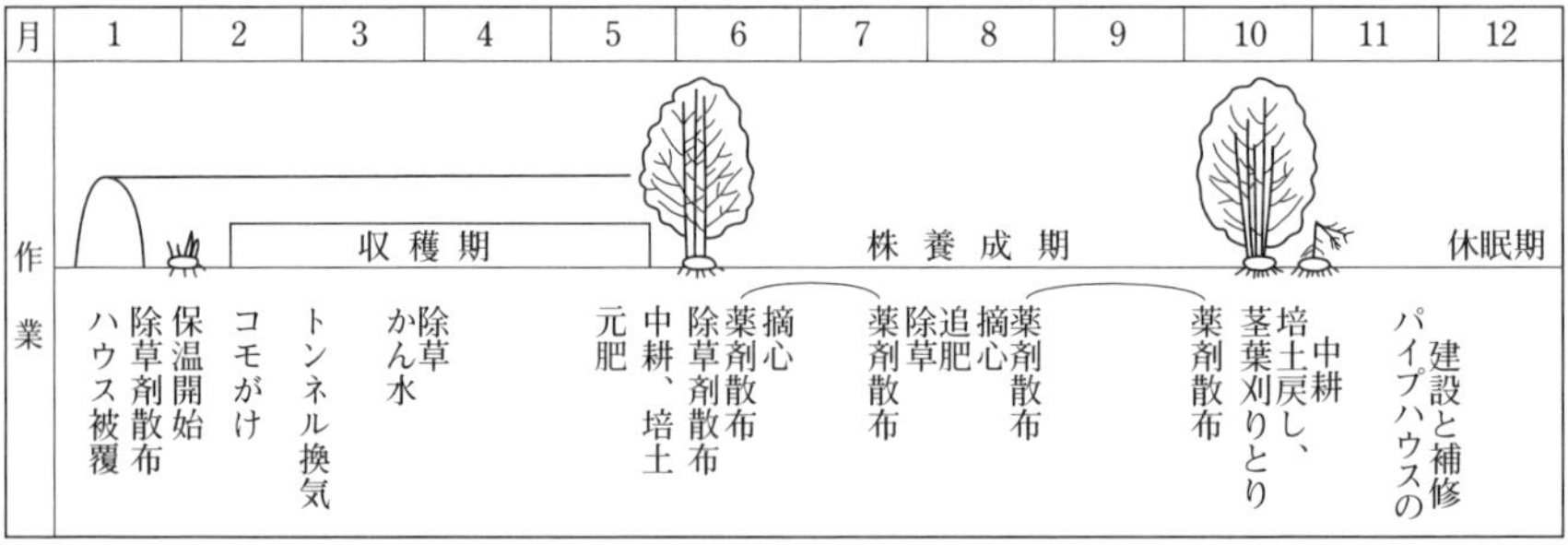

図62　アスパラガス半促成普通栽培の生育相と栽培暦

（上杉壽和 原図，一部変更）

井と妻面を直管パイプで補強し、積雪の多い地帯や強風にあたる場所では中心柱を立てたり、筋かいを入れる。入り口は風下にし、小トンネルの資材も用意しておく（図63）。

写真46　小型ハウスを使ったハウス半促成長期どり栽培
（長野県伊那市）

ハウスは大型になるほど保温力が高いが、寒冷地では作期の前進にも限りがあり、必ずしも大型ハウスの導入が有利とは限らない。また積雪地帯では、耐雪補強のためにアーチパイプの本数を多くしたり、太いアーチパイプを用いる必要もある（図64）。

寒冷地の積雪地帯である長野県の北信地区では、二うねがけの間口二・四メートル、棟高一・八メートルのハウスがもっとも小型なもので、このほかに間口四・五メートル、棟高二・六メートルの三うねがけ、間口五・四メートル、棟高三・〇メートルの四うねがけが一般的である。なお多雪地帯では連棟ハウスの使用を避ける。

一方、西南暖地では間口五・四〜六・〇メートルのハウスが多いが（写真47）、労力配分を考慮して小型ハウスによる春どり後半に収穫する作型を導入して、出荷の谷を小さくする工夫も必要である。

保温の工夫

外気温を見ながら保温開始時期を把握し、被覆を行なう。その後は保温、かん水、換気などの管理を徹底して、若茎の萌芽と伸長を促す。保温マットやコモなどの保温資材は事前に必ず準備しておく。

ハウス内の保温力は、ハウスの気密性や、ハウスおよびトンネル内の乾き具合によっても異なる。隙間風が入らないように手入れをするとともに、ハウス内が乾燥しないように注意する。

ハウス内の昇温効果や保温性は、フィルムの流滴性や防塵性によっても異なる。

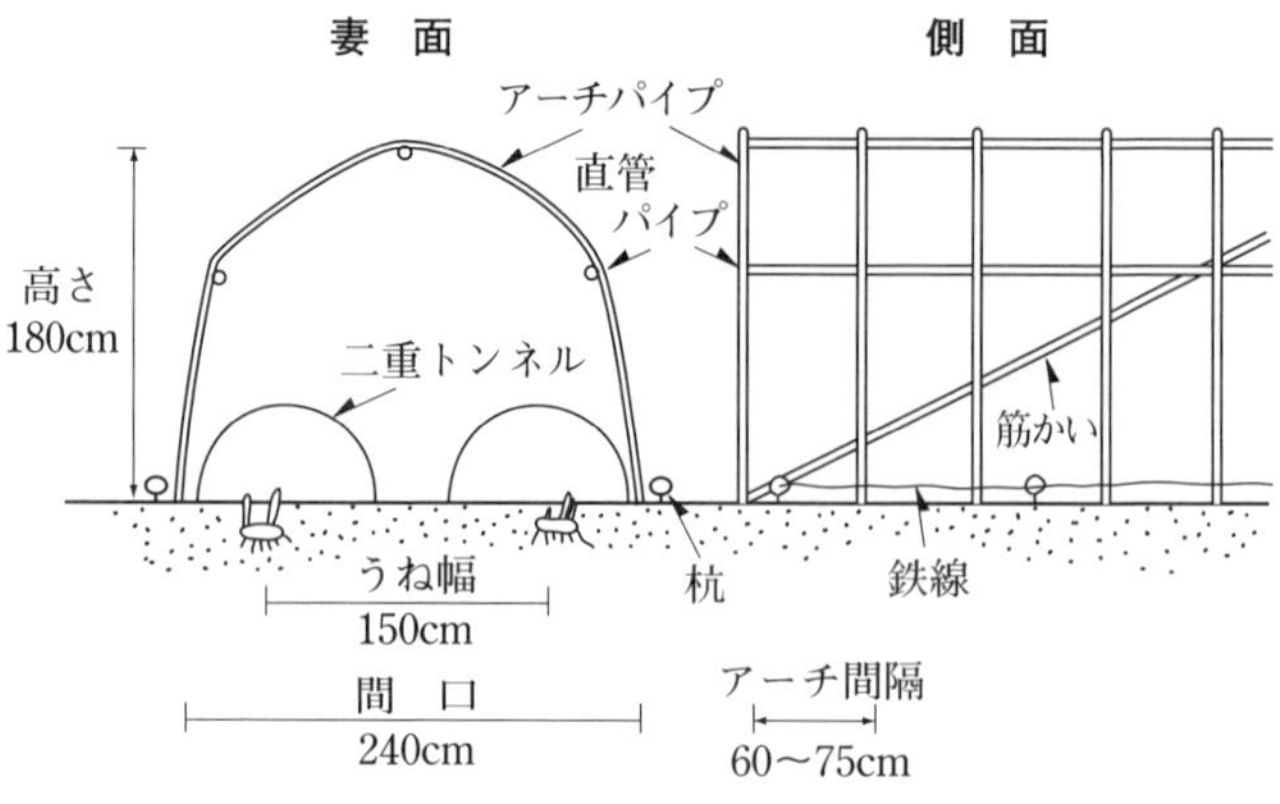

図63　小型パイプハウスの建て方　（丸山進 原図）

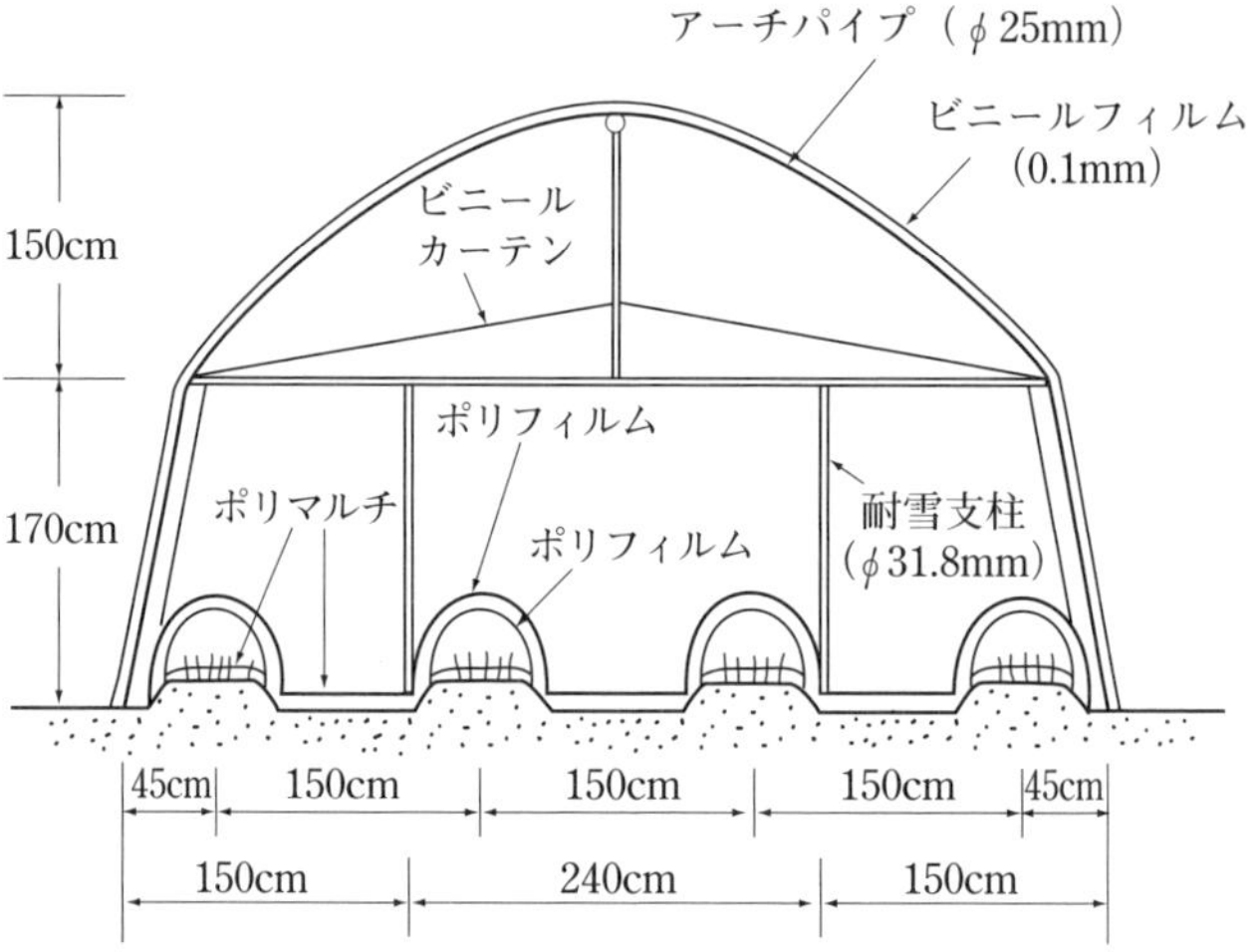

図64　耐雪型4うね用大型パイプハウスの建て方

一般に、結露しにくい、ほこりのついていないフィルムは光透過率が高く、日中の昇温効果が高いが、夜間の熱放射もよいため、ハウス内の気温は下がりやすい。そこで、外張りには透過率の低い塩化ビニール（農ビ）や酢酸ビニール（農サクビ）を用いて、透過率の高いポリエチレン（農ポリ）は使用しないほうがよい。ハウス内の北側にはシルバービニールシートなどの反射シートを張ると保温効果が高まる。また、保温マットやコモなどを用意しておき、夜間の冷え込みが予想される場合には小トンネルの上にかける。内張カーテンを入れる二重被覆の場合でも、外気温がマイナス五℃以下になると凍害の危険性が高い。

よほど気温が下がるときは、家庭用のストーブなど暖房機を使って加温に努める。その際には、不完全燃焼による一酸化炭素中毒に十分注意する。

収穫までの管理

保温を始めるまでに、前年の秋のうちに培土を戻してあるほ場では、萌芽前に残茎を除去して除草剤を散布し、かん水パイプの配管と小トンネルを設置しておく。培土してあるほ場では、うね上の土をかきだしてから作業を始める。

保温開始から萌芽開始まではハウスを密閉して保温に努める。萌芽前の保温不足は、収穫開始の遅れや初期収量の減少につながる。しかし萌芽後の保温不足はさらに重要で、直接の減収要因となる。

内張カーテンや小トンネル、さらには保温マットをその上にかけるなどの対応で、夜間の温度を最低でも五℃以上確保する。

写真47　間口6.0メートルのパイプハウスを利用したハウス半促成長期どり栽培　（広島県新市町）

写真48　収穫が始まると小トンネルの開閉が頻繁になる（上の大型ハウスの中の小トンネルの開閉）

収穫中の管理

①二五℃を目安に小トンネルを開閉

春どりの収穫が始まると、小トンネルの開閉が頻繁に行なわれる（写真48）。小トンネルを閉めるときに裾が開いたままだと保温効率が劣るので、隙間風が入らないように注意したい。また、伸長した若茎の頭部がフィルムに触れないよう、たるみには気を付ける。

アスパラガスは比較的高温に強いが、二五℃を超える頃から若茎の頭部が開きやすくなるなど品質が低下する。外気温が八～一〇℃を超えたら内張カーテンや小トンネルの換気が必要となり、一二～一五℃を超えるようになったらハウスの換気が必要になる。

換気方法は、二五℃を目安に、まず小トンネルの開閉から行ない、それだけで温度調節ができなくなったら、ハウスの妻面やサイドの開閉で換気を行なう。春先は夜間に冷え込むので、夕方にはまた小トンネル、ハウスを閉じるが、外気温が平均で五℃以上になったら、夜間の小トンネルをかける必要はない。

若茎はマイナス二℃程度で凍結するとされるので、外気温が〇℃以下に下がると予想される場合は、小トンネルの上に保温資材（コモや保温マット）を被覆する。

②少量多回数の定期かん水

ハウス半促成栽培では、土壌水分の多少が収量とともに、若茎の品質に大きく関わる。かん水装置を設置して定期的なかん水を行なうことが重要になる。

かん水はムラなく十分に行ない、つねに適度な湿りのある状態（目安はpF一・八～二・〇）とし、乾湿差を出さないように注意する。かん水はアスパラガスの生育に合わせて量を加減しながら、地上部が黄化する晩秋期まで続ける。

春どりの時期は地温の低下を防止することが重要なので、一度に大量のかん水を行なうよりも少量多回数かん水のほうが、手間はかかるものの増収効果が高い。またとくに春先は、暖かい日の午前中を選んで行なう。

（かん水の実際については、Ⅶ章・3「かん水と施肥」を参照）

③ハウスの換気と保温もこまめに

春どりの時期は、夜は寒く、日中は温度が上昇するなど気温の変化が大きく、ハウスの中もこまめな温度管理が必要である。最高最低温度計（最高と最低がわかる温度計）をハウスの入り口と中ほどの二カ所に置いて、ハウスの換気に最大限の注意を払う。

二季どり栽培や長期どり栽培のハウスでは、気温と日射量の上昇にともなって夏秋どりの収量が増え、七月中旬から九月上旬に収穫最盛期となる。この間、八月の高温期には一時的な減収や異常茎の発生がみられるので、ハウスの妻面やサイドを開放して換気を徹底する（図65）。

秋以降は気温の低下とともに、株の草勢や萌芽数が低下してくる。ハウスサイドを閉めるなど保温対策を行ない、草勢と萌芽を維持する。春とは逆に、一五℃を下回るようになったら閉め、二五℃を目安に換気する。

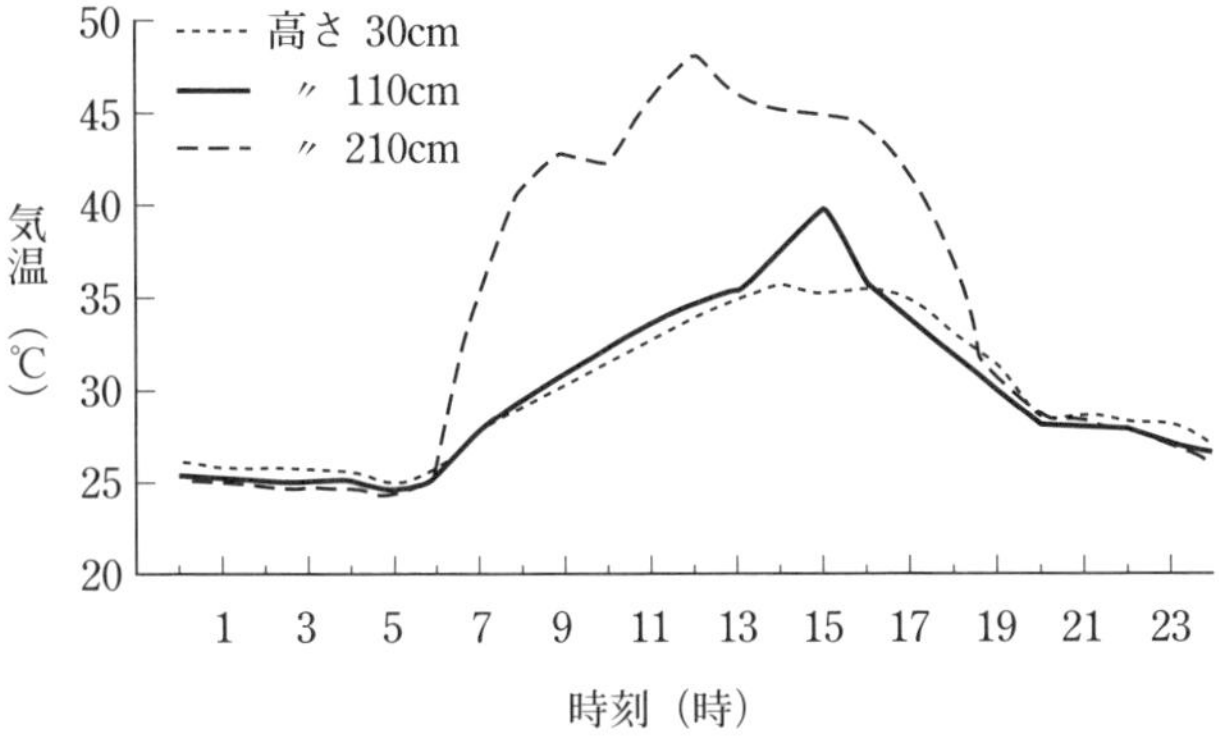

図65　アスパラガス栽培ハウスでの高さ別の気温推移
（1998.8.4，晴天）　　（香川農試三木分場）

高温期には被覆したままだと50℃近くになる

栽培地域別の特徴と管理のポイント

①寒冷地では雪を使って、春先の水分確保にいかす

冬期間に一日の最低気温がマイナス五℃以下になる産地では、無理に保温開始時期を早めても凍害が発生するなどして、収穫が遅れる。保温開始時期は、外気温と施設の保温力から決める必要があり、ハウス二重被覆の場合には、裸地の平均気温が〇℃になる時期をめどに始める（図66）。

長野県の北部に多い間口二・四メートルのハウスでは、二月頃が被覆の目安で、小トンネルと保温マットで対応する。

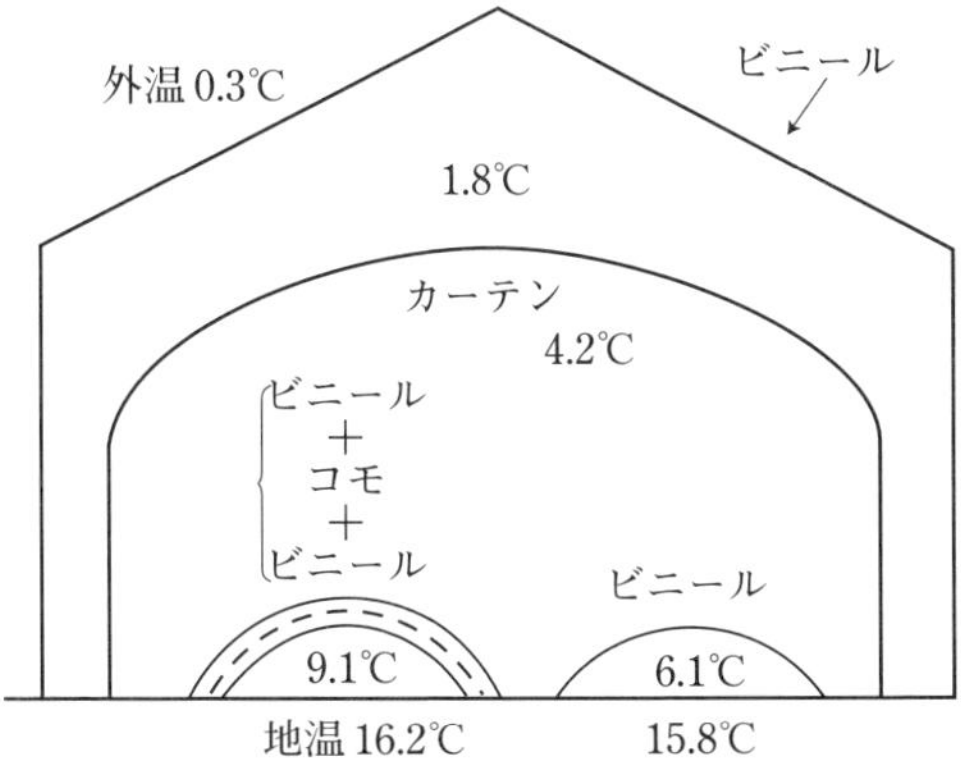

図66　被覆資材による保温効果（長野野菜花き試）

積雪地帯では、ハウスの被覆時に雪をたっぷり中に入れておけば、かん水の効果が高まる。しかし、春どりの収穫最盛期になればやはり土壌水分はかなり減少してくるため、うねの表面が乾いてきたら計画的なかん水が必要である。

ハウスの建設は土壌の凍結や降雪前にすませておく。多雪地帯では、雪によるハウス骨材の曲がりや、ゆがみ、破損などの補修を完全に行なってから被覆する。被覆後、積雪や土壌の凍結がとけるのを待つが、雪が多い場合には、土か消雪剤を散布して融雪を促す。

寒冷地では、果樹やほかの野菜との複合経営から、ハウス半促成栽培でも春どりだけの作型が多い。この作型では、露地栽培にくらべて春どり打ち切りが早いうえ、夏秋どりを行なわないため、八月中旬以降に株が過繁茂になりやすい。

過繁茂を防ぐには、適度な茎葉整理、そして立茎数の制限が有効だが、複合経営のなかでは、茎葉展開後に立茎数を制限する手間がなかなか確保しにくい。春どり打ち切り後の立茎初期に細茎や曲がり茎などの不良茎をできるだけ除去し、八月以降の手の空いている時期に萌芽してくる若茎を間引いて、過繁茂を防ぐようにする。

②西南暖地は害虫対策が長期どりのポイント

ハウス半促成長期どり栽培を導入すれば、生育が一～十月まで長期にわたって維持でき、収量も多い。また、大苗を早期に定植することで一年目からの収穫も可能である。

さらに、雨よけの効果により、露地栽培で被害が多かった茎枯病も激減する。しかしその反面、害虫にとっては好適な環境となり、スリップスやハスモンヨトウ、オオタバコガなどの多発が問題となっている。

西南暖地での管理のポイントは、過繁茂を防いで病害虫の発生しにくい環境をつくるとともに、防除を徹底して、早期収穫、長期どり栽培というハウス半促成栽培の長所を最大限に発揮させることである。

3 伏せ込み促成栽培

導入にあたって

伏せ込み促成栽培は、パイプハウスなど施設内の温床に、一～二年間養成した根株を抜根して伏せ込み、加温して、十二月頃から三月上旬に収穫する作型である（図67、写真49）。冬期間の労力を活用して集約的に管理し、現金収入を得ることを狙う。また、この作型からハウス半促成栽培以降の収穫につなげて、アスパラガス生産の周年化を図ることができる。

アスパラガスは永年性作物であるが、この作型では、一作ごとに播種、定植、抜根、伏せ込みなどの作業を行なう。

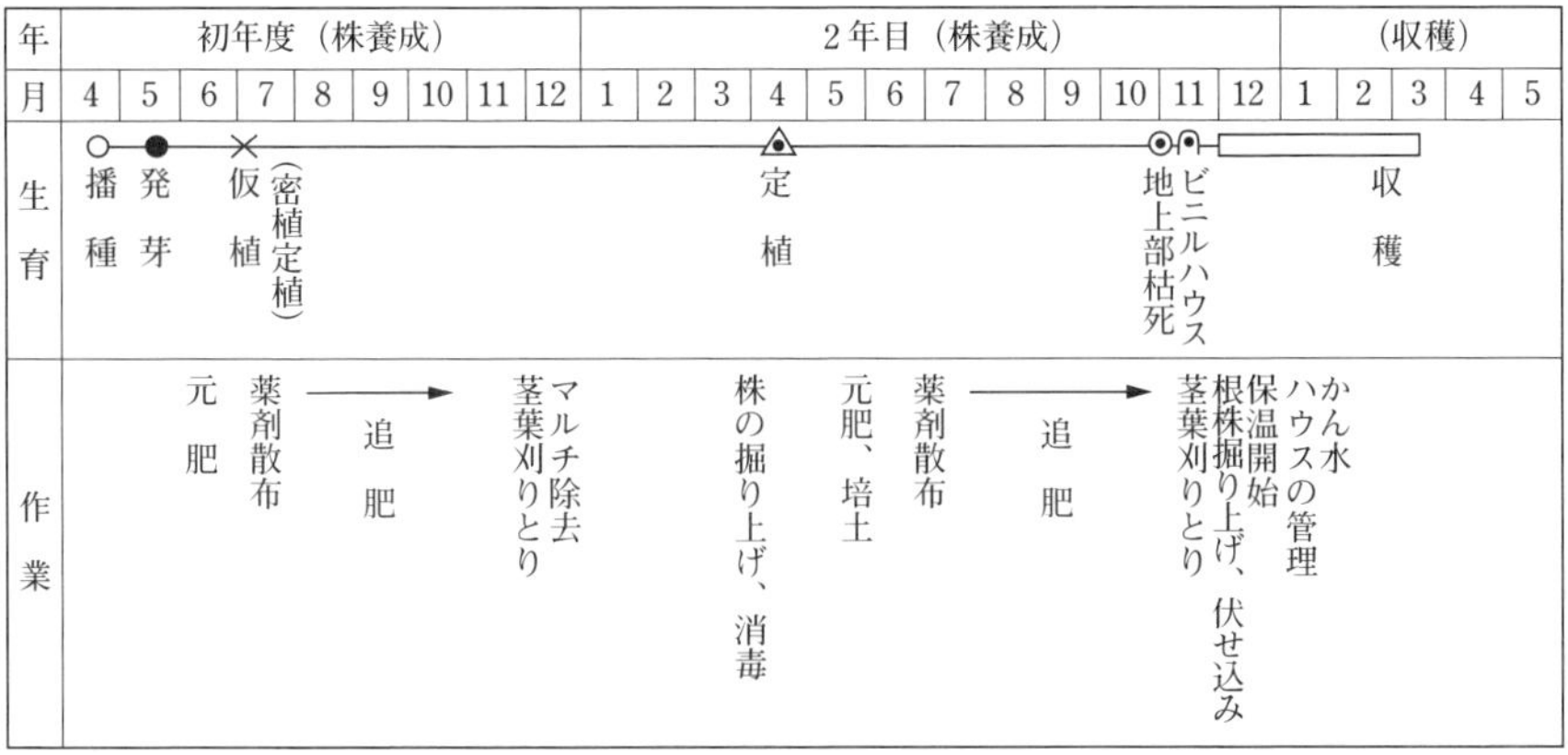

図67　アスパラガス伏せ込み促成栽培の生育相と栽培暦

（上杉壽和　原図，一部変更）

写真49　伏せ込み促成栽培の萌芽の様子

（群馬県沼田市）

伏せ込み促成栽培の問題は、養成ほ場当たりの収量が少なく、生産が不安定なこと、電熱温床を利用するため生産費が多くかかることである。また、毎年株養成がくり返されることによる連作障害、立枯病などの土壌伝染性病害の発生が増えるなど、これらの対策が必要になる。広いほ場の確保と、抜根機が用意できることも導入の条件となる。秋の早い地域では、抜根が容易な土壌であることも適地の条件である。

この作型をいかすには、早生品種を用いるとともに、育苗法を改善して、二年ないし一年で最大の株養成量を確保することと、収穫期を有利に設定することが重要である。大苗利用などがポイントになってくる。

標高一〇〇〇メートル以上の地域や北海道など

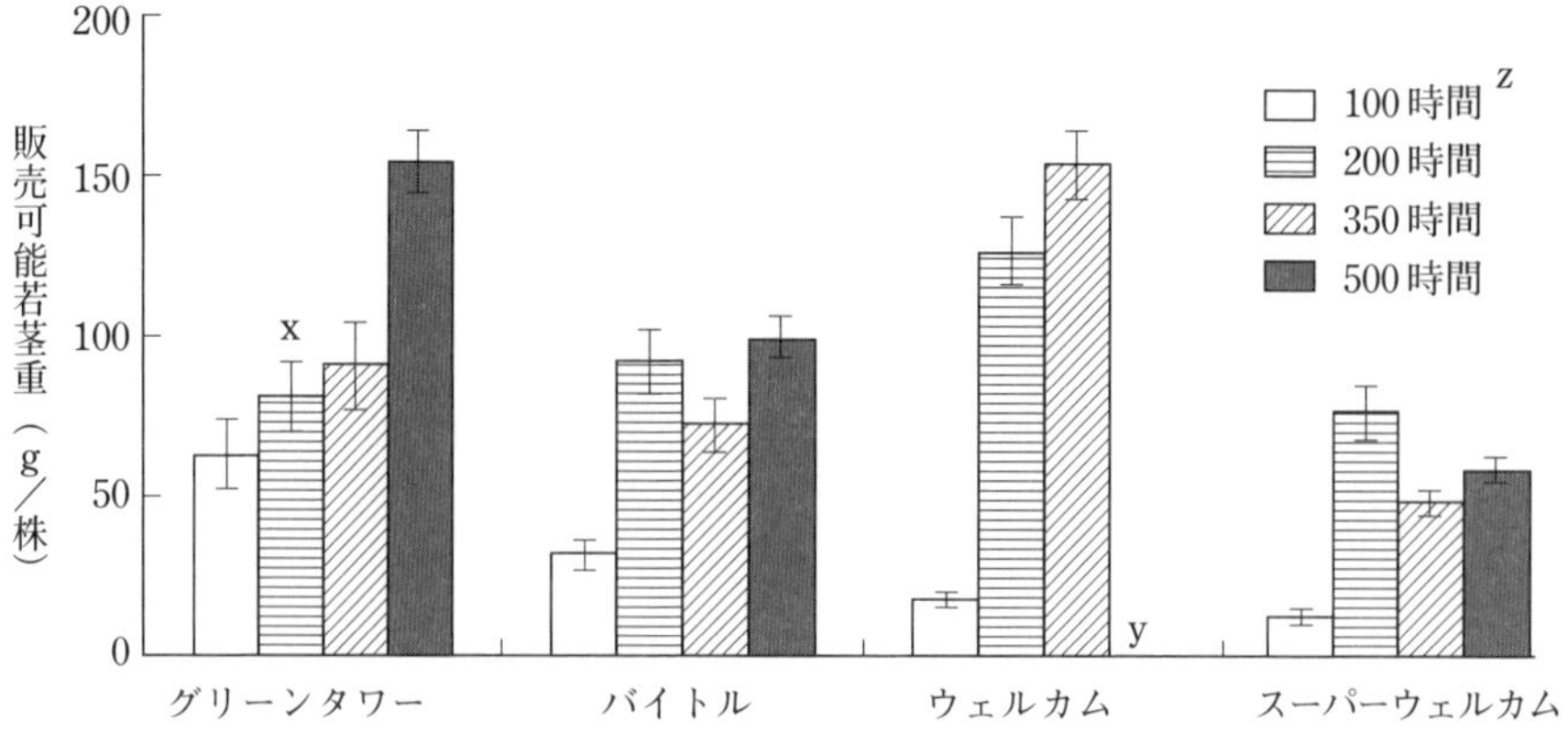

図68　アスパラガスの伏せ込み促成栽培における低温遭遇時間と品種別収量

（群馬園試中山間支場，2001）

z：5℃以下の低温積算時間（0℃以下は1.5倍換算）
y：ウェルカムの500時間は株不足で実施せず
x：縦棒は標準誤差（n＝12）

では、株養成期間が短くなる。価格の有利な太ものを生産するためには、品種の選定に加えて、パイプハウスなどを利用した大苗生産や三年株養成を考える必要がある。

伏せ込み促成栽培に向く品種

伏せ込み促成栽培は根株の更新サイクルが短いので、よい品種があれば、更新は比較的容易である。

品種の選定にあたっては、①低温時にアントシアンの発現が少なく、若茎の緑着色がよいこと、②頭部の締まりがよいこと、③休眠が浅く、曲がり茎が少ないこと、④太い若茎が得られ、収量の高いことが重要になる。現状では「ウェルカム」や「グリーンタワー」が適している（図68）。

株の養成期間は一年ないし二年

株養成法には、一年株養成法と二年株養成法がある。一年株養成法では、休眠の浅い一年株を用いるため、曲がり茎の発生が少なく、早期出荷に有利である（写真50）。

一年株養成法は一月頃に播種し、ポリポットに鉢上げしたのち、晩霜が降りる時期以降に定植する。二年株養成法は三～四月頃に播種し、六月に密植定植して一年間養成する。翌春の萌芽前までに抜根し、根を乾かさないようにしてすみやかに定植する。定植は、一年株養成法、二年株養成法（二年目）

ともに、抜根機の利用を考えて、うね間一三五～一五〇センチ、株間四五～五〇センチ程度とする。

群馬県園芸試験場中山間支場の結果を参考にすると、秋から五℃以下の低温積算時間（〇℃以下は一・五倍換算）で、一年株では三五〇時間、二年株では五〇〇時間遭遇すれば、アスパラガスの休眠はほぼ覚醒されるので、この時間を目安に抜根機を利用して抜根を開始し、順次温床に伏せ込む。

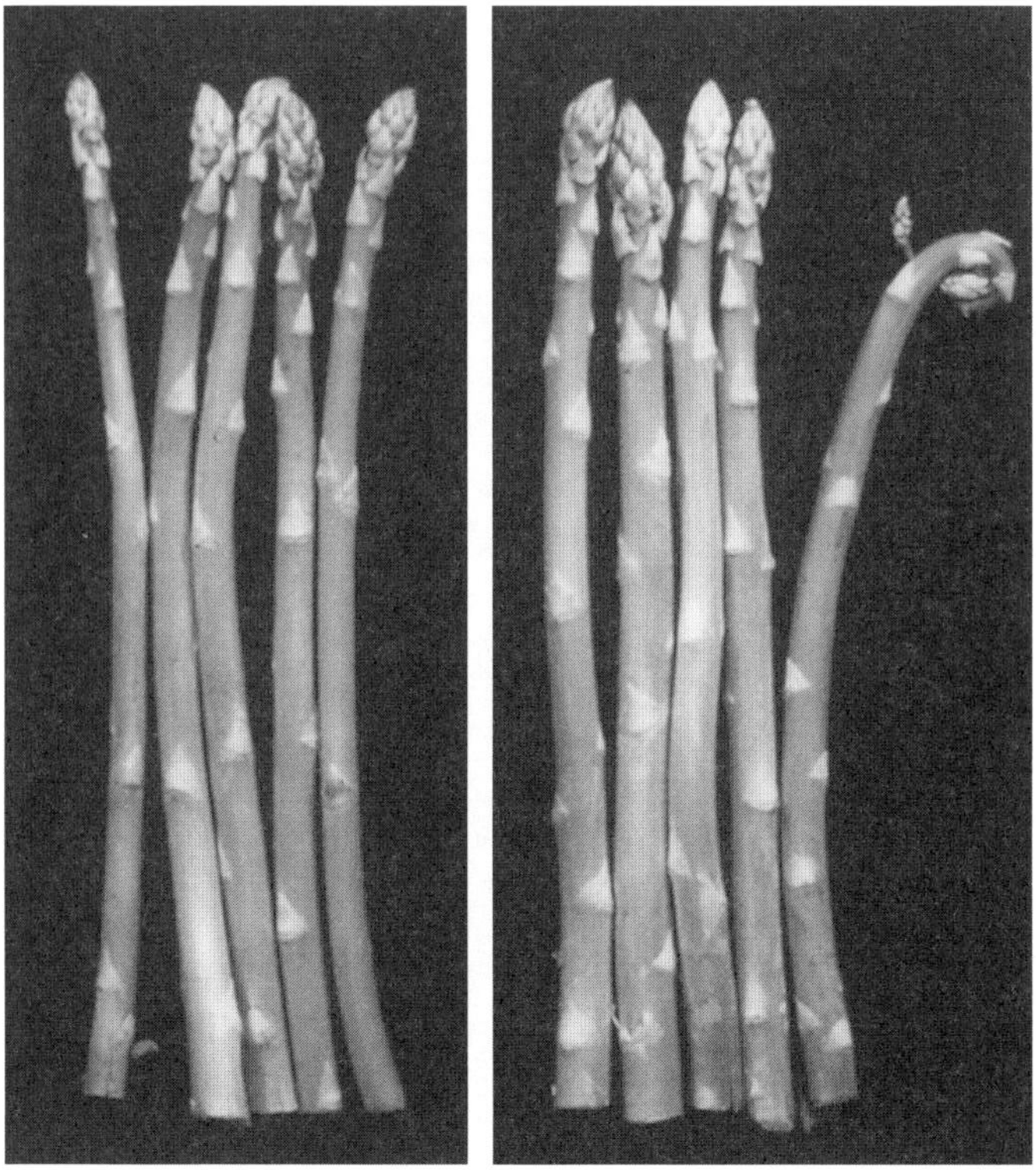

写真50　株養成年数と若茎の品質（小泉丈晴 撮影）
1年株を用いると曲がり茎が少ない

抜根から伏せ込み・収穫まで

①温床の準備

抜根の時期が決まったら、早めに温床を準備する。温床は、間口四・五～五・四メートルのパイプハウス内に設置するのが一般的だが、種々のハウス施設の遊休利用もできる。

温床は家の近くで、電気や水道が使用できる場所がよい。養成ほ場一〇アールに対して温床面積は三〇～五〇平方メートルが目安で、根株の大きさによって異なる。温床の幅は、作業性を考えて一〇〇～一二〇センチ程度とし、深さは三〇～四〇センチ程度とする。盛り土をするので掘るのは二〇センチ程度でよい。側面には幅広の板か発泡スチロール板を入れると、土がく

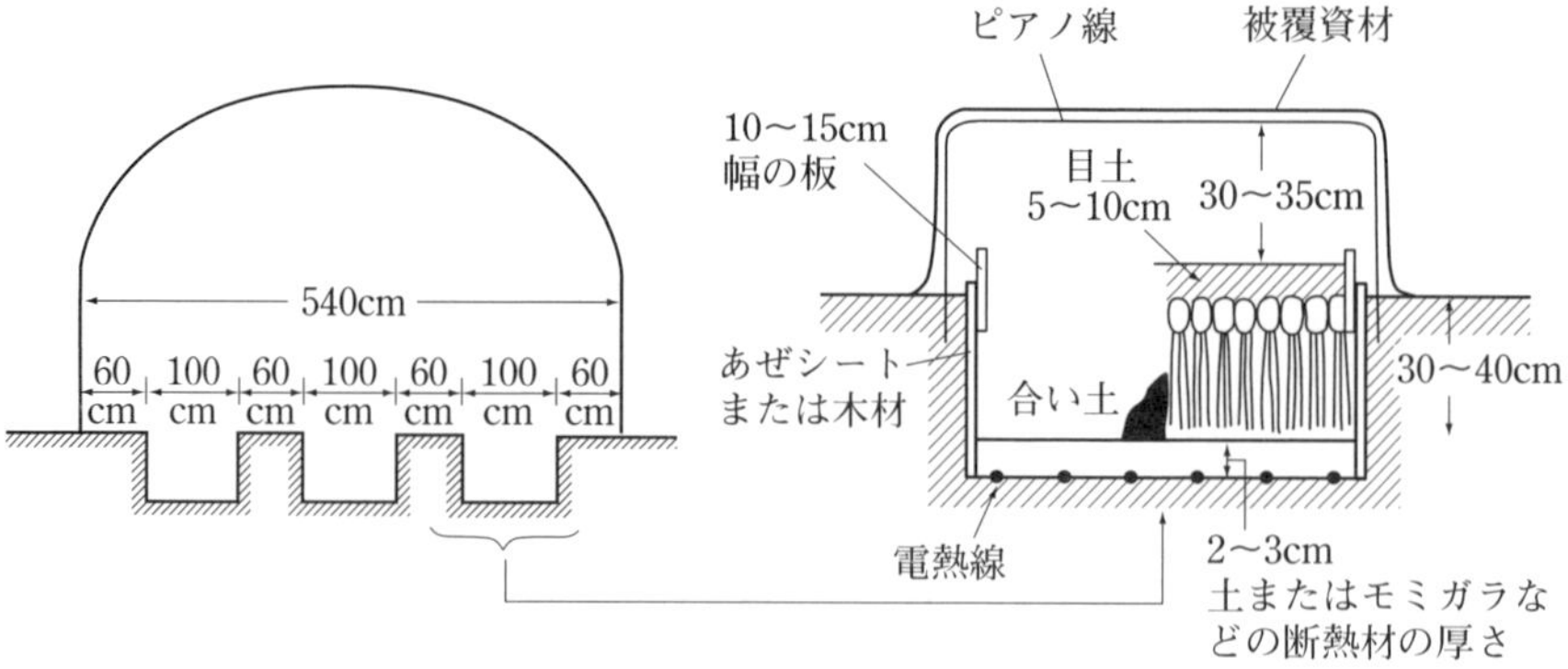

図69　アスパラガス温床の設置方法　(林定利 原図，一部変更)

ずれずに保温効果も高まる。温床の底面を平らにならして電熱線を張る。

電熱線は三・三平方メートル当たり二〇〇〜二五〇ワットが必要である。温度をなるべく均一に保つため、電熱線は温床の中央部を粗く、外側を狭く配線するのがコツである。最後に、電熱線の上に二〜三センチほど土をかけ、直接貯蔵根へ触れないようにする(図69)。

底面の配線だけでは一〜二月の極寒時に温度が不足するときがある。その場合は、空中配線を併用する。三・三平方メートル当たり地中を一〇〇〜一五〇ワット、空中を一〇〇ワット程度とする。空中配線は地面から三〇センチ以上の高さに取り付けると作業性がよく、断線などのトラブルも少ない。

写真51　抜根機による根株の掘り上げ
(長野野菜花き試)

②根株の掘り上げと貯蔵

根株の掘り上げは、茎葉が十分に黄化する十一月以降に行なう。地上部を片付けてから抜根機を利用して掘り上げる。振動型の抜根機は、根株のふるい落としを同時に行なうので効率がよく、一〇アールを九〇分程度で抜根する（写真51）。抜根の際には貯蔵根を切らないよう、運搬時にはりん芽を傷つけないように注意する。目標とする根株の重さは、土をふるい落とした状態で一・二〜一・五キロ程度である。

降雪や表土凍結の早い地帯では、早めに抜根して伏せ込むか、貯蔵しておく。根株を貯蔵する場合には、温床近くのほ場に埋めるか、〇〜五℃の冷蔵庫に保管する。いずれの場合も乾燥したり、凍結したりしなければ十分で、保温しすぎると休眠の覚醒が遅れて伏せ込み後の萌芽が悪くなる。

③りん芽が横にならないように伏せ込む

伏せ込みは根株を温床の隅から順々に詰めていく。貯蔵根が長い場合には先のほうを曲げるが、りん芽が横にならないようにする。目土は温床一〇平方メートル当たり一立方メートル程度用意し、根株の間にも十分に詰める。目土には砂壌土か腐葉土を混ぜた軽くて保水性に富んだものがよい。覆土はりん芽の上五〜一〇センチ程度とする。伏せ込みがすんだらたっぷりとかん水する。

④加温開始は十二月上旬以降

加温開始は寒冷地では十二月上旬以降が望ましい。伏せ込み後、ただちに加温できるが、株を順化させて活着を促進させるため、地温を一五〜二〇℃を目安に設定し、急激な高温処理はしないようにする。地温を高く設定すれば萌芽は早いが、貯蔵養分の消耗も大きい。

加温開始後は温床の上に小トンネルをつくり、ビニールや保温マットをかけて密閉し、温度と湿度を管理し、萌芽を促進させる。

⑤萌芽後は温床が乾かないように管理

萌芽を始めたら、日中二五℃を目安に小トンネルの開閉を行なう。できるだけ太陽光をあてて、若茎の緑着色を確保する。また、若茎は凍害を受けやすいので、夜間に低温にならないように注意する。

小トンネルを開閉するようになると、温床の中が乾燥しやすくなるので、目土の乾き具合を見てかん水を行なう。一回のかん水量は五〜一〇ミリ程度で、温床の底面まで十分しみ通るように与える。

⑥収穫期間は六〇〜七〇日程度

収穫は、規格に達した若茎から順次行なう。曲がり茎や細茎などの販売不能な茎は、気が付いた時点で早めに切りとり、貯蔵養分の消耗を防ぐ。収穫のピークは、伏せ込み後二〇〜三〇日程度で、その後一週間程度の小さなピークを描きながら収量は徐々に減少していく。収穫後半になると細茎や頭部の開いた茎が多くなる。収穫期間は、一・二〜一・五キロの根株で六〇〜七〇日程度である。

4 ホワイトアスパラガス栽培

導入にあたって

アスパラガスには、グリーンアスパラガスとムラサキアスパラガス、それにホワイトアスパラガスがある。

ホワイトアスパラガスは、萌芽してくる前にうねの上に培土して若茎を軟白したものであり、品種が違うわけではない。培土せずに、若茎が地上に現われれば、グリーンアスパラガスやムラサキアスパラガスになる。

ホワイトアスパラガスはおもに缶詰加工用として栽培されており、軟らかく味がまろやかだが、グリーンアスパラガスやムラサキアスパラガスにくらべて栄養面では劣る。

ホワイトアスパラガスを導入する場合、次の点を考慮する。

①生食用ホワイトアスパラガスの人気が高まっているものの、現在のところ、缶詰原料ではない生食用ホワイトアスパラガスの需要は限られる。

②培土や培土くずしの作業には多大な労力がかかる。ただしトラクタに付ける専用の作業機を使うと省力できる。

③若茎が地表面に萌芽する前に収穫するため、収穫作業には慣れが必要である。

なお、培土作業を省略して、モミガラをかけて着色フィルムで覆ったり、遮光フィルムでトンネルをしたりする簡便な生産方法も試みられている。

オランダの育成品種に注目

近年、ホワイトアスパラガス用として導入されているのが「フルート」や「ガインリム」といったオランダで育成された品種である。いずれも全雄系のF_1品種であり、若茎の揃いが優れ、種子の落下による雑草化の心配がなく、さらに茎数が多く、太ものが多いなどの利点がある。

播種から育苗、定植、株養成などの作業については、グリーンアスパラガスと共通する（図70）。ホワイトアスパラガスでは培土作業が必要なため、うね幅をやや広めにする。北海道ではうね幅一八〇センチ、株間三〇センチで、一〇アール当たり一八五二株が、ホワイトアスパラガスの標準的な栽植密度である。

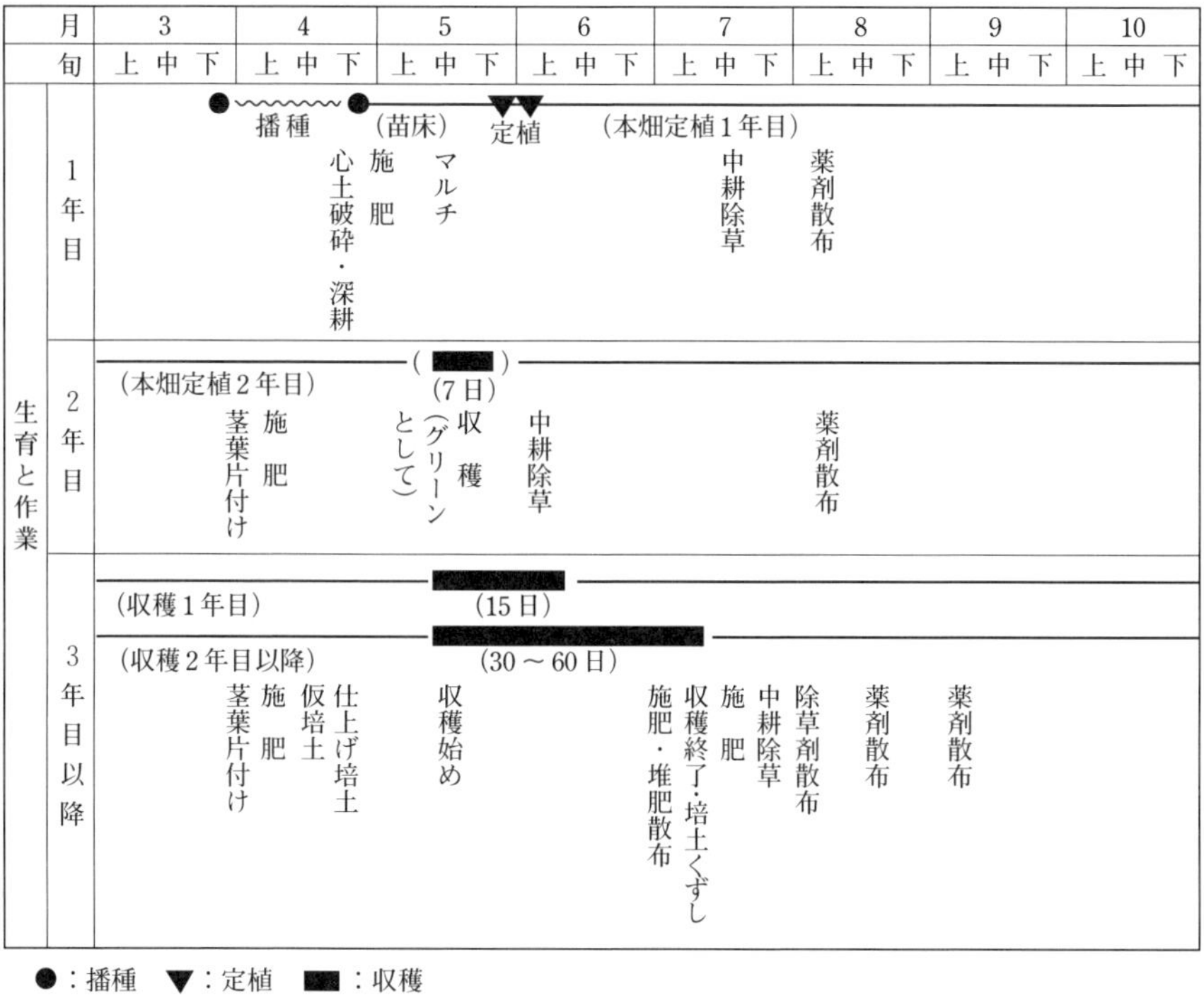

図70 ホワイトアスパラガスの生育相と栽培暦
（岸田幸也 原図，一部変更）

培土と収穫方法

培土作業は、うね間の土をうねの上に盛って幅の広い高うねをつくる作業で、若茎が萌芽する前に行なう。培土作業に先立って、うね間の土をよく耕うん・砕土し、土を乾かしてサラサラにしておき、培土機でうね間の土をうね上に盛り上げていく。培土は、高さ二〇センチ、幅四〇～五〇センチが一般的である。湿った土やゴロ土を盛ると、若茎が曲がりやすくなるので注意する。

ホワイトアスパラガスの収穫には、アスパラガスナイフか収穫ノミと呼ばれる専用の道具を用いる（写真52）。アスパラガスナイフは、ホワイトアスパラガスの産地の農協の資材店舗で販売されている。

収穫にあたって注意する点は、缶詰原料として出荷する場合、日本の規格

写真52　ホワイトアスパラガスの収穫
（北海道真狩町，南羊蹄農改 提供）

はきびしく、若茎の頭部が純白なものだけが一級品で、少しでも頭部が着色しているものは二級品となることである。そのため、若茎の頭部が盛り土から出る前に収穫しなければならない。気温の低い時期は一日一回の収穫でよいが、収穫最盛期には朝、昼、夕の一日三回収穫する。フランス料理には、若茎を数センチだけ太陽光に当てたもので、若茎の頭部が紫がかっている「バイオレットアスパラガス」が使われており、生食用としての今後の流通によっては、純白以外のホワイトアスパラガスも日本の消費者に受け入れられるかもしれない。

　ホワイトアスパラガスの収穫は、①培土表面の亀裂の確認、②若茎の頭部の確認、③若茎の伸長方向の確認、④アスパラガスナイフによる若茎の基部の切断、⑤若茎の持ち上げ、⑥収穫容器への収納、⑦培土表面のくぼみの修復という手順で行なう。一人が一日に収穫できる面積は、初心者で三〇アール、熟練者で五〇アール程度である。品質の低下を防ぐため、収穫後はただちに納屋などの冷涼な場所に運び入れ、そこで調製と選別を行なう。

　一般的な収穫期間は、収穫初年目が一五日、二年目で三〇日、三年目以降は六〇日と、栽培年数の経過とともに徐々に延ばしていくが、ほ場条件や前年の株養成量などによって調整する。

　収穫打ち切りから降霜までの株養成期間が一〇〇日程度は必要なため、北海道では七月十日に一斉にホワイトアスパラガスの収穫を打ち切る。ちなみに、ドイツでは六月二十四日に聖ヨハネスの日があって、ホワイトアスパラガスの収穫はこの日ですべて打ち切りと決まっているそうだ。

施肥と収穫後の培土くずし

　培土くずしは、収穫が終わったらできるだけ早く行なう。盛った土の中を若茎が伸長している間に、貯蔵養分を消耗してしまうためである。

培土くずしの際は一緒に施肥も行なう。北海道の施肥基準では、定植二年目以降に、一〇アール当たりチッソ二〇～二五キロ、リン酸一五キロ、カリ一五キロ程度を施用する。チッソは一〇アール当たり五キロ程度を春肥として融雪後に施用し、残りの半分を培土くずしの際にうね間に、もう半分を培土くずしの後にうねの上に施用する。培土くずしの前に全量施用しないのは、うね間に肥料が集中しないようにするためである。

グリーンアスパラガスとのローテーション栽培で雑草防除

毎年行なう培土や培土くずしの作業のため、ホワイトアスパラガスでは雑草害は少ない。しかし、まったく雑草が生えないわけではない。雑草が多いと養水分の競合が起き、とくに宿根性雑草が多いと、培土表面の亀裂が増えて収穫作業の邪魔になる。

北海道では、この宿根性雑草の防除を目的に、アスパラガスのほ場を三区分し、うち二つをグリーンアスパラガスの、残りをホワイトアスパラガスの生産にあて、これをローテーションしている産地がある。つまり、一つの区分が、三年に一回ホワイトアスパラガスを生産するのである（図70）。

このローテーション方式では、ホワイトアスパラガスの除草効果のほかに、グリーンアスパラガスの霜害、風害など自然災害からの危険分散ができて、経営の安定化を図ることができる。

IX 魅力を発揮する売り方、経営

1 国産ものに根強い人気

アスパラガスの消費量は料理の手軽さやおいしさ、健康野菜といった理由から着実に伸びている（図71）。一九九六年の年間一人当たりの消費量は三六五グラムで、これは二〇年前の一・五倍である。それにともない輸入量も増えて、近年は二万四〇〇〇～二万五〇〇〇トンと、国産ものと拮抗するまでになっている（図72、73）。こうした輸入ものの入荷は国産の端境期が中心で、二～四月と十～十一月にピークがある。春先はアメリカ産やメキシコ産、秋はオーストラリア産、ニュージーランド産が多い（写真53）。

かなりの輸入量だが、うまく端境期をうめる格好で国産アスパラガスとの大きな競合は、今のところは存在しない。

価格的にも国産ものが数段高く、安定している。ここ数年、アスパラガスの年平均価格は一〇〇グラム当たり一〇〇円（以下、一〇〇グラム換算）で推移しているが、一月から三月までの過去三年間の平均価格は一五〇円程度となっている。とくに三月までの傾向として、輸入の少なかった過去からくらべると、当時のような高値は出にくい状況になっているが、早期に出荷するほど高価格で販売されている。その年の生産量により多少状況は異なるが、四月が平均一三〇円前後、五月以降は一〇〇円前後で取引されている。

そこで、経営的には、輸入品が過半を占める年明けから国産中心の販売へと切り替わるアスパラガスの旬に、出荷時期の狙いを定めるとよい。

また消費者は、新鮮さ、安全性、安心感、おいしさなどから（表25）、「輸入ものより国産」という思いを強くもっている。市場からも国産アスパラガスの安定供給が強く望まれている。これだけ輸入されるなかで国産というだけで、高値になるほどである。春先に

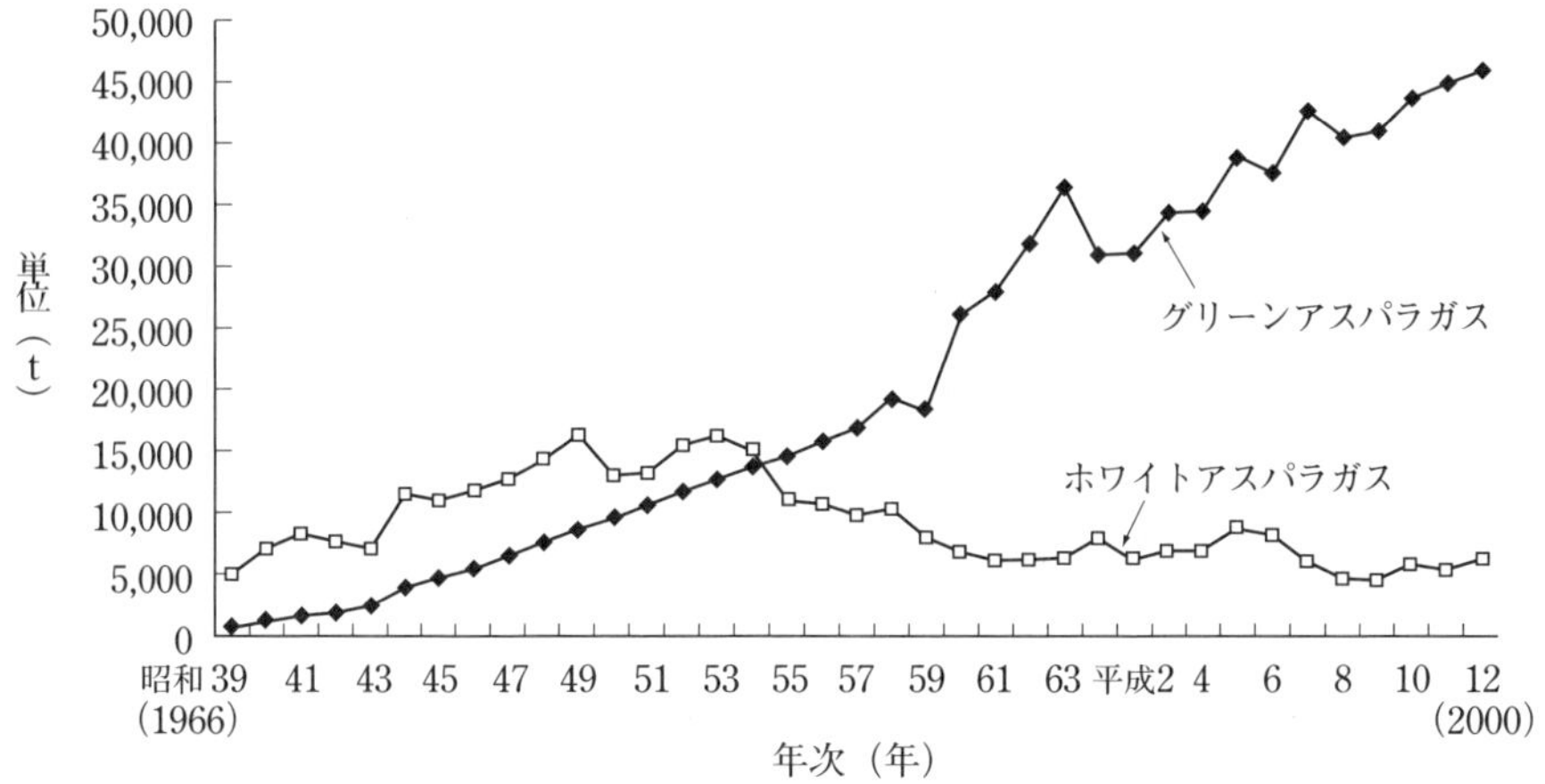

図71　着実に伸びてきているアスパラガスの消費

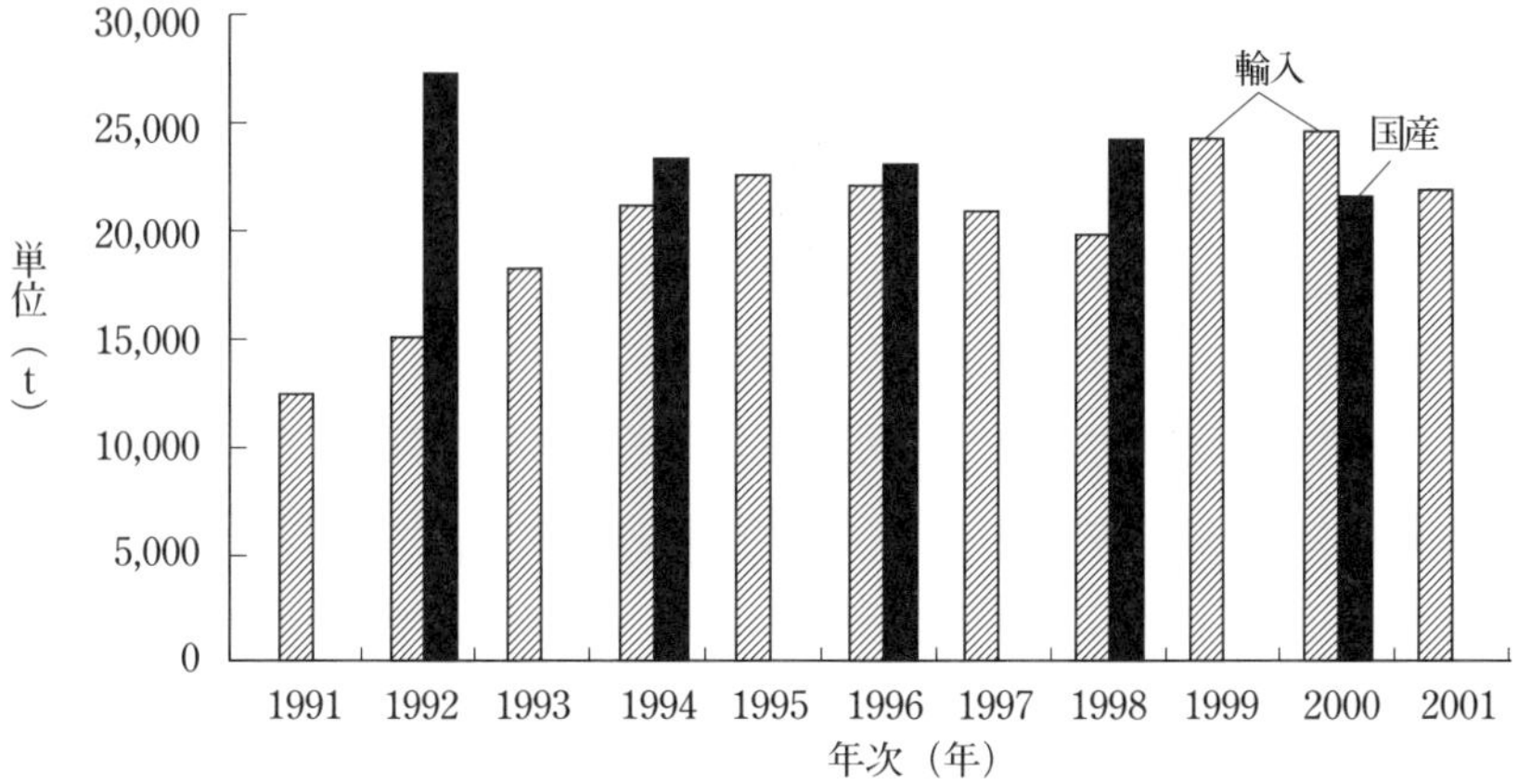

図72　アスパラガスの国産と輸入の推移

（貿易統計を参考に作図，国産の統計は2年に1回）

現金収入があり、軽量で扱いやすい、グラム当たりの単価も高いなどのメリットを考えると、アスパラガスは野菜のなかでも数少ない堅実な品目といえる。

2　省力化、差別化、新しい経営スタイル

アスパラガスの個人経営では、収穫・調製作業が規模拡大の制限要因になっている。

寒冷地でのアスパラガスの一〇アール当たりの労働時間は、露地普通栽培で二二五時間、ハウス半促成普通栽培で三六〇時間程度だが、いずれの作型でも収穫・調製作業が

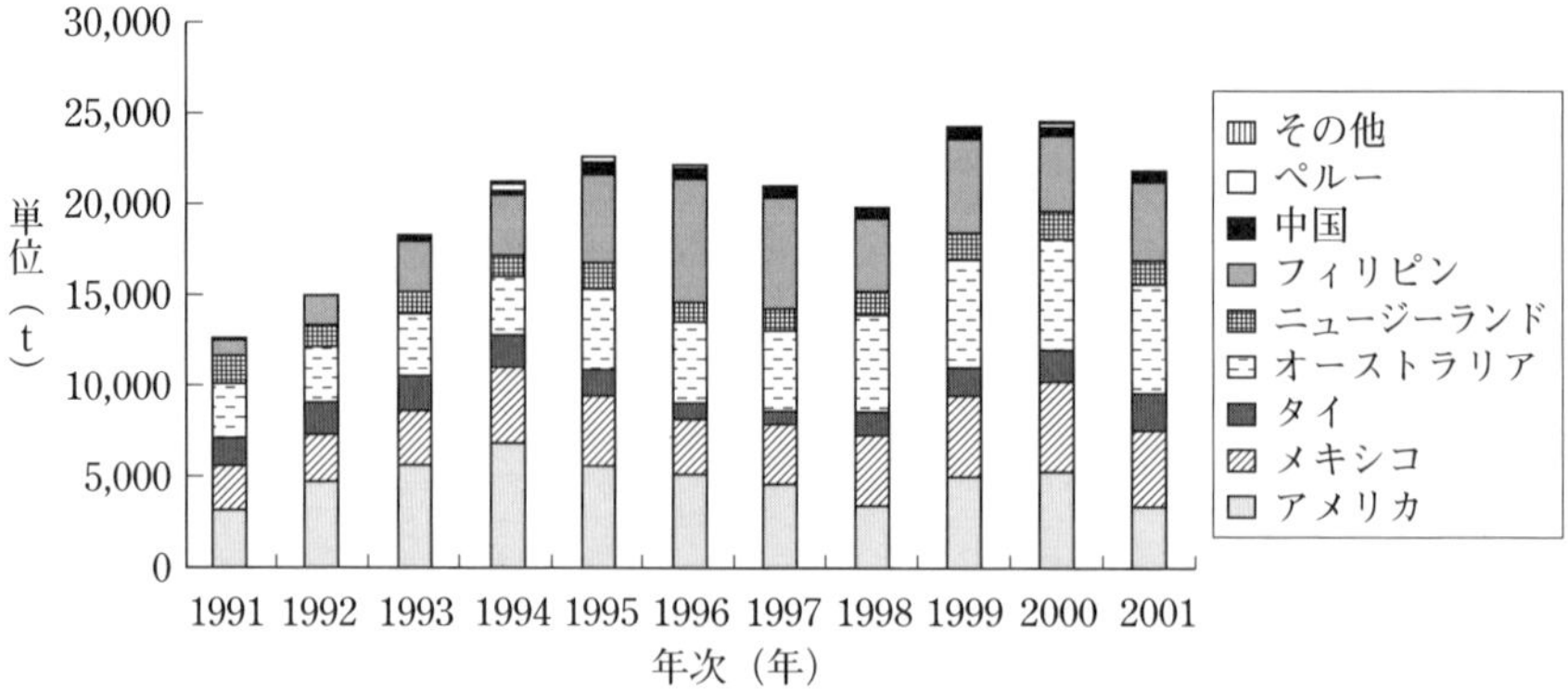

図73　輸入アスパラガスの輸入国別年次入荷量の推移（貿易統計を参考に作図）

全労力の半分程度を占め、もっとも時間がかかっている。

調製作業は収穫物を結束して、流通できる状態に荷造りするもので、一部の業務需要を除き、束売りが一般的なアスパラガスでは省けない作業になっている。そこで、専用の結束機を導入したり（写真54）、共同選果を行なって生産者の調製作業を省略し、余った労力で規模拡大を促す産地もある。

最近は、栽培規模が一ヘクタールを超える農家も出現し、栽培管理の省力化が求められている。大規模栽培では収穫・調製作業の省力化や合理化だけでなく、大型トラクタなどを利用して耕起したり、果樹などで利用されてい

写真53　東京大田市場に入荷したオーストラリア産のアスパラガス（2002年9月）

表25　長野県産および輸入アスパラガスの成分特性分析（一部抜粋）　（社）長野県農村工業研究所

分析項目	長野県産品	輸入品（アメリカ産）
カルシウム	11.0	7.0
リン	15.0	13.0
カリウム	420.0	355.0
βカロチン	273.0	187.0
ビタミンC	9.89	9.56

注）1998年，春どり後半に調査。可食部100g当たりmg

るスピードスプレーヤで薬剤散布を行なうなど、栽培管理の省力化を図る必要がある（写真55）。

一方で、これからはあえて規模拡大を目指さず、小さな経営で、安定した収益を上げていくことも新しい経営スタイルの一つとして考えられる。個人経営では、結束作業のため大規模化できないところに、差別化の活路を見出すのである。その担い手には熟年農家や新規参入者が適している。調製作業さえ確保できれば、軽量なアスパラガスはかえって省力的である。

品質を追求し、今、消費者が望む「新鮮でおいしく、安全で安心なアスパラガス」を小さな経営のなかでつくっていく。次に述べるように新しい流通スタイルもどんどん生まれてきており、アスパラガスをつくった生産者と消費者との「顔の見える関係」もそうしたなかで実現しやすい。

写真54　三菱自動アスパラ結束機

（鈴木尚俊 撮影）

写真55　超省力栽培のほ場　（長野県山形村）

低摘心で高うねにし，支柱も立てず，大型トラクタやスピードスプレーヤを利用している

3 個性を売る時代のアスパラガス

アスパラガスの流通は、現状はまだ一般の卸売市場や販売店が中心であるが、そうしたなかでも、消費者の差別化や個性化の指向を受けて、バラ流通や特殊規格の流通など多様化への動きがみられる。

近年は、太ものが人気に

現在、国産アスパラガスはL級が価格構成の中心になっている。それより太い2L級は、一茎当たりの価格の割高感からこれまでは消費者から敬遠されてきた。しかし、ここにきてそのボリュームや食味の点から2L級の評価も高まってきており、生協などでは差別化を狙って2L級のみを扱うケースが増えている。従来、一〇〇グラムまたは一五〇グラムが一束の基準規格だったアスパラガスで、2L級で特別に一五〇～二五〇グラム束といった規格も出始めており、一定の流れになりそうな感じがある。

（注）アスパラガスの等級は、産地によって異なるが、主産地長野県では一般的に、一茎重一五グラム以上四〇グラム未満のものをL級、四〇グラム以上のものを2L級としている（長さは二六センチ程度に調製）。

「ミニアスパラ」という新食材

太ものの評価が高まる一方で、S級やB級といった細ものの値段が下がっている。定植一年目や二年目の若い株ではどうしても細ものの割合が高く、新しい売り方の工夫が課題になっている。

そのなかでもおもしろい展開として、タイやフィリピンなどから輸入されるアスパラガスがある。熱帯、亜熱帯を産地とするため、こうしたところのアスパラガスは細いものが多い。年間通して生育するため、株が休めず、養分の蓄積がままならないためであ

写真56　タイ産の「ミニアスパラ」
（京都錦市場）

る。

タイ産、フィリピン産はかつては輸入ものの主流だったが、近年は極端に値を下げている。そこで考えられたのが「ミニアスパラ」という売り方である（写真56）。新食材としての売り出しであり、一つの提案である。こうした例などは、国産の若年株の細ものの販売にも参考になる。

ホワイトアスパラガスを生食用で

ヨーロッパなど外国では、アスパラガスといえば、今でもホワイトアスパラガスのことを指す（写真57）。わが国でも最近は、そんなホワイトアスパラガスを高級食材として生食で売る動きが出ている。

写真57　海外ではホワイトアスパラガスが主流
（ドイツ・フランクフルト，Kaufhofデパート食品売場にてビデオ撮影）

残念ながら、二月の香川県産から七月の北海道産までが国産で、それ以外は中華人民共和国やペルーなど外国産に頼っている状態だが（二〇〇二年、東京大田市場調べ）、ここにも新しいアスパラガスの展開が拓かれそうだ。

アスパラガスの流通は、市場やスーパーなどを通しての販売が基本になっている。しかしアスパラガスは硬くて傷みにくい配送向きの野菜なので、直販やインターネット取引でも活躍する食材といえる。実際、北海道ではゆうパックによる販売も多い。また、高級食材店などに直接出荷するケースも増えてきている。

鮮度とおいしさ、安全性などをベースに、以上のような新しい食材提案をしながら今までにない経営スタイルをつくっていくことは可能だと考える。

多彩な栄養価、機能性情報の発信も大事

アスパラガスは、栄養的にはタンパク質（二・六％）と糖質（三・九％）が比較的多い野菜である。とくにタンパク質を構成するアミノ酸のなかではアスパラギン酸が多いのが特徴で、全

体の四七%を占める。

アスパラガスには、このほかにビタミンA、B、C、Eなどのビタミン類や、ミネラルも多く、カルシウム、リン、鉄、カリウム、亜鉛などが含まれる。さらに、ガンなどの病気の原因となる活性酸素を抑えるグルタチオン、動脈硬化を防ぐ葉酸、血管を強くして血圧を下げるルチンも豊富である。

個別には、グリーンアスパラガスの穂先にグルタチオン、ルチン、アスパラギン酸などが、茎の部分にクロロフィルが多く含まれる。また、ホワイトアスパラガスにはサポニン、ムラサキアスパラガスには糖とビタミンCが多く、とくにポリフェノールのアントシアンがグリーンアスパラガスの一〇倍程度含まれている(表26、写真58)。

いくつかの成分の特徴を以下に

表26　ムラサキアスパラガスの品質

(長野食工試,長野野菜花き試,2001)

品　　種	ポリフェノール (g/Abs)	糖度	アスコルビン酸 (mg/100g)
パープルパッション	0.36	6.4	69
ウェルカム (グリーンアスパラガス)	0.03	5.7	58

Abs：吸光度

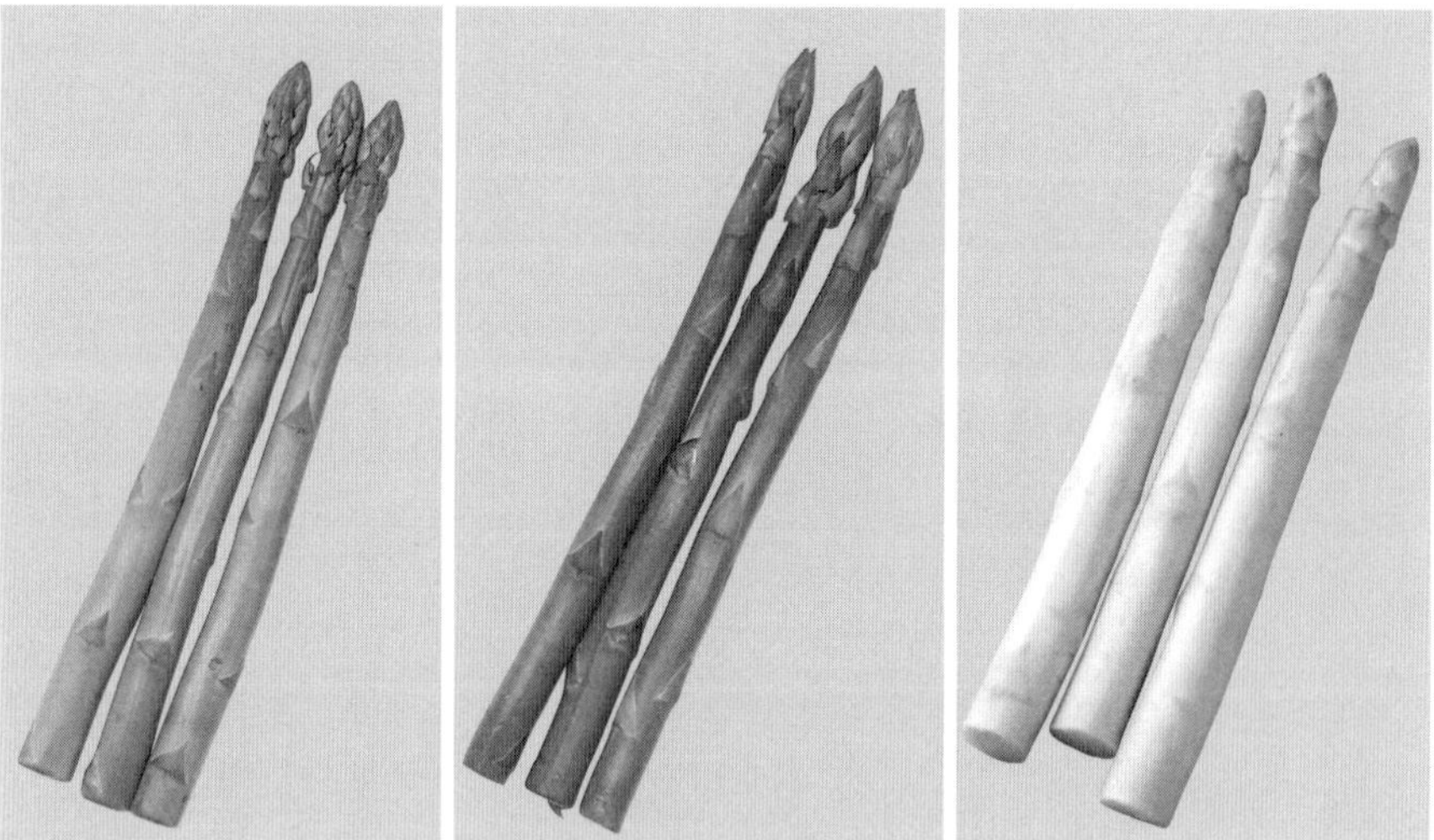

写真58　3色のアスパラガス

左からグリーン,ムラサキ,ホワイトの各アスパラガス

(右端は小倉隆人 撮影,他は赤松富仁 撮影)

あげる。
アスパラギン酸……アスパラガスで最初に発見されたことから、この名がある。新陳代謝を促して細胞を活性化させ、疲労回復やだるさを解消する。その効果はこれを含む栄養ドリンク剤もあるほど。
またアンモニアを体外に排出し、尿の合成を促進する利尿作用や、体内でカリウムやマグネシウムなどのミネラルを運ぶ働きもある。
ルチン……ビタミンPとも呼ばれる。毛細血管を丈夫にして動脈硬化や高血圧症を予防する。ビタミンCと一緒にとると効果が高まる。ポリフェノールの一つで抗酸化作用も強い。熱にも比較的強い。
グルタチオン……抗酸化作用をもつアミノ酸の一つ。熱に弱いため、加熱調理は最小限ですませたい。
クロロフィル……グリーンアスパラガスに含まれる緑色の色素（葉緑素）で、抗酸化作用が強い。
サポニン……脂肪の酸化を防ぐ作用があり、血液サラサラ効果が注目されている。
アントシアン……ムラサキアスパラガスに多く含まれる成分で、目によいとされる。抗酸化作用が強く、発ガン予防などの効果も高い。

アスパラガスの栄養学的な研究はまだ少ないが、今後さらに健康野菜としての注目度は増していくものと思われる。
こうした健康野菜としてのアスパラガスのアピールも、これからの個性的な販売を展開していくうえで重要なポイントになる。

略　歴

元木　悟（もとき さとる）

1967年長野県生まれ。1990年筑波大学卒。長野県下伊那農業改良普及センター，同中信農業試験場を経て，現在，長野県野菜花き試験場に勤務。これまでに，ピーマン「ベルマサリ」，トマト「桃あかり，なつのしゅん」，エンドウ「さや姫」，ダイズ「さやなみ，ほうえん，玉大黒，すずこまち」などを共同育成。1998年からアスパラガスの研究に従事。

著書に「そだてててあそぼう　アスパラガスの絵本」(農文協)，「新・野菜つくりの実際」(共著 農文協)，「直販用自家向 野菜講座」(共著 日本園芸協会)，「新版 そ菜園芸」(共著，全国農業改良普及協会) などがある。

アスパラガスの作業便利帳

―株づくりと長期多収のポイント―

2003年 6 月10日　第 1 刷発行
2020年 6 月20日　第15刷発行

著者　元　木　　悟

発 行 所　一般社団法人　農山漁村文化協会
郵便番号　107-8668　東京都港区赤坂 7 丁目6−1
電話　03(3585)1142(営業)　03(3585)1145(編集)
FAX　03(3589)1387　　振替　00120-3-144478
URL http://www.ruralnet.or.jp/

ISBN978-4-540-03111-3　　DTP製作／(株)新制作社
〈検印廃止〉　　印刷／光陽メディア

製本／根本製本
Printed in Japan
定価はカバーに表示

乱丁・落丁本はお取りかえいたします。

農文協の農業書

堆肥のつくり方・使い方
原理から実際まで

藤原俊六郎著　1429円＋税

堆肥の効果、つくり方、使い方の基礎から実際を図解を多用してわかりやすく解説。材料別のつくり方と成分、作物別使い方、堆肥の成分を含めた施肥設計例も実践的に示す。堆肥つくりと使い方のベースになる本。

発酵肥料のつくり方・使い方

薄上秀男著　1600円＋税

経験的な本はあるが、製造法・効果的使い方、効果発現のメカニズム、発酵菌の自家採取法について、ここまで科学的に緻密に書かれた本は皆無。巻頭カラーページで発酵過程、土着菌採取の方法をビジュアルに解説。

新版　緑肥を使いこなす

橋爪健著　1762円＋税

有害線虫や土壌病害の回避、土壌改良効果、景観づくりに大きな効果をもつ新型緑肥作物。ヘイオーツ、キカラシなど30余種におよぶ緑肥作物の効果的選び方・導入法などを、最新の研究と実例をもとに詳述。

有機物を使いこなす

農文協編　1552円＋税

根と微生物のただならぬ関係をふまえた新しい有機物利用の考え方と実際。未熟有機物の生かし方、堆肥つくり、微生物資材の利用法まで、土壌中の有益な微生物をふやす工夫を満載。

竹炭・竹酢液のつくり方と使い方
農業、生活に竹のパワーを生かす

岸本定吉監修／池嶋庸元著　1714円＋税

木炭・木酢液にはない不思議な力を持つ竹炭・竹酢液で放任管理の竹林を資源にかえる。土づくり、生長・発根促進、病害虫防除、寒害回避など農業利用のほか、環境浄化、快適な居住空間づくり、健康増進などの方法も。